U0084254

古典文獻研究輯刊

三九編

潘美月・杜潔祥 主編

第31冊

梅村詩清人注之一
——吳梅村詩箋（下）

陳開林 整理

國家圖書館出版品預行編目資料

梅村詩清人注之一——吳梅村詩箋（下）／陳開林　整理 -- 初版 -- 新北市：花木蘭文化事業有限公司，2024〔民 113〕
目 16+184 面；19×26 公分
（古典文獻研究輯刊　三九編；第 31 冊）
ISBN 978-626-344-951-0（精裝）
1.CST：（清）吳偉業　2.CST：清代詩　3.CST：作品集
011.08　113009819

ISBN-978-626-344-951-0

古典文獻研究輯刊
三九編　第三一冊　ISBN：978-626-344-951-0

梅村詩清人注之一
——吳梅村詩箋（下）

作　　者　陳開林（整理）
主　　編　潘美月、杜潔祥
總 編 輯　杜潔祥
副總編輯　楊嘉樂
編輯主任　許郁翎
編　　輯　潘玟靜、蔡正宣　美術編輯　陳逸婷
出　　版　花木蘭文化事業有限公司
發 行 人　高小娟
聯絡地址　235 新北市中和區中安街七二號十三樓
　　　　　電話：02-2923-1455／傳真：02-2923-1400
網　　址　http://www.huamulan.tw 信箱 service@huamulans.com
印　　刷　普羅文化出版廣告事業
初　　版　2024 年 9 月
定　　價　三九編 65 冊（精裝）新台幣 175,000 元　

梅村詩清人注之一
——吳梅村詩箋（下）

陳開林 整理

目次

下冊

吳梅村詩箋　卷第七

鶴市迂亭程穆衡　輯

古近體詩一百三首起甲午在京師作。

恭紀聖駕幸南海子遇雪大獵彭時《筆記》:「南海子距城南二十里，方一百六十里，闢四門，繚以崇墉，中有水泉三處，獐鹿雉兔不可以數計。籍海戶千餘守視。每獵則海戶合圍，縱騎士馳射於中。」詳後《海戶曲》。

君王羽獵近長安，龍雀刀鐶七寶鞍。〔註 1〕立馬山川千騎擁，賜錢父老萬人看。原注：賑饑。霜林白鹿開金彈，春酒黃羊進玉盤。不向回中逢大雪，無因知道外邊寒。

聞撤織造誌喜《文集》:「部使者有徵令於吳中，有司上富人籍，以典織作。朝廷自發金錢與服官，特以勞使民，而吏乾沒，工惰窳，率出私財彌縫其闕。如是者五六年，始遇恩詔以免，等輩大抵破家矣。」

春日柔桑士女歌，東南杼軸待如何。千金織綺花成市，萬歲回文月滿梭。〔註 2〕恩詔只今憐赤子，貢船從此罷黃河。尚方玉帛年來盛，早見西川濯錦多。

〔註 1〕眉批：大夏、龍雀，赫連勃勃刀。
〔註 2〕眉批：萬歲回文，見《天啟宮詞》注。

送無錫堵伊令之官曆城吳峻《錫談》:「伊令名廷棻，字棻木。」陳其年選《今詞苑》，無錫五人，堵廷棻其一。

攬轡朱輪起壯圖，遺民喜得管夷吾。城荒戶少三男子，名重人看五大夫。畫就煙雲連泰岱，詩成書札滿江湖。茶經水傳平生事，第二泉如趵突無？

送天台何石湖之官臨晉兼簡蒲州道嚴方公嚴方公，名正矩，湖廣孝感人。崇禎癸未進士。入國朝，仕始由陝西知府陞南安道，繼調蒲州。歷官侍郎。

山色界諸盤，河流天際看。孤城當古渡，絕岸入王官。社鼓堯祠近，〔註 3〕**鄉書禹穴難。若逢嚴夫子，為報故人安。**

送紀伯紫往太原徐釚《本事詩》小序:「紀映鍾，字伯紫，一字檗子，號憨叟，自稱鍾山遺老。上元人。與方文、林古度齊名也。」

不識盧從事，能添幕府雄。河穿高闕塞，山壓晉陽宮。霜磧三關樹，秋原萬馬風。相依劉越石，清嘯戍樓中。

羨殺狂書記，翩翩負令名。軍知長揖貴，客傲敝裘輕。酒肆傳呼醉，毬場倒屣迎。須看雁門守，不及洛陽生。

客舍同三子，春風去住愁。那知為此別，五月又并州。輪莢催征騎，柳花落御溝。知君分手意，端不為封侯。原注：三子，韓聖秋、胡彥遠及伯紫也。時彥遠已先行。〇韓聖秋，名詩，陝西人。胡彥遠，名介，錢唐人。《文集》:「彥遠於長安，每酒酣，詫客曰:『吾家在武林之河渚，巒廻凋復，人跡罕至，煙汀霧樹，視之既盡，杳若萬里。吾父子葺茅屋以居，杜門著書，不見賓客。顧以貧故，無以贍老親，不得已走京師，從故人索河北一書。今將涉漳河，過邢臺，泝淮而南，歸吾所居河渚，誓不復出矣。』」所謂河北一書，即其先往行太原也。餘詳後《題河渚圖》詩。

佐府偏多暇，從容岸幘時。詩成千騎待，檄就百城知。從獵貪呼妓，行邊快賭碁。歸將出塞曲，唱與五陵兒。

題蘇門高士圖贈孫徵君鍾元鍾元名奇逢，字啟奉，保定容城人。

蘇門山水天下殊，中有一人清且癯。龐眉扶杖白髭鬚，鶡冠野服談

〔註 3〕眉批：王官穀在臨晉中條山。帝堯廟在平陽府城南。

詩書。《瀨水集》:「徵君隱於河南新鄉縣之夏峰村，水竹深茂，在蘇門山麓。」**定州城北滱水瀦，白沙村畔為吾廬。少年蹀躞千金駒，獻策天子來皇都。**王時《今世說》:「孫鍾元先生年十七舉於鄉，既乃屏棄不事，潛心濂、洛諸儒之緒，家庭雍穆，如見三代氣象。」**腰韃三矢玉鹿盧，幽州臺上為歡娛。日暮酒酣登徐無，**〔註 4〕**顧視同群誰能如。**湯斌《孫先生墓誌》:「先生少時慷慨有大志。天啟末，逆奄竊柄，左、魏、周三君子相繼逮繫。過白溝，緹騎森布，先生與同人張果中拮据調護，供其槖饘，其子弟僕從廠衛嚴緝，莫敢舍者。先生與鹿太公為之寄頓。左常督學三輔，又屯田有惠政，時誣坐熊經略贓。先生設匭建表於門曰:『願輸金救左督學者聽左。』既考死，則又按藉俵散。當獄急時，遣弟奇彥同鹿公子馳關門，上書高陽相求援，公即上疏請陛見。都城喧傳公興晉陽之甲，奄夜繞御床而泣。公抵通州，急降旨勒公回，而諸君子不可救矣。蓋正人為國之元氣，非徒急友難也，事之不成則天也，而世但以節俠視之，過矣。」**十人五人居要樞。拖金橫玉當朝趨，今我不第胡為乎。有田一廛書百廚，雞泉馬水吾歸歟。七徵不起來柴車，當時猶是昇平餘。一朝鐵騎城南呼，長刀斫背將人驅。里中大姓高門閭，鞭笞不得留須臾。叩頭莫敢爭膏腴，乞為佃隸租請輸。牽爺擔子立兩衢，問言不答但欷歔。**言遭圈田，所以去容城之新鄉。《大清會典》:「國初，因旗下人俱賴地土度日，每歲圈取民間地畝。順治間，奉旨以後民間房地，再不許圈取。康熙初，仍取民間房地撥給，或換給。七年七月，戶部題定，將退回每丁一晌之地，並總管內務府退回之地撥給。」**先生閉門出無驢，僵臥一榻絕朝餔。弟子二人舁籃輿，百泉書院今空虛。此中聞是孫登居，太行秀色何盤紆。楩楠榛栗松杉櫧，風從中來十萬株。嘯臺遺址煙霞俱，流泉百道穿堦除。**《一統志》:「百門泉在輝縣蘇門山上，山即孫登隱居處，今為百泉書院。嘯臺亦在蘇門山上。」**幅巾短髮不用梳，彈琴橫卷心安舒。微言妙旨如貫珠，考鐘擊磬吹笙竽。古文屋壁闡禹謨，異人手授先天圖。談仁講義追堯夫，後來姚許開榛蕪，斯文不墜須吾徒。**魏裔介《孫先生傳》:「公慕蘇門百泉之勝，為宋邵康節、元姚、許諸儒高尚講學之所，遂家焉。水部郎馬光裕贈夏峰田廬，闢兼山草堂，讀書其中，率子若孫，躬畊自給，門人日進。」《青箱堂集》:「孫鍾元《讀易隨筆》，發前人所未發，明白切實。信聖人教人盡性合天之學，原非奧妙，其有功於經傳，不在《啟蒙》、《西銘》之下。」**誰傳此圖來江湖，使我一見心踟躕。即今絕學誰能扶，**

〔註 4〕眉批:《水經注》:「徐無縣故城，王莽之北順亭。《魏氏土地記》:『右北平城東北一百一十里有徐無城。』」

屈指耆舊堪嗟籲。蘇門山下有碩儒，中原學者多沾濡。湯《墓誌》：「先生幼當梁溪、吉水講學都門之日，與鹿忠節公交修默證，以聖賢相期許。忠節既殉，獨肩斯道四十載。兩朝徵聘十一次，堅臥不起。故天下稱徵君云。」按：汪琬《識小錄‧敘》：「劉體仁公㦤棄刑部主事，入蘇門山，從孫徵君著隱者服。」又，《堯峰文鈔》：「湯潛菴陞嶺北參政，服闋，聞孫先生講學蘇門，貧驢往，受業門下，所得益邃」云云。則先生碩儒之目，固不虛。〔註5〕**百年文獻其存諸，我往從之歌黃虞。**

元夕

諸王花萼奉宸遊，清路千門照夜騮。〔註6〕**長信玉杯簪戴勝，昭陽銀燭擘箜篌。**富麗，惜戴勝同俗用耳。**傳柑曲裏啼鶯到，爆竹光中戰馬收。卻憶征南人望月，金閨燈火別離愁。**

讀魏石生懷古詩

《鞏帨卮談》：「魏石生，名裔介，柏鄉人。順治丙戌進士，歷官至大學士，補諡文毅。有《兼濟堂集》。初宦京師時，嘗合近人詩選之，為《觀始集》。」

長安雪後客心孤，畫省論文折簡呼。家近叢臺推意氣，山開全趙見平蕪。憂時危論書千卷，懷古高歌酒百壺。自是漢廷真諫議，〔註7〕**蕭王陌上賦東都。**

送友人往真定

五月常山去，滹沱雨過清。賣漿無舊隱，挾瑟有新聲。曳履叢臺客，投戈熊耳兵。如逢趙公子，須重魯連生。

送純祜兄浙中藩幕

《婁東耆舊傳》：「吳國傑，字純祜，號襄威，繼善之弟。崇禎丙子領鄉薦，癸未登進士第。入本朝，始遷浙江，布政司照磨，尋陞知永嘉縣。」

散吏仍為宋，輕帆好過家。但逢新種柳，莫話久看花。黃閣交須舊，青山道未賒。獨嗟兄弟遠，辛苦滯京華。

一第添憔悴，似君遭遇稀。杜門先業廢，乞祿壯心違。歌管移山棹，湖光上客衣。浪遊裝苟足，叩我故園扉。

〔註5〕眉批：先生講學之書有《四書近指》二十卷。

〔註6〕眉批：照夜白，見杜詩。

〔註7〕眉批：真諫議，唐蕭鈞事。光武即位壇在柏鄉。

亦有湖山興，棲遲減宦情。官非遷吏傲，客豈故侯輕。粉壁僧僚畫，煙堤岐舫聲。從容趨府罷，斗酒聽流鶯。

忽忽思陳事，全家客剡中。江山連暮雨，身世隔殘虹。高館然官燭，清猿叫曉風。一竿秋色裏，蹤跡媿漁翁。

送永城吳令之任〔註 8〕吳熠，宜興人。貢生。順治十一年任河南永城知縣。

春風驛樹早聞鶯，馬過梁園候吏迎。山縣尹來三月雨，人家兵後十年畊。鵶啼粉堞河依岸，草沒旗亭路入城。曾見官軍收賊壘，時清今已重儒生。

送安慶朱司李之任錢《箋》：「朱建寅，字夏朔。死於丁酉闈事。」

到官春水畫橈輕，天柱風高即郡城。《安慶府志》：「天柱山在濳山縣，道書稱司玄洞天。漢武帝嘗登封於此，以代南嶽。」百里殘黎半商賈，十年同榜盡公卿。〔註 9〕雞豚塢壁山中稅，鼓角帆檣江上兵。亂後莫言無吏治，此方朱邑最知名。

壽總憲龔公芝麓芝麓，名鼎孳，字孝升，廬州合肥人。崇禎甲戌進士。

丈夫四十致卿相，努力公孤方少壯。握手開樽話疇昔，故人一見稱無恙。當時海內苦風塵，解褐才名便絕倫。官守蘄春家近楚，賊窺江夏路通秦。書生年少非輕敵，擐甲開門便迎擊。詩成橫槊指黃巾，戰定摩崖看赤壁。《綏寇紀略》：「崇禎十年，江夏賊呂瘦子等煽動齊安、興國、大冶山中亡命，遏絕行旅。臨藍之賊入湘鄉以窺衡州，黃州賊攻蘄水甚急，知縣事龔鼎孳設守有方略，不能陷。」我同宋玉適來遊，多士名賢共校讐。此地異才為亂出，〔註 10〕論文高話鎖聽秋。《詩話》：「丙子，余與宋九青使楚，而孝升分一經，最得士，相知為深。」別後相思隔江水，黑山鐵騎如風雨〔註 11〕。聞道黃州數被兵，讀書長嘯重圍裏。荏苒分飛十八年，我甘衰白老江邊。那知風雪嚴城鼓，重謁三公棨戟前。《詩話》：「孝升後考選給事中，入國朝為僕少，中間流離患難，幾不免。」即君致身已鼎足，正色趨朝勤補牘。異書捫腹五千卷，

〔註 8〕眉批：永城令，屬歸德府。山有虞山、碭山。
〔註 9〕眉批：夏朔與溧陽、合肥同癸酉舉人。
〔註 10〕眉批：孝升所得知名之士，周壽明天格其一也。周即是科元。
〔註 11〕「雨」，底本誤作「前」，據楊學沆本改。

美酒開顏三百斛。月明歌舞出簾櫳，刻燭分題揮灑中。談笑阮生青眼客，文章王掾黑頭公。汪琬《說鈴》：「合肥龔先生作詩文，下筆數千言，可立就，詞添繽紛，都不點竄。為孝陵所賞識。常在禁中歎曰：『龔某真才子也。』」**卻思少小經離亂，銅駝荊棘尋常見。側身天地竟何心，過眼風光有誰羨。**芝麓《定山集．懷方密之詩敘》云：「余以徵書至闕下，亡何，黨禍發，江北諸賢化為秋籜。余以狂言忤執政，趣湯提烹，密之為歌行唁余。既余蒙恩薄譴，得逃死，為城旦舂。甫及乎旅門，而都城難作。余以罪臣，名不掛朝籍，萬分一得脫，遂易姓名，雜小家傭保間。時密之與舒章外介子同戢身一破廟中，越二日，同哭先皇帝於午門。再越日，遂有偽署朝臣之事。余私念曰：『事迫矣，然我有恃以解免，以我逐臣，可無及也。』居停主人數為危語相嚇，余即持是應之，乃唯唯退。至期，微聞諸公已於事而竣，方酌苦土床，賀複壁之遇，則密之適來，倉卒數語，面無定色，跳而去。食有頃，戶外白梃林立，讙譟入，問誰何官者，余曰：『是矣，吾受死。』振衣而出，則密之又適來，遽曰：『孝升，我與汝同死，今日君臣、夫婦、朋友之道既盡矣，安用生〔註 12〕為？』始知密之為賊所得，迫令索余，計劃無之，強應耳。既抵賊所，怒張甚，問：『若何為者，不謁丞相選，乃亡匿為？』余持說如前，乃索金。余曰：『死則死耳，一年貧諫官，忤宰相意，繫獄半年，安得金？』賊益怒，箠楚俱下，繼以五木。時密之為余婉轉解免，曰：『此官貧實甚。』再逾日，追益急，賴門人某某及一二故舊捐金為解，得緩死。密之亦以考掠人，不更厚得金，賊稍稍倦矣，憧而舍去。創小間，棄妻子，獨身南翔，間行得達。」**楚水吳山思不禁，朝衫欲脫主恩深。待看賀監歸來歲，勾漏丹砂本易尋。**

題河渚圖送胡彥遠南歸彥遠名介，見前。《漁洋詩話》：「胡介布衣食貧，而妻與女皆能詩。順治中游京師，送人南歸云：『帆檣楚國群烏晚，橘柚吳天一雁晴。』」《錢唐縣志》：「河渚本名南漳河，又曰蒹葭深處，又曰渦水，俗稱河水。沙嶼縈廻，秋深荻花如雪，故又名秋雪。」

馬背話江南，春山吾負汝。白雲能容人，猿鳥不我與。西泠有高士，結廬在河渚。讀書尚感激，平生慎推許。獨坐長微吟，清言出機杼。〔註 13〕**秋風忽乘興，千里長安旅。同好四五人，招尋忘出處。寄跡依琳宮，雙松得儔侶。**釋本黃《餘學集．截流策大師塔銘》：「師與六吉謙同結茅於武林法華山西溪河渚，與錢唐胡彥遠訂支、許之好。彥遠於禪學洞有所窺，是以投

〔註 12〕「生」，底本在「始」字後，據楊學沆改。
〔註 13〕眉批：彥遠詩曰《旅堂集》。

分之深，每相推為道義骨肉」云云。故其在京，亦寄跡琳宮也。**雖入侯王門，不受公卿舉。登高見遺廟，頹垣竄鼠鼯。悲歌因臥病，歸心入春雨。從此謝姓名，問之了不語。我為作此圖，彷彿梅花墅。蒼然開南軒，飛泉落孤嶼。想見君山中，相思日延竚。**

再送彥遠還河渚

匹馬春風反故林，松杉書屋晝陰陰。猿愁客倦晨投果，鶴喜人歸夜聽琴。我有田廬難共隱，君今朋友獨何心。《新西湖志》:「胡介隱於河渚，蓬門蘿屋，與其妻翁氏笑傲溪山間。翁故武林巨族，能詩，有賢名。介死後十餘年，淮東黃之翰為刻其詩行世。」《寫心集・嚴沆與吳園次書》云:「合肥夫子之待亡友胡彥遠也，生死之情，久而彌切。今彥遠尊公寄厲玉湖，秋風漸肅，老骨難支，伏望賜破格之恩，彥遠死且不柄矣。」**還家早便更名姓，只恐青山尚未深。**

曹秋岳龔芝麓分韻贈趙友沂得江州書三字

秋麓名溶，字鑒躬，秀水人。崇禎丁丑進士。餘見後。友沂名而忭，湖廣長沙人，官中書舍人，有詩集曰《中酒吟》。

策馬高原去，煙鴻仰視雙。疎鍾穿落木，殘日動寒江。浪跡愁偏劇，孤懷俠未降。舊交相見罷，沽酒話南窗。

誰識三公子，蕭條下澤車。門高輕仕宦，才大狎樵漁。黃葉窮幽興，青山出異書。不須身貴早，千騎上頭居。

已歸仍是客，不遇卻難留。更作異鄉別，倍添游子愁。風霜違北土，兵甲阻西州。一雁低飛急，關河萬里秋。

病中別孚令弟〔註 14〕

浮令，見前。時省公京師，南歸言別。五言樸淡淺摯，又為一格。

昨歲衝寒別，蕭條北固樓。關山重落木，風雪又歸舟。地僻城鴉亂，天長塞雁愁。客程良不易，何日到揚州。

欣盡霜鐘急，歸帆畏改風。家貧殘雪裏，門閉亂山中。客睡愁難熟，鄉書喜漸通。長年沽市酒，宿火夜推篷。

〔註 14〕眉批：謂癸巳送公北行，至鎮江江樓賦別。

十日長安住，何曾把酒尊。病憐兄強飯，窮代女營婚。別我還歸去，憐渠始出門。往來幾半載，辛苦不須論。

消息憑誰寄，羈愁秖自哀。逾時游子信，到日老人開。久別吾猶在，長途汝卻回。白頭驚起問，新喜出京來。

早達成何濟，遭時信尠歡。客遊三月病，世路一生難。憂患中年集，形容老輩看。相逢俱壯盛，五十未為官。

此意無人識，惟應父子知。老猶經世亂，健反覺兒衰。萬事愁何益，浮名悔已遲。北來三十口，盡室更依誰。

似我真成誤，歸從汝仲兄。〔註15〕教兒勤識字，事母學躬畊。州郡羞干謁，門庭簡送迎。古人親在日，絕意在虛名。

老母營齋誦，家貧只此心。飯僧餘白氎，裝佛少黃金。《文集》:「吾母朱淑人精心事佛，嘗於鄧尉山中創構傑閣，虔奉一大藏教，信施重疊，像設莊嚴，俾願力克有所成就。」骨肉情難盡，關山思不禁。楞嚴經讀罷，無語淚痕深。

寡妹無家苦，拋離又一年。老親頻念此，別語倍潸然。《行狀》:「先生父封嘉議公，有幼公，先生為嫁。」性弱孤難立，門衰產易捐。獨留兄弟在，中外幾人憐。

穉子稱奇俊，迎門笑語忙。挽鬚憐尚幼，摩頂喜堪狂。小輩推能慧，新年料已長。吾家三萬卷，付託在兒郎。按：公生萬曆己酉，至是年甲子〔註16〕，年四十六，而舉西齋給諫，則已五十四矣。此詩所指或不永，或謂孚令之子。

再寄三弟

拙宦真無計，歸謀數口資。海田人戰後，山稻雨來時。官稅催應早，鄉租送易遲。荷鉏西舍叟，憐我問歸期。

五畝山園勝，春來客喚茶。籬荒謀補竹，溪冷課栽花。石迸牆根動，松欹屋腳斜。東莊租苟足，修葺好歸家。

〔註15〕眉批：謂公弟聖符。
〔註16〕「子」，楊學沆本作「午」，是。

送王玄照還山玄照，見前。原注：王善畫，弇州先生曾孫，偶來京師，舊廣州太守也。

青山補屋愛流泉，畫裏移家就輞川。添得一舟秉興上，煙波隨處小遊仙。《婁東耆舊傳》：「鳳洲公構弇園，歷歲久，且轉售人。至玄照時，一卷石，一簣土，皆零鬻之矣。唯弇山堂轉施南廣寺，為天王殿。乃於弇園故址築室，曰染香，日臨摹其中。」

始興公子舊諸侯，丹荔紅蕉嶺外遊。〔註 17〕**席帽京塵渾忘卻，被人強喚作廉州。**《婁東耆舊傳》：「同里王弘導贈之詩曰：『金谷此時忘燕集，珠厓昔日罷徵求。盡推北苑仍宗伯，家寄東林是故侯。』深以為知己。所云罷徵求者，謂與稅使爭執採珠池也。弘導詩固絕唱，此亦令人黯然矣。」

報國松枝廟市開，周富《析津日記》：「慈仁寺俗呼報國寺，蓋先有報國寺之西北隅也。」《帝京景物略》：「報國寺內二偃松，高不過簷甃，旁引數丈，復卻而折，朱柱支其肘。」《燕都遊覽志》：「廟市者，以市於城西之都城隍廟而名也。」**公侯車馬鬪如雷。**謝肇淛《五雜俎》：「京師廟市，郎曹入直之暇，下馬巡行，冠履相錯，不禁也。」**疲驢一笑且歸去，刑部街前曾看來。**原注：刑部街，舊廟市開處也。○彭韶《惠〔註 18〕安公集》：「國初百務草剏，率皆權廨涖事。今城隍廟西惜薪司，俗呼舊刑部街是也。」

內府圖書不計錢，漢家珠玉散雲煙。《韻石齋筆談》：「內府秘閣所藏書甚寥寥，然宋人諸集十九矣，皆宋板也。書皆倒摺，四周外向，故雖遭魚鼠齧而未損。但文淵閣製既庳牧，而牖復暗黑，抽閱者必秉炬以登。內閣輔臣無暇留心及此，而翰苑諸君世所稱讀中秘者，曾未得窺東觀之藏。至李自成入都，付之一炬，良可歎也。」**而今零落無收處，故國興亡已十年。**

布衣懶自入侯門，手跡留傳姓氏存。聞道相公談翰墨，向人欲訪趙王孫。

朔風歸思滿蕭關，筆墨荒寒點染間。何似大癡三丈卷，萬松殘雪富春山。黃子久有《萬松殘雪圖》。《輟耕錄》：「子久居富春，領略江山釣灘之概，九十而貌童顏，蓋畫中煙雲供養也。」《韻石齋筆談》：「黃子久畫，菁華之韻，溢於毫素，允為士氣建幢。」

〔註 17〕眉批：《廣志》：枇杷無核者名蕉子。
〔註 18〕「惠」，楊學沆本作「東」。

河北三公一紙書，〔註19〕**浪遊何處曳長裙。歸田舊業春山盡，華子岡頭自釣魚。**《弇山園記》：「縮奇臺下數仞，有石傍水出，可以釣，曰忘魚磯。」

五馬南來韋使君，故人相見共論文。酒闌面乞黃堂俸，明日西山買白雲。

再送王玄照

行止頻難定，裝輕忽戒塗。望人離樹立，征棹入雲呼。野色平沙雁，朝光斷岸蘆。此中蕭瑟意，非爾不能圖。

送沈繹堂太史之官大梁繹堂，名荃，字貞蕤，一字充齋，華亭人。順治壬辰一甲第三人，歷官禮部侍郎，謚文敏。原注：宣廟時，雲間有大小沈學士，以布衣善書入翰林，皆著名蹟。大學士名度，小學士名粲。繹堂為壬辰第三人，官編修，擢授大梁道，亦有書名，小學士後也。

雲間學士推二沈。布衣召見登華省，多少金閨榜墨新，科名埋沒聲華冷。青史流傳有弟兄，衣白山人披賜錦。一代才名並玉珂，百年絹素垂金粉。《明史．文苑傳》：「沈度，字民則。弟粲，字民望。華亭人。兄弟皆善書，度以婉麗勝，粲以遒逸勝。度博涉經史，為文章絕去浮靡。洪武中，舉文學，弗就。坐累謫雲南。岷王具禮幣聘之，數進諫，未幾辭去。都督瞿能與偕入京師。成祖初即位，詔簡能書者入翰林，給廩祿。度最為帝所賞，名出朝士右，日侍便殿。凡金版玉冊，用之朝廷，藏私府，頒屬國，必命之書。遂由翰林典籍擢檢討，歷修撰，遷侍講學士。粲自翰林待詔遷中書舍人，擢侍讀，進階大理少卿。兄弟並賜織金衣，鏤姓名於象簡，泥之以金，贈父母如其官，乘傳歸告於墓，號大小學士。」《明朝小史》：「帝最喜二沈書，稱為我朝羲之，命中書舍人習其體。」**知君門胄本能文，易世遭逢更絕倫。射策紫袞臚唱出，馬蹄不動六街塵。曲江李杜無遺恨，留取花枝待後人。**按：繹堂子宗敬，字南季，擢進士、太史，才藝宏博，詩文書法有父風焉。此語亦可謂善禱矣。**即今藝苑多供奉，八分艸隸清曹重。署額新宮十丈懸，韋郎體勢看飛動。**〔註20〕**其餘作者何紛紛，爭來待詔鴻都門。**〔註21〕**圍棋賭墅王長史，丹青畫馬曹將軍。**王鏊《震澤長語》：「翰林衙門，百藝皆可入，故琴工畫史及善奕者，皆得待詔其中。」于慎行《穀城山房筆塵》：「宋徽宗立書

〔註19〕眉批：河北一書，見《通鑑》元載事。
〔註20〕眉批：韋誕事，見《世說》。
〔註21〕眉批：王積新亦翰林待詔。

畫學。書即今文華殿直殿中書，畫學即今武英待詔諸臣。然彼時有考校，今秖以中官領之，故遠不及古。」**君也讀書致上第，傳家翰墨閒遊戲。逆落長空筆陣奇，縱橫妙得先人意。頓挫沉雄類壯夫，雙瞳剪水清臞異。臥疾蕭齋好苦吟，平生雅不為身計。**《青箱堂集》：「繹堂昔以明經廷對，兒熙適與較閱，讀其文而拔之。迨讀其詩，秀麗贍逸。」**唯留詩句滿長安，清切長宜禁近官。秋雨直廬分手處，忽攜書卷看嵩山。嗚呼！男兒不入即當出，生世譜為二千石。黃紙初除左馮翊，腰間兩綬開顏色。君不見沈侍中，圖書秘閣存家風，匹夫徒步拜侍從。況今淋漓御墨宮袍紅，一麾去聽梁園鐘，軒車路出繁臺東。杯酒意氣何雍容，簿領豈足羞英雄。安能低眉折腰事鉛槧，蹉跎白髮從雕蟲。**《青箱堂文集》：「繹堂今奉天之命，治兵中州，行將渡黃河，涉大梁，攬山川之勝，述遊觀之勝美，弔古采風，繼響三百，亦時使然耳。」

送顧蒨來典試東粵蒨來，名贄，吳縣人，順治己丑進士。《文集》：「蒨來舉進士，年才二十餘。起家廷評，取士於嶺表五管，稱得人。補吏部考功郎，用請急歸，坐公事免。」又曰：「蒨來姿容瓌偉，涉獵傳記，辨智縱橫。自以贈君貲產中微，受人侵侮，得志之後，雅自發抒，不欲敝車羸馬，為里兒之所簡易。〔註22〕英俊，知名當世。」

客路梅花嶺外飄，江山才調屬車招。石成文字兵須定，《觚賸》：「粵東兵將於粵秀山築壘浚濠，得石刻云：『挖破老龍傷粵秀，八風吹箭入佗城。種柳昔年曾有恨，看花今日豈無情。殘花已自知零落，折柳何須問廢興。可憐野鬼黃砂磧，直待劉終班馬鳴。』似詩似讖，未有能解之者。」詩蓋指此，非泛用廣州石文事。○廣州石文事，見吳處厚《青箱雜記》。**珠出風雷瘴自消。使者干旄開五管，諸生禮樂化三苗。憑君寄語征南將，誰勒炎天銅柱標。**按：順治七年八月，大兵破廣州。八年，取紹〔註23〕慶。九年，取瓊州。是時征南者，平南王尚可喜及嗣靖南王耿繼茂也。

送李書雲蔡閬培典試西川〔註24〕書雲，名宗孔，江都人。閬培，名瓊枝。

柳陌征衫錦帶鉤，詔書西去馬卿遊。棧縈秦嶺千盤細，木落巴江萬里流。王貽上《蜀道驛程記》：「閆王碥奇石插天，飛湍箭激，凝為深淵，其色黝黑，雲棧首險。近陝撫賈漢復煆石開道，自此迄寶雞九百三十八丈。」**兵火才人羈旅**

〔註22〕楊學沆本此處有「約結」二字。

〔註23〕「紹」，楊學沆本作「肇」。

〔註24〕眉批：宗孔，丁亥進士，蔡同科。

合，山川奇字亂離搜。莫愁沃野猶難問，取得揚雄勝益州。時蜀西亂猶未寧，故云。

送山東耿中丞青藜歐焞，奉天人。順治十一年，由本省布政陞巡撫部院。

三經持節領諸侯，好畤家風指顧收。〔註 25〕**岱頂磨厓看出日，海邊吹角對清秋。幕中壯士爭超距，稷下高賢共唱酬。北道主人東郡守，丹青剖策本營丘。**

送友人之淮安管餉

高牙鼓角雁飛天，估舶千帆落照懸。使者自徵滄海粟，將軍輒費水衡錢。中原河患魚龍窟，江左官租秔稻年。聞道故鄉峰火急，淮南幾日下樓船。

送隴右道吳贊皇之任吳臣輔，直隸蠡縣人。崇禎癸未進士，任隴右副使。

笳鼓千人度隴頭，使君斜控紫驊騮。城高赤阪魚鹽塞，日落黃河鳥鼠秋。《清吟堂集》：「今闊窩圖地多鳥鼠同穴，入地三四尺，鼠在內，鳥在外，人以水灌其穴則出。又生隴西首陽縣，其鳥獨於夜啼，聲細可聽。」**移檄北庭收屬國，閱兵西海取封侯。請傾百斛葡萄酒，玉笛關山緩帶遊。**

王郎曲原注：王郎名稼，字紫稼，於勿齋徐先生二株園中見之，髻而皙，明慧善歌。今秋遇於京師，相去已十六七載，風流儇巧，猶承平時故習。酒酣一出其伎，坐上為之傾靡。余此曲成，合肥龔公芝麓口占贈之曰：「薊苑霜高舞柘枝，當年楊柳尚如絲。酒闌卻唱梅村曲，腸斷王郎十五時。」

王郎十五吳趨坊，覆額青絲白皙長。孝穆園亭常置酒，風流前輩醉人狂。同伴李生柘枝鼓，結束新翻善財舞。鏁骨觀音變現身，反腰貼地蓮花吐。蓮花婀娜不禁風，一斛珠傾宛轉中。此際可憐明月夜，此時脆管出簾櫳。王郎水調歌緩緩，新鶯嘹嚦苑枝煖。慣抛斜袖卸長肩，眼看欲化愁應懶。摧藏掩抑未分明，拍數移來發曼聲。最是轉喉偷入破，殢人腸斷臉波橫。十年芳草長洲綠，主人池館唯喬木。《東林列傳》：「徐汧授編脩，召對平臺，說書便殿，上器之。告假歸，為園於廬旁，中有垂柳二株，遂以陸慧曉事名二株園，與門生弟子講課文藝。」**王郎三十長安城，老大傷心故園曲。**

〔註 25〕眉批：用《後漢書・耿弇列傳》。

誰知顏色更美好，瞳神剪水清如玉。五陵俠少豪華子，甘心欲為王郎死。寧失尚書期，恐見王郎遲。寧犯金吾夜，難得王郎暇。坐中莫禁狂呼客，王郎一聲聲頓息。移床欹坐看王郎，都似與郎不相識。往昔京師推小宋，外戚田家舊供奉。只今重聽王郎歌，不須再把昭文痛。〔註26〕**時世工彈白翎雀，**陶宗儀《輟耕錄》：「白翎雀者，國朝教坊大麯也。始甚雍容和緩，終則急躁煩促，殊無有餘不盡之意。」又曰：「白翎雀生於烏桓朔漠之地，雌雄和鳴，自得其樂。世皇因命伶人碩德閭製曲以名之。」**婆羅門舞龜茲樂。**段成式《酉陽雜俎》：「婆羅門遮國竝服狗頭猴面，男女無晝夜歌舞。八月十五日，行像及透索為戲。」李肇《國史補》：「李暮吹涼州，獨孤生曰：『聲調雜夷樂，得無有龜茲之侶乎？』李大駭，起拜曰：『某亦不自知，本師實龜茲人也。』」按：此合上句，所謂時世之樂也。**梨園子弟愛傳頭，請事王郎教絃索。恥向王門伎作兒，博徒酒伴貪歡謔。君不見康崑崙，黃繙綽，承恩白首華清閣。古來絕藝當通都，盛名肯放優閒多。王郎王郎可奈何。**按：王〔註27〕為勿齋家僮，他書俱作名子玠。褚人獲《堅瓠集》：「優人王子玠，升平初名噪一時。辛卯入都，錢牧齋輩贈之詩歌，遂遊公卿間。陳溧陽、龔合肥輩置之座上。或以優賤為言，陳云：『愛聽高柳新蟬。當不計其轉丸時也。』後歸里門，益驕奢淫縱。巡方東萊李公森先廉得其狀，捕而杖之，與僧三遮立枷斃於閶門。合肥聞之，作輓歌五首，極其哀悼。」

蕭史青門曲按：《明史．公主傳》但云寧德公主，光宗女，嫁劉有福。並無薨卒月日，亦無事實。意有福當國變後，必有不可問者，故削而不書。此詩真堪補史。駙馬都尉，故侯家也，故曰蕭史青門。

蕭史青門望明月，碧鸞尾掃銀河闊。好時池臺白草荒，扶風邸第黃塵沒。當年故後婕妤家，槐市無人噪晚鴉。卻憶沁園公主第，〔註28〕**春鶯啼殺上陽花。嗚呼先皇寡兄弟，天家貴主稱同氣。奉車都尉誰最賢，鞏公才地如王濟。**鞏永固也。是〔註29〕前《吳門遇劉雪舫》詩。詡按：王濟尚長山公主。東坡《題王晉卿畫著色山水》：「寄語風流王武子。」以晉聊亦尚主，故云。此以比鞏駙馬最切。錢《箋》詆為雜湊，誤矣。**被服依然儒者風，讀書妙得公卿**

〔註26〕眉批：小宋名玉郎，陝西人。崇禎甲戌至京師。見《觚賸》。但其文多隱語難明，尚俟考。田家指弘遇，昭文指勿齋。

〔註27〕楊學沆本此處有「郎」字。

〔註28〕眉批：沁水公主田園，見《後漢書》竇憲家。

〔註29〕按：「是」疑當作「見」。

譽。大內傾宮嫁樂安，光宗少女宜加意。正值官家從代來，王姬禮數從優異。《明史・公主傳》：「樂安公主下嫁鞏永固。永固，字洪圖，宛平人。好讀書，負才氣。崇禎十六年二月，帝召公侯伯於德政殿，言：『祖制，勳臣駙馬入監讀書，習武經弓馬，諸臣各有子弟否？』成國公朱純臣、定國公徐允楨等皆以幼對，而永固獨上疏請肄業太學，帝褒答之。又嘗申救總督趙光抃，請復建文廟諡。」先是朝廷啟未央，天人寧德障劉郎。道路爭傳長公主，夫婿豪華勢莫當。百輛車來填紫陌，千金榼送出雕房。紅窗小院調鸚鵡，翠館繁箏叫鳳凰。白首傅璣阿母飾，綠韝太袖騎奴裝。灼灼夭桃共穠李，兩家姊妹驕紈綺。兩家謂鞏與劉。九子鸞雛鬪平釵，釵工百萬恣求取。屋裏薰鑪滃若雲，門前鈿轂流如水。外家肺腑數尊親，神廟榮昌主尚存。榮昌壽寧公主，神宗女。《明史》傳：「二十七年，下嫁冉興讓。主為神宗所愛，命五日一來朝，恩澤異他主。都城陷，興讓死於賊。」話到孝純能識面，抱來太子輒呼名。六宮都講家人禮，四節頻加戚里恩。同謝面脂龍德殿，共乘油壁月華門。龍德齋在永和宮後，月華宮在西二長街之內，俱見宮殿額名。萬事崇華有消歇，樂安一病音容沒。莞蒻桃笙朝露空，溫明秘器虛堂設。玉房珍玩宮中賜，遺言上獻依常制。卻添駙馬不勝情，至尊覽表為流涕。金冊珠衣進太妃，按：宣懿康昭劉太妃年八十六，以崇禎十五年薨，則樂安之薨又在前矣。鏡匳鈿合還夫壻。此時同產更無人，寧德來朝笑語真。憂及四方宵旰甚，自家兄妹話艱辛。明年鐵騎燒宮闕，君后倉皇相訣絕。仙人樓上看灰飛，織女橋邊聽流血。慷慨難從鞏公死，《明季遺聞》：「永固見城陷，還第，悉繫子女數人於公主柩前，縱火焚宅，大書『世受國恩，身不可辱』八字，然後就縊。」亂離怕與劉郎別。扶攜夫婦出兵間，改朔移朝至今活。按：《明史》不載劉有福事，惟書光宗女遂平公主天啟七年下嫁齊贊元。崇禎末，贊元奔南京，主前薨。則有福之並不為贊元可知已，但不識何以免賊之搜捕也。粉雄脂田縣吏收，粧樓舞閣豪家奪。曾見天家羨璧人，今朝破帽迎風雪。賣珠易米反柴門，貴主悽涼向誰說？苦憶先皇涕淚漣，長平嬌小最堪〔註30〕憐。青萍血碧他生果，紫玉魂歸異代緣。盡歎周郎曾入選，俄驚秦女遽登仙。青青寒食東風柳，彰義門邊冷墓田。此謂長平公主遭御刃復蘇，都尉周世顯故劍重合。未幾，公主薨，賜葬彰義門外也。見前《思陵長公主輓詩》。昨夜西窗仍夢見，樂安小妹重歡讌。先後傳呼喚捲簾，貴妃笑折櫻桃倦。玉堦露冷出宮門，御溝春水流花片。花落

〔註30〕「堪」，底本脫。「他生果」後注「堪脫」，據補。

回頭往事非，更殘燈灺淚沾衣。休言傅粉何平叔，莫見焚香衛少兒。何處笙歌臨大道，誰家陵墓對斜暉。只看天上瓊樓夜，烏鵲年年他自飛。

送孫令備遊真定

窮達非吾事，霜林萬象凋。北風吹大道，別酒置河橋。急霜回征雁，低雲壓怒雕。曾為燕趙客，寥落在今朝。〔註31〕

送周子俶張青琱往河南學使者幕

子俶、青琱，俱見前。《堯峰文鈔》：「青琱起家中翰，洊登曹郎，駸駸乎嚮用。凡見聞所經，興會所觸，無不寓之於詩。大章短什，傳誦士大夫之口。然而官不越郎署，轗軻困頓以沒。其女夫金生名定者，為葺遺稿若干卷。」

不第仍難去，棲遲幕府遊。幾人推記室，自古在中州。置酒龍門夜，論文虎觀秋。得依張壯武，〔註32〕揮麈盡風流。

少室多奇士，君尋到幾峰。山深惟杖策，雲盡卻聞鐘。文字真詮近，鬚眉道氣濃。相貽書一卷，歸敕葛陂龍。原注：子俶好道。

二陸來江左，三張入雒中。賦誇梁苑雪，歌起鄴飈風。傖父休輕笑，吳儂雅自雄。短衣頻貰酒，射獵過城東。

誰失中原計，經過廢壘高。秋風向廣武，夜雨宿成皋。此地關河險，曾傳將士勞。當時軍祭酒，何不用吾曹。廣武，今河陰縣。成皋，今汜水縣。《綏寇紀略》：「崇禎癸酉，賊三十六家詭辭乞撫，道臣常道立信之，因太監楊進朝以請。會天寒，河冰合，賊從毛家寨策馬徑渡。」是為澠池縣之馬蹄窩。又曰：「三晉地形險阻，畿南、河北山川犬牙相錯，神京扼之於前，黃河繞之於後，飛走路絕，形屈勢窮，乃縱使渡河，魚爛土崩，不可復救。當事知塞大行之口，而不斷黃河之津，此中原之所以潰，國家之所以亡也。」

極目銅駝陌，宮牆噪晚鴉。北邙空有骨，南渡更無家。趙貞簡《懷堂集．望京樓詞》：「穆宗賓馭遺龍種，一派天潢衍二支。昔王年少憐慈母，為便承恩擇中土。五雲多處瞻天表，低徊夢斷龍樓曉。疊疏承明再請朝，依依慈母縈懷抱。削簡封章朝議高，梁王同輦禍先招。表王孝友層樓起，北望長安當早朝。」沈受宏《白漊集》：「樓在衛輝府城內，明潞王建。王，神宗弟，萬曆十二年封。」又曰：「潞王壙在

〔註31〕眉批：令脩曾任長垣縣知縣，故云。
〔註32〕眉批：公詞有《送張編修督學河南》，張壯武殆指其人。

新鄉縣南稍西，為妃子墳。其寢廟皆以官價變賣僧家，王墳門殿頗廢，獨神道、石馬諸物尚存。妃墳門殿制尤壯麗，蓋王在時所營。今僧供三教諸像，名萬聖菴。」**青史憐如意，蒼生遇永嘉。傷心談往事，愁見雒陽花。**

河流天地盡，白日待銷沉。不謂斯文喪，終存萬古心。《綏寇紀略》：「周自定王啟止憲，守其恭德，而加之以文，自大內秘本所未有者，西亭竹居，悉丹鉛讐勘。十五年三月，賊復進圍，食盡，人相食。九月十五日，河流驟決，士女化為沙蟲，廟社淪於陷阱。十王之典章物采，故家之禮樂詩書，無不昏墊洪流，堙沉息壤。」**典墳留太學，鍾鼓起華林。清雒安瀾後，遺編定可尋。**

送湘陰沉旭輪謫判深州〔註33〕日旭輪公所取士。湘陰當作臨湘。

謫宦經年待，蹉跎忝此州。猶然領從事，未得比諸侯。旅食沾微祿，官途託浪遊。卻嫌持手板，廳壁姓名留。

月出瀟湘水，思家正渺然。不知西去信，可上北來船。故舊憐除目，妻孥笑俸錢。免教烽火隔，飄泊楚江邊。

此亦堪為政，無因笑傲輕。爾能高治行，世止薄科名。煙井流移復，春苗斥鹵耕。古來稱一尉，何必尚專城。

豈不貪高臥，其如世路非。故園先業在，多難幾時歸。遇事愁官長，逢人羨布衣。君看洞庭雁，日夜向南飛。

送王子彥南歸子彥，見前。

得失歸時輩，如君總不然。共知三徑志，早定十年前。身業先疇廢，家風素德傳。蕭條書一卷，重上故鄉船。周裳《玄覽閣集．王氏萬卷樓記》：「萬卷樓者，王敬美奉常所建也，在其東之第。其孫子彥孝廉葺而理之，復其舊，而制度有加焉。中置曲木，樹凡十有四，周而列之藏書，凡以帙記者數千計。書分四部，部之餘別為併類。其家集以至晉、唐而下法書、名帖，凡為書之觀者，無不具也。惟時與兩公頡頏者，于鱗建白雪樓，下瞰華不注。嘗有客自北來，詢其樓，則棟椽不存。而萬卷之在此者無恙。」

一第雖無意，名場技有餘。解頤匡鼎說，運腕率更書。《確菴文藳》：

〔註33〕眉批：沈以曦，臨湘縣人，前庚辰進士。順治十一年，由蘇州府推官謫任深州州判，陞博興縣知縣。

「書城孝廉原本祖德，鏃礪名行，著作之盛，充棟滿家。近究心文字之學，著《字學正譌》一書，中分正體、正音二部，部各四條，釐為十卷，使學者讀之而知道有源流，學有雅俗，由此而進乎六書之學，於以窺見古人製字之精。」**材已遭時棄，官猶辱詔除。白頭纔一命，需次復何如。**原注：子彥已謁選得官，需次未授。

錯受塵途誤，棲棲早半生。中年存舊業，雅志畢躬耕。憂患坊高臥，衰遲累遠行。與君嗟失路，不獨為無成。

客裏逢中表，登臨酒一杯。好將身計拙，留使後人材。燈火鄉園近，風塵笑語開。相攜孫入抱，解喚阿翁來。原注：子彥近得孫，余之外孫也。

恭遇聖節次安丘劉相國韻劉正宗，字憲石。大學士兼吏部尚書。以姦罪伏誅。《分甘餘話》：「濰縣老儒楊青藜《答正宗書》曰：『閣下所行，知存而不知亡。某伏處草澤，稍有異聞。如龔芝麗之鐫十三級，以蜀洛分黨也；趙韞退之坎壈終身，以避馬未遠也；周櫟園之擬立斬，以報復睚眥也；陳百史之無辜伏法，以爭權競進也。其他訛傳尚多，有傷國體，有干名教。即此數端，已足以招悔尤而犯清議矣。』未幾，劉被禍甚烈，楊亦霍氏之徐禍〔註34〕云。」

興慶樓前捧玉觴，金張岐薛儼分行。龍生大漢〔註35〕雲方起，河出崑崙日正長。節過放燈開禁苑，春將射柳幸平陽。燕公上壽天顏喜，親定甘泉賜晏章。知原唱為聖壽獻詩。

李退菴侍御奉使湖南從兵間探衡山洞壑諸勝歸省還吳詩以贈之退菴名敬，字聖一。《漁洋詩話》：「李退菴侍郎有《讀〈水經注〉憶洞庭》一篇，極佳，一時和者甚眾。」詩蓋紀是遊也。

一官之楚復遊燕，歸去還乘笠澤船。戎馬千山尋洞壑，〔註36〕**鶯花三月羨神仙。路穿江底聞雞犬，家在吳中接水天。**原注：侍御，吾洞庭人。《漁洋詩話》：「聖一辛丑歸田，舟過廣陵，猶與余論詩移晷，未幾病卒。病中自訂平生詩文刻之，戒其子庋閣，二十年後乃可印行。余門人編修吳昺，其婿也，屬索至再，不可得，今無有知其姓氏者。」按：退之家六合，而此云洞庭人，或僑寓，或移籍，未考。杜詩《望嶽》云：「祝融五峰尊，峰峰次低昂。」**不似少陵長作客，祝融峰下住年年。**

〔註34〕「禍」，楊學沆本作「福」，是。
〔註35〕「漢」，底本作「道」，據眉批「大道原本是大漢」改。
〔註36〕眉批：謂衡山朱陵洞也。

代州

萬里無征戍，三關卻晏然。河來非漢境，雪積自堯年。將老空屯臥，僧高絕漠還。謂五臺山。中原偏戰鬭，此地不為邊。

送趙友沂下第南歸名而忭，中書舍人。長沙人。尚書開心之子，先父卒。

秋風匹馬試登臨，此日能無感慨心。趙氏只應完白璧，燕臺今已重黃金。鄉關兵火傷王粲，京國才名識杜欽。最是淮南遇搖落，相思千里暮雲深。

松山哀《明史・邱民仰傳》：「崇禎十三年五月，大清兵圍祖大壽於錦州，告急。敕徵宣府總兵楊國柱、大同總兵王樸、密雲總兵唐通赴援，以十四年三月偕東協總兵曹變蛟、山海總兵馬科、援勦總兵白廣恩先後出關，合寧遠總兵吳三桂、遼東總兵王廷臣，凡八大將，兵十三萬，馬四萬，並駐寧遠。總督洪承疇主持重，而朝議以兵多餉艱，職方郎裴若麒趣戰，承疇念大壽被圍久，乃議急救錦州。七月二十八日，諸軍次松山，營西北岡，數戰，圍不解。八月，國柱戰沒，以山西總兵李輔明代之。承疇命變蛟營松山之北，乳峰山之西南，山間列七營，環以長壕。俄聞我太宗文皇帝親臨督陣，諸將大懼，及出戰，連敗，餉道又絕，樸先夜遁，通、科、三桂、廣恩、輔明相繼去。自杏山迤南，沿海東至塔山，為大清兵邀擊，溺海死者無算。變蛟、廷臣聞敗，馳至松山，與承疇固守。三桂、樸奔據杏山。越數日，欲走還寧遠，至高橋遇伏，大敗，僅以身免。先後喪士卒五萬三千七百餘人。自是錦州圍益急，而松山亦被圍，應援俱絕矣。九月，承疇、變蛟等盡出城中馬步兵，欲突圍出，敗還。守半年，至明年五月，副將夏成德為內應，松山遂破。承疇、變蛟、廷臣及巡撫邱民仲、故總兵祖大樂、兵備道張斗、姚恭、王之楨，副將江翥、饒勳、朱文德，參將以下百餘人，皆被執見殺，獨承疇與大樂獲免。三月，大壽遂以錦州降。杏山、塔山連失，京師大震。詔賜諸臣祭葬，設壇都城。承疇十六，民仲六，賜祭盡哀。贈民仰右副都御史，官為營葬，錄其一子者。命建祠都城外，與承疇並列，帝將親臨祭焉。聞承疇降，乃止。是役也，寧遠關門勁旅盡喪，若麒跳，從海上蕩漁舟而還。」

援劍倚柱悲無端，為君慷慨歌松山。盧龍蜿蜒東走欲入海，屹然搘柱當雄關。連城列障去不息，茲山突兀煙峰攢。陳仁錫《皇明世法錄》：「松山寺堡，堡東廟兒山可屯兵，堡南仝家墩可按伏，麻溝墩、新安臺通賊道路，寧遠城中所兵馬可為策應也。」中有壘石之軍盤，白骨掌〔註 37〕距凌巑岏。十三萬兵同日死，渾河流血增奔湍。《扈從東巡日錄》：「明兵十三萬，營於松山城乳峰

〔註 37〕「掌」，楊學沆本作「撐」。

山之上。文皇帝先遣諸貝勒大臣，各以精兵伏於杏山、連山、塔山及沿海諸要路，親率數騎相視情形，立馬黃蓋下。明將士望見，悉戰慄喪膽，夜遁。伏發，破之呂翁山下。山去松山三四里許，陸地殺敵五萬有餘。自杏山迤南沿海赴海死者以數萬計，浮屍水面，如乘潮雁鶩，與波上下。我兵止傷八人，及廝卒二人耳。」**豈無遭際異，變化須臾間。出身憂勞致將相，征蠻建節重登壇。還憶往時舊部曲，喟然歎息摧心肝。**承疇入國朝後，駐防金陵，連節南征，戰功為多。又按：汪琬《鈍翁類稿》：「太傅洪承疇視師長沙，湖嶺以南，乘間竊發者甚眾。太傅揃艾而招徠之，備有方略。羽書所被，西南諸君長咸稽首受吏，遂通灕荔之江，開苴蘭之道，則前事豈堪還憶哉？」故崑山徐開任《愚谷集》云：「天王下詔褒忠日，塞上高歌解縛時。誰道松山埋戰骨，到來銅柱建豐碑。」**嗚呼！玄菟城頭夜吹角，殺氣軍聲振寥廓。一旦功成盡入關，錦裘跨馬征夫樂。天山回首長蓬蒿，煙火蕭條少耕作。廢壘斜陽不見人，獨留萬鬼填寂寞。**《皇明世法錄》：「遼東都司戶九萬六千四百四十一，口三十八萬一千四百九十一。」《扈從東巡日錄》：「杏山閭陽驛，遼之乾州，驛舍荒涼，居民鮮少。」又曰：「廣寧，遼顯州，城南廬舍略存，城北皆瓦礫。」**若使江山如此間，不知何事爭強弱。聞道朝廷念舊京，詔書招募起春耕。兩河少壯丁男盡，三輔流移故土輕。牛背農夫分部送，鷄鳴關吏點行頻。**《扈從東巡日錄》：「國初，移寧古塔將軍，並徙直隸各省流人數千戶，居烏刺雞林。」又曰：「塞木肯河新增驛道，徙奉天流人居此。」**早知今日勞生聚，可惜中原耕戰人。**

題沈石田畫芭蕉

一葉芳心任卷舒，客愁鄉夢待何如。平生枉用藤溪紙，綠玉窗前好寫書。

不妨脩竹共檀欒，〔註38〕**長對蕭蕭夜雨寒。卻笑休文強多事，後人仍作畫圖看。**畫中有竹可知。

題帖

孝經圖像畫來工，字格森嚴自魯公。第一丹青天子孝，累朝家法賜東宮。原注：禁本有《孝經圖》，周昉畫，顏魯公書，神廟時曾發內閣重裱，今在吏部侍郎孫公處。

〔註38〕眉批：沈約有《綠竹彈芭蕉文》。

金元圖籍到如今，半自宣和出禁林。封記中山王印在，一般峰火竟消沉。原注：甲申后，質慎庫〔註 39〕圖書百萬卷，皆宣和所藏。金自汴梁輦入燕者，歷元及明，初無恙。徐中山下大都時，封記尚在，今皆散失不存。〇丁時起《孤臣泣血錄》：「靖康二年正月，金人索秘書監文籍，節次解發。」洪邁《容齋隨筆》：「宣和殿、太清樓、龍圖閣所儲書籍，靖康蕩析之際，盡歸於燕。」《元史》：「既平金，楊中書惟中於軍前收集伊洛諸書，載送燕都。及平宋，王承旨構首，請輦宋三館圖籍，宋之實錄、正史皆完。勑平章政事太原張易兼領秘書監事，有詔許史朝官借觀。」朱彝尊《日下舊聞》：「文淵閣藏書，乃合宋、金、元所儲而匯於一，益以明永樂間南都所運百櫃，縹緗之富，古所未有。其後典守不嚴，歲久被竊。萬曆三十三年，奉閣諭校理纂輯書目，則並累朝續添書籍入焉。大半殘缺，較之《正統目錄》，十僅二三。崇禎甲申之變，散佚轉多，秘本罕得。欲復香廚四庫之盛，戛戛其難矣。」

送何蓉菴出守贛州錢《箋》：「桐城相國芝岳諱如寵之子，太史省齋諱采字次德之父也。名應璜，字宗玉，以官生任贛州知府。」

想見征途便，還家正早秋。江聲連賜第，芝岳第在金陵。**帆影上浮丘。**楊爾曾《浮山圖說》：「浮山在洞城縣東九十里，周圍五里，高三里餘，自江視之如浮，不峻不麗，其巖三百五十，最著者三十有六，其峰七十有二。」**兒女貪成長，親朋感去留。無將故鄉夢，不及石城頭。**

郡閣登臨迥，江湖已解兵。《三藩紀事》：「順治三年三月，我兵圍贛州。十月，天霧雨雪，乘夜上城，城破。萬元吉率士巷戰，奪門出，至東關投貢江而死。楊廷麟死於清水塘。贛州平。」按：事詳《明史》二人傳。**百灘爭二水，**《一統志》：「贛州府城北，章、貢二水所合，抵萬安縣界，有十八灘，惶恐其一也。中多怪石，最險。」《水經注》：「劉登之曰：贛縣治章、貢二水之間，因以名焉。」**一嶺背孤城。**韓詩：「南逾橫嶺入炎州。」蘇詩《虔州八境圖敘》：「南望五嶺，覽群山之參差。」**石落蛟還鬪，天清雁自橫。新來賢太守，官柳戰場生。**

三載為郎久，棲遲共一貧。師恩哀境負，芝岳，崇禎辛未總裁會試。**友道客途真。世德推醇謹，**《明史》本傳：「如寵性孝友，母年九十，色養不衰。操行帖雅，與物無競，難進易退，世尤高之。」**鄉心入隱淪。蕭條何水部，未肯受風塵。**

〔註 39〕眉批：質慎庫，又名內承運庫。《酌中志》：「庫藏歷代帝王名賢圖像及書籍，每夏出曝，如皇史宬。」

弱息憐還幼，扶持有大家。高門雖宦跡，遠嫁況天涯。〔註40〕小字裁魚素，長亭嚮鹿車。白頭雙淚在，相送日將斜。

得蒲州道嚴方公信卻寄方公，見前。

西風對酒夢魂勞，聞道蒲津看錦袍。山遶塞垣長阪峻，河分天地斷厓高。登樓楚客看雲樹，隔岸秦人拜節旄。由陝西知府陞。回首舊遊飛雁遠，書來嚴助問枚皋。

贈送曹秋岳以少司農遷廣東左轄秋岳，見前。龔鼎孳《定山集》:「秋岳督學畿南，得士甚盛，其去國亦因之。」按:《曝書亭集·倦圃圖記》:「歲癸卯，先生左遷山西按察使，治大同踰年。明年，余謁先生於塞上。是去國之後，且由藩而臬矣。」

江東才子漢平陽，身歷三臺拜侍郎。五管清秋懸使節，百蠻風靜據胡床。珠官作貢通滄海，象郡休兵奉朔方。早晚鄺侯能薦達，絳車好促舍人裝。

秋風匹馬尉佗城，銅鼓西來正苦兵。萬里虞翻空遠宦，十年楊僕自專征。〔註41〕山連鳥道天應盡，日落蠻江浪未平。此去好看宣室召，漢皇前席問蒼生。

銅柱天南起暮笳，蒼山不斷火雲遮。羅浮客到花為夢，〔註42〕庾嶺書來雁是家。五月蠻村供白越，千年仙竇訪丹砂。炎洲百口堪同住，莫遣閒愁感鬢華。

懸瀑丹崖萬仞流，越王臺上月輪秋。江湖家在堪回首，〔註43〕京國人多獨倚樓。海外文章龍變化，日南風俗鳥鉤輈。知君此地登臨罷，追憶平生話少游。顧微《廣州記》:「南海增城懸白水山有瀑布，懸注百許丈，西有佛跡巖，其東湯泉出焉。」〇末四句頗致慨於去國之由。

送穆苑先南還苑先，見前。時省公於京師。

遍欲商身計，相逢話始真。幸留殘歲伴，忍作獨歸人。年逼愁中老，

〔註40〕眉批：公女適蓉菴子，見後《遣悶》詩。
〔註41〕眉批：謂尚可喜。
〔註42〕眉批：羅浮客到句謂蘇東坡。
〔註43〕眉批：眉批：按：《定山集》:「是役也，以候議溜，淹留五十餘日。」故有江湖一聯。

家安夢裏貧。與君謀共隱，為報故園春。《文集》:「君為先大父執經弟子，余兄弟三人，君所以為之者無盡。余雖交滿天下，其相知莫如君。君之愛我念我，嘗恐其顛連磨耗，一旦不能久存。」

驟見疑還喜，堪當我半歸。路從今日近，信果向來稀。同事交方散，殘編道已非。老親看慰甚，坐久更沾衣。

舍弟今年別，臨分恰杪秋。見上。**苦將前日淚，重向故人流。海國愁安枕，鄉田喜薄收。相期裁數紙，春雨便歸舟。**

庭樹書來長，空階落葉黃。酒乘今夜月，夢遶一林霜。客過探松塢，童饑偃石床。因君謝猿鶴，開我北山堂。

懷王奉常煙客

把君詩卷問南鴻，憔悴看成六十翁。老去秖應添鬌雪，愁來那得愈頭風。田園蕪沒支笻懶，書畫蕭條隱几空。《確菴文稿》:「先生晚而退老於東皋西田之間，優游結隱，蕩滌情志，讀書好學，老而不倦，揮灑詞翰，涉筆千言，書法丹青，妙絕今古。」**猶喜梅花開遶屋，臘醅初熟草堂中。**

送友人從軍閩中《三藩紀事本末》:崇禎十一年，世祖遣人入海招撫，鄭芝豹就撫入京。鄭成功不順命，采機登岸措餉，大擾福州、興化等郡。乃置芝龍於高組，芝豹於寧固塔。十二月，漳州守將皇甫軒降於成功，十邑皆下，遂略泉州。十二年，寇仙遊，破舟山，招降我臺鎮馬信、寧波填張宏德。六月，破安平鎮及惠安、同安、南安三邑。十一月，我定遠大將軍庶子王至閩，成功遁回島中。」詩正作於其時也。

客中書劍愴離群，貰酒新豐一送君。絕嶠烽煙看草檄，高齋風雨記論文。中宵清角猿啼月，百道飛泉馬入雲。詔諭諸侯同伐越，可知勞苦有終軍。

平生不識李輕車，時總督為李率泰。**被詔揮鞭白鼻騧。蕭鼓濟江催落木，旌旗街雪冷梅花。胡床對客招虞寄，羽扇麾軍逐呂嘉。**姚啟聖開第於漳州，曰修來館。以官爵銀幣餌來歸者，漳、泉間人率稱啟聖能懷遠，故招虞寄寄〔註 44〕。成功始遁兩島，繼取臺灣為巢窟，故曰逐呂嘉。**自是風流新制府，王孫何事苦思家。**

〔註44〕「寄寄」，楊學沆本作「寄」。此處疑衍一「寄」字。

贈馮訥生進士教授雲中訥生父如京，字秋水，山西代州人。崇禎戊辰恩貢。歷官廣東布政司。訥生名雲驤，順治乙未進士，由應州校授陞主事。公門人也。弟雲驤，字懿生。康熙丙辰進士。亦能詩。

并州馮郎長吳越，桐江風雪秦淮月。不烹羊酪敵蓴羹，肯招蘆管吹桃葉。才同顧陸與溫邢，俠少風流擅絕倫。名士有誰甘作諾，丈夫何必尚專城。乞得一氈還故土，欲化邊人作鄒魯。余笑謂君且歸去，不信廣文今廣武。緯帳懸弓設豹侯，講堂割內摻鼉鼓。擊磬新詞塞上歌，宋犖《筠廊偶筆》：「訥生有《登應州木塔》詩一帙，序略曰：『登塔見河水一杯，孤城如彈也。』」**投壺卻奏軍中舞。文籍先生上谷儒，**〔註45〕**遊閒公子河東賈。亂定初聞闕里鐘，時清不用平城弩。雁門太守解將迎，馬邑名豪通訓詁。**應州，秦陰館地。唐為金城，與雁門、馬邑同屬大同府也。**烏桓年少挾雕孤，射得黃羊供束脯。男兒作健羞裙屐，拂雲堆上吹橫笛。低頭博士為萬卷，撫掌封侯空四壁。憶昔扁舟醉石頭，別來幾夢南徐客。**謂訥生入南太學時也。《明史．志》：「每歲天下按察使選生員年二十以上厚重端秀者送監。」蓋崇禎時猶行北制，無分南北也。**隱囊麈尾燒卻盡，長鋏純鉤看自惜。學就吳趨恐未工，注成晉問無人識。嗚呼！五湖煙水憶鱸魚，落木天高好寄書。塞雁不歸花又發，故人消息待何如。**結處四語，公自謂。

偶見漢人女強改國粧者。《東林列傳》：「阮大鋮誓師江上，衣素蟒，圍碧玉，見者訝為梨園粧束。錢謙益為禮部，以豔妓為妻之柳隱者，冠揮雉尾，戎服佩刀，跨騎而入國門，覩者以為明妃出塞。皆擬之服妖。」以余觀今士大夫家，於此所云偶見者，殆數見不鮮矣。吁！

新更梳裹簇雙城，窣地長衣抹錦韡。總把珍珠渾裝卻，奈他明鏡淚痕多。

惜解雙纏只為君，豐趺羞澀出羅裙。國初，禁民間女子裹足，御史王熙條奏，始除其令。**可憐鴉色新盤髻，抹作巫山兩道雲。**

口占

欲買溪山不用錢，倦來高枕白雲邊。吾生此外無他願，飲谷棲丘二十年。

〔註45〕王沉，文籍先生，見《晉書》。

無為州雙烈詩〔註 46〕原注：為嘉定學博沈陶軒賦。

濡須城下起干戈，二女芳魂葬汨羅。杜佑《通典》:「濡須水在歷陽西南百八十里。」胡三省《通鑑注》:「濡須水出巢湖，在今無為軍北二十五里。」**安得米顛書大字，井邊刻石比曹娥。**

為李灌谿侍御題高澹遊畫《婁東耆舊傳》:「李灌谿，名模，字子木。父吳滋，字伯可，萬曆己未進士。崇安知縣，歷任湖廣副使。子木，崇禎乙丑進士。東莞知縣，陞御史。」弟楷，字仲木，詳前李仲木詩。《韾帨巵談》:「高簡，字澹遊，蘇州人。國初有畫名，畫多出新意，不循舊法。」

煙雨扁舟放五湖，自甘生計老菰蒲。誰將白馬西臺客，寫作青牛道士圖。

題鉤隱圖贈陳鴻文鴻文名鴻，常熟人。

綠波春水釣魚槎，縮項雙鯿付酒家。忘卻承明曾待詔，武陵溪上醉桃花。

題畫

亂瀑界蒼崖，松風吹雨急。石廊虛無人，高寒不能立。

銀泉山志鄭貴妃墓也。他書俱作銀錢山。顧炎武《昌平山水記》:「《會典》言長陵十六妃，從葬位號不具。其曰井者，蓋不隧道而直下也。自英宗止宮人從葬，於是妃墓始名。其在陵山內者，昭陵之左、九龍池南為銀錢山，有鄭貴妃暨二李、劉、周四妃之墓，南向，皆神宗妃也。」

銀泉山下行人稀，青楓月落魚燈微。道旁翁仲忽聞語，火入空墳燒寶衣。〔註 47〕**五陵小兒若狐兔，夜穴紅牆縣官捕。**《昌平山水記》:「凡陵及妃嬪諸王之葬，及上所御殿，其外垣皆塗以紅土。」**玉枕珠襦散草間，云是先朝鄭妃墓。**《明史・后妃傳》:「鄭貴妃父成憲，累官至都督同知。妃萬曆十四年，皇第三子生，即福王常洵也。進封貴妃。崇禎三年七月薨，諡恭恪惠榮和靖皇貴妃，葬銀錢山。」**覆雨翻雲四十年，專房共輦承恩顧。禮數由來母后殊，至尊錯把**

〔註 46〕眉批：陸道威《桴亭集・雙白鷺詩敘》:「濡須沈氏女琇娘嫁陸氏，陸有女名蟾姑，甚相得。壬午，流寇陷城，陸氏舉家竄。琇娘與蟾姑以巾連屬手臂，相率投眢井。每至昏暮，有二白鷺飛翔井上，人以為二女之精云。」

〔註 47〕眉批：「火入荒陵化寶衣」，劉夢得句。

司人怒。《先撥志》:「始，孝靖王后，故宮人也，年稍長矣。神宗一日索水盥手，孝靖捧匜以進，遂御幸焉。光廟誕生，始冊封恭妃。而鄭貴妃每與神宗戲，輒呼老嬷嬷，暗行譏刺，神宗默然不自得也。」**承直中宮侍晏回，血裹銀環不知數。豈有言辭忤大家，蛾眉薄命將身誤。宮人斜畔伯勞啼，**《長安客話》:「慈惠寺後不二里有靜樂堂，其牆陰皆宮人葬處，所謂宮人斜也。」**聲聲為怨驪姬訴。盡道昭儀殉夜臺，萬歲千秋共朝暮。宮車一去不相隨，當時枉信南山錮。只今雲母似平生，皓齒明眸向誰妬？選侍陵園亦已荒，移宮事蹟更茫茫。**《明史・后妃傳》:「光宗崩，有言鄭貴妃與李選侍同居乾清宮，謀垂簾聽政者，久之始息。」故詩末並及之。《初學集》:「光宗崩，李選侍踞乾清宮，群奄教選侍閉皇長子，不聽出，度外廷無可如何。楊公漣首定大計，大行在乾清，群臣哭臨畢，即擁皇太子升文華殿，呼萬歲，暫御慈慶宮，俟選侍移宮而復，則群奄之計格矣。初詣乾清宮，閹人持梃譙何，公大罵奴才，手梃却之。將及宮門，內豎傳李娘娘命，追呼拉還者至再，公復手格叱退之。皇長子既居慈慶，選侍猶踞乾清不肯去，宣言將垂簾，公抗論於朝房、於殿廷者，日以十數，叱小豎於麟趾門者一，叱閣臣方從哲及大奄於朝者再，選侍乃移一號殿，而天子復還乾清。移宮之日，奮髯叫呼，聲淚迸咽:『選侍能於九廟前殺我則已，今日不移宮，死不出矣。』聲徹御座，殿陛皆驚。上語近侍:『鬍子官真忠臣也。』」按：移宮事，間見《幸存錄》及他書者，楊公抗論，其威重能折之也。若如此形容，欲著其功，適見其激矯而已。摘此見錢氏無識類如此。**兩朝臺諫孤忠在，一月昭陽舊恨長。總為是非留信史，卻憐恩寵異前王。路人尚說東西序，**原注：二李寢園亦在山下。**指點飛花入壞牆。**《天啟宮詞》注:「光廟妃，李姓者二:其一即光廟彌留時，固邀封后，後封康妃者也，宮中稱西李娘娘；其一為莊妃，烈皇帝嬰年失恃，奉神廟旨，託命保護，同居勗勤宮者也，宮中稱東李娘娘，位列西宮右，而寵眷不逮。」《先撥志》:「始，孝和皇后素與李康北有隙，妃方有寵於上，孝和由是鬱鬱成疾，臨崩有遺言云:『與西李有仇，負恨難伸。』熹宗年幼，不甚省。」

哭蒼雪法師蒼雪，見前。

憶昔穿雲到上方，飛泉夾路筍輿忙。孤峰半榻霜顛白，清磬一聲山葉黃。得道好窮詩正變，《詩話》:「蒼公年老有肺疾，然好談詩。壬辰臘月過草堂，為我誦之，語音傖重，撼動四壁，疾動喉間，咯咯有聲。已，呼茶復話，得數十篇，視堦下雨深二尺。」**觀心難遣世興亡。汰公塔在今同傳，無著天親共影**

堂。〔註48〕原注：汰如住華山，與師為漆侶，最相得，滅度已十六載矣。〇宋濂《文憲公集》：「天親與無著兩論，師當推無著配十八住，天親斷二十七疑，最合先佛真實了義。」

說法中峰語句真，滄桑閱盡剩閒身。宗風實處都成教，慧業通來不礙塵。《堯峰文鈔》：「崇禎中，徹公次補潤公講席，來住中峰，其同門友汰如河公住華山。兩山對峙，鐘唄之聲相應，日夜宏法闡義，傾動四方。二師繼沒，華山竟屬退公為靈巖子院，而中峰亦漸廢。」**白社老應空世相，青山我自哭詩人。縱教墮落江南夢，萬樹梅花孰比鄰？**

吳梅村詩箋卷七終

〔註48〕眉批：《西湖志》：「無著禪師名文喜，唐肅宗時人，瘞於杭之靈隱山。韓侂胄取為葬地，啟其塔，容色如生，三日不堪，竟荼毘之。」

吳梅村詩箋　卷第八

鶴市迓亭程穆衡　輯

古近體詩六十五首起在京師，盡丙申歸途作。

宣宗御用戧金蟋蟀盆歌《鞏悅巵談》:「戧即劍字，今人乃以鍍金為戧金。」〔註 1〕

宣宗在御升平初，便殿進覽豳風圖。煖閣才人籠蟋蟀，晝長無事為歡娛。王世貞《國朝叢記》:「宣德九年七月，敕蘇州知府況鍾：比者內官安兒吉祥採取促織，今他所進數少，又多有細小不堪的，已敕他末後運自要一千箇。敕至，爾可協同他幹辨，不要誤了。故敕。」《明朝小史》:「宣帝酷好促織之戲，遣取之江南，價貴至十數金。楓橋一糧長，以郡督遣，覓得最良者，用所乘駿馬易之。妻妾謂駿馬易蟲，必有異。竊視之，蟲躍出，為雞啄食，懼，各自縊死。夫婦傷其妻妾，且畏法，亦自經焉。」**定州花甆賜湯沐，玉粒瓊漿供飲啄。戧金髹漆隱雙龍，果廠雕盆錦香褥。**《金鰲退食筆記》:「果園廠在櫺星門西，製漆器。」周夢暘《水部備考》:「御用監成造五色雕填剔漆龍床、頂架、袍匣、服廚、寶箱。」**佽飛著翅逞腰身，玉砌軒謍試一鳴。性不近人須耿介，才堪卻敵在僄輕。君王暇豫留深意，棘門灞上皆兒戲。鬪雞走狗謾成功，今日親觀戰場利。坦額長身張兩翼，鋸牙植股鬚如戟。**《帝京景物略》:「凡促織，首項肥，腿脛長，背身闊，上也；不及斯，次也；反斯，下也。」**漢家十二羽林郎，蟲達封侯功第一。**《漢

〔註 1〕眉批:《唐六典》:「十四種金，第十種戧金。」《據梧齋塵談》:「高士奇《城北集》謂梅村《蟋蟀盆歌》錯以雞缸為宣窯。今按：詩未涉雞缸，豈指『定州花甆』二句耶？不知此即謂盆也。」

書・高祖功臣侯年表》：蟲逢，一作蟲達。《史記》作蟲達。按：《宋史・何承矩傳》：「易詔文為水旱流民之意，時王欽若知樞密，援漢蟲連、周仲居改詔事請罪，承矩則為蟲達尚已。」臨淮真龍起風雲，二豪螟蛉張與陳。草間竊伏竟何用，竈下廝養非吾群。大將中山獨持重，卻月城開立不動。兩目相當振臂呼，先聲作勢多操縱。應機變化若有神，僄突彷彿常開平。黃鬚鮮卑見股栗，垂頭折足亡精魂。獨身跳兔〔註 2〕追且急，拉折攀翻只一擲。蠮螉塞外蠕蠕走，使氣窮搜更深入。《帝京景物略》：「蟲鬪口者，勇也；鬪間者，智也；鬪間者俄而鬪口，敵蟲弱也；鬪口者俄而鬪間，敵蟲強也。」當前拔柵賭先登，奪彩爭籌為主人。自分一身甘瓦注，不知重賞用黃金。《帝京景物略》：「初鬪主者，各納蟲乎比籠，身等色等，而納乎鬪盆。蟲勝者主勝，蟲負主負。勝者翹然長鳴，以報其主，然必無負而偽鳴與未鬪而已負走者。」君王笑謂當如是，楚漢爭雄何足齒。莫嗤超距浪輕生，橫草功名須致死。二百年來無英雄，故宮瓦礫吟秋風。一寸山河鬪蠻觸，五千甲士化沙蟲。灌莽微軀亦何有，捉生誤落兒童手。蟻賊穿墉負敗衂，戰骨雖香嗟速朽。涼炑九月長安城，黑鷹指爪愁雙睛。錦韝玉縧競馳逐，頭鵞晏上爭輸贏。《遼史・志》：「春捺鉢，曰鴨子河濼，在長春州東北，多榆柳杏林。於上風望有鵞處，探騎馳報，遠泊鳴鼓。鵞驚騰起，五坊擎進海東青鶻，拜授皇帝放之。鶻擒鵞墜，勢力不加，排立近者舉錐刺鵞。皇帝得頭鵞，薦廟，群臣各獻酒果，舉樂。更相酬酢，致賀語。」〔註 3〕按：本朝行圍法，大率如此，故雖麋鹿散走園中，親王大臣非得旨，不敢在圍中先發一矢，必待上發而旌門鐃吹，多奏海東青捉天鵞曲。鬪鴨欄空舞馬死，開元萬事堪傷心。秘閣圖書遇兵火，廠盒宣窰賤如土。俱見前。名都百戲少人傳，貴戚千金向誰賭。《帝京景物略》：「凡都人鬪蟋蟀之俗，貴遊至曠厥事，豪古以銷其貲，士荒其業，今漸衰止。」樂安孫郎好古癖，益都孫承澤也。《青箱堂集》：「北海平居淡然如儒生，嘗貯古器及名人書畫，與客談經史之餘，出以為娛。」剔紅填漆收藏得。《金鰲退食筆記》：「漆器有剔紅、填漆二種。剔紅朱漆三十六次，鏤似細錦，底漆黑光，比元時張成、楊茂、劍環、香草之式，似為過之。填漆刻成花鳥，填彩稠漆，磨平如畫，久之愈新。」我來山館見雕盆，蟋蟀秋聲增歎息。嗚呼！漆城蕩蕩空無人，哀蟞切切啼王孫。貧士征夫盡流涕，惜哉不遇飛將軍。

〔註 2〕「兔」，底本誤作「足」，據眉批「跳兔追且急，非足」改。
〔註 3〕按：楊學沆本程注無，作楊補注。

通玄老人龍腹竹歌

通玄老人來何方，碧瞳頳面拳毛蒼。手披地圖向我說，指點西極天微茫。視彼萬里若咫尺，使我不得悲他鄉。《明史》:「意大里亞居大西洋中，自古不通中國。萬曆時，其國人利瑪竇至京師，為《萬國全圖》。言天下有五大洲：第一曰亞細亞洲，中凡百餘國，而中國居其一；二曰歐羅巴洲，凡七十餘國，而意大里亞居其一；三曰利未亞洲，亦百餘國；四曰亞木利加洲，地更大，以境土相連，今為南北二洲；最後得墨瓦臘泥加洲，為第五，而域中大地盡矣。歐羅諸國悉奉天主耶蘇散。耶蘇生漢哀帝元壽二年庚申，閱一千七百八十一年，至萬曆九年，利瑪竇始泛海九萬里，抵廣州之香山澳，其教遂沾染中土也。」京師公卿誰舊識，與君異國同周行。九州喪亂朋友盡，此道不絕留扶桑。床頭示我龍腹竹，夜半風雨疑騰驤。尾燒鱗脫飛不得，蒼皮倔強膺微張。此中空洞亦何有，得無頷下驪珠藏。漢家使臣通大夏，仍來卭蜀搜篔簹。更踰葱嶺訪異種，攜歸上苑棲鸞凰。我欲裁之作龍笛，水底老蛟吟不得。縱使長房投葛陂，此龍僵臥難扶策。可是天教產竹郎，八荒奇事誰能識。此段雜引竹事，見其是竹非杖。詡按：用夜郎侯遯水事，映帶龍腹，極工。錢《箋》漫云未詳，何也？一從海上西南來，中原篠簜多良材。淇園已竭蒼生痛，會稽正採征夫哀。時正河決荊隆口，大軍進取閩、粵也。天留異質在無用，任將抛擲生塵埃。若有人兮在空谷，束素娟娟不盈匊。盡道腰肢瘦勝肥，此君毋乃非其族。雪壓霜欺直榦難，輪囷偃蹇忘榮辱。邴君豈出子魚下，高人磊砢遭題目。玉筍新抽漸拂雲，摩挲自倚東牆曲。苦節長同處士饑，寬心好耐湘妃哭。以上又詳竹之所生也。按：戴凱之《竹譜》有雞頸竹，如常竹而兩端微細，中如雞頸。則知此竹中土自有，並不名龍腹，亦非來自西洋也。西人好奇而善譎，類如此。詩明指破，善矣。吁嗟乎崑崙以外流沙西，當年老子驅青犢。手中竹杖插成林，殺青堪寫遺經讀。君不見猶龍道德五千字，要言無過寧為腹，何可一日無此竹。

送汪均萬南歸均萬，名希汲，蘇州人。

扁舟春草五湖寬，歸去茶蘼架未殘。撥刺錦鱗初上箸，團枝珠實已堆盤。瘿瓢量水僧燒筍，拳石分泥客買蘭。四月山塘風景好，知君端不憶長安。

壽座師李太虛先生

放懷天地總浮鷗，客裏風光爛熳收。一斗濁醪還太白，二分明月屬揚州。錦箏士女觴飛夜，鐵笛關山劍舞秋。猶有壯心銷未得，欲從何處訪丹丘。《文集》：「先生興酣耳熱，朝章國故，忼慷極論。」

好客從無二頃田，勝遊隨地記平泉。《文集》：「先生流離嶮岨，海浮南還，家園峰火，禍亂再作，僅以其身漂泊於江山風月之間。」**解衣白日消碁局，岸幘青山入釣船。故國風塵驚晚歲，天涯歌舞惜流年。篋中別有龍沙記，不許旁人喚謫仙。**謂著述之富。見前《閬園》詩。

讀易看山愛息機，閉門芳草雁還飛。江湖有夢爭南幸，《明季遺聞》：「明睿之倡議南遷也，始與李邦華議，以為太子少不更事，稟命則不威，專命則不敬，不如皇上親行為便。於召對後，即繼以疏，大略謂今日所最急者，無如親征，略數百言，上深許之。而光時亨首參為邪說，明睿又疏言：就使皇上發策南遷，亦救時急著。上簡閱嘿然，即召責時亨，而議遂寢矣。時亨尋即降賊，後伏誅南都。」**滄海無家記北歸。**按：攝政王入都，首用明睿，雖力辭免，不知何緣得泛海入琉球。**煙水一竿思舊隱，兵戈十口出重圍。杜陵豈少安危志，老大飄零感布衣。**

廬頂談經破碧苔，十年不到首重回。鄭廷鵠《白鹿洞志》：「五老峰東盡處，今建書院。書院負突而臨溪，溪水發自西北，旋於右而折於左，與院左小澗合流出峽。」**風清鍾鼓吳山出，雲黑帆檣楚雨來。痛飲長江看自注，**《文集》：「詩文揮灑，援接後進，為風雅所宗。」**異書絕壁訪應開。芒鞋歸去身差健，白鹿諸生掃講臺。**講授白鹿洞，見五律。《據梧齋麈談》：「李渤名溝學處為白鹿洞。余初不曉其義，後讀《三輔決錄》，辛繕字公文，少治《春秋》、《詩》、《易》，隱居弘農華陰，弟子受業者六百餘人，所居旁有白鹿，甚馴，不畏人云云，乃知渤蓋取此名之。」

送詹司理之官濟南原注：詹，楚人。余所得士。〇詹謹之，字仲庸，湖廣黃岡人。〔註 4〕

匹馬指營丘，風清肅爽鳩。齊言盈萬戶，楚客長諸侯。梅發江關信，松高日觀秋。故人慚鮑叔，相送話東遊。

〔註 4〕眉批：謹之，丙子鄉試第二人，官濟南府推官。

上駐蹕南苑閱武行蒐禮召廷臣恭視賜宴行宮賦五七言律詩五七言絕句每體一首應制《世祖實錄》：「順治十三年春，上駐蹕南苑，大蒐閱武，命大臣及詞臣侍宴，賦詩應制。」《青箱堂集》：「丙申二月春蒐，召赴南苑，恭賦四體應制詩。是年午日，復賜宴瀛龍舟臺。」

詔閱期門旅，鐃歌起上林。《據梧齋塵談》：「國初立八旗，曰鑲黃、正黃、正白、正紅、鑲白、鑲紅、正藍、鑲藍，分為兩翼，左翼則鑲黃、正白、鑲白、正藍，右翼則正黃、正紅、鑲紅、鑲藍。其鑲黃、正黃、正白為上三旗，餘五旗各以王、貝勒等統之。」**風雲開步伍，草木壯登臨。天子三驅禮，將軍百戰心。割鮮親讌罷，告語主恩深。**

露臺吹角九天聞，《扈從東巡日錄》：「行圍旌門鐃吹多奏海青捉天鵞曲。」**射獵黃山散馬群。練甲曉懸千鏡日，翠旗晴轉一鞭雲。**《扈從東巡日錄》：「圍場惟視藍旗所向，以為分合。」**奇鷹出架雕弓動，新兔登盤玉饌分。最是小臣慚獻賦，屬車叨奉羽林軍。**

熊館發雲旌，春蒐告禮成。東風吹紫陌，千騎暮歸營。

綠楊春繞柏梁臺，羽蓋梢雲甲帳開。《天官書》：「梢雲精白者，其將悍，其士怯。」《注》：「梢、旓同。」此尋文義當作「捎」。**知是至尊親講武，日邊萬馬射生來。**

紀事南海子回鑾，觀書御園也。

鄠杜山南起直廬《帶經堂集》：「玉泉山今為靜明御園，繚垣周其址，泉出其腹，萬派競發，細者如珠，大者如車輪，至青龍橋西，滙為潭，𧸖渟黛畜，清不掩鱗。自暢春御苑西行，隄直如弦，高柳脅之，罨靄冥濛，不漏曦景。」張照《得天居士集》：「暢春園直房對雙老柳夾徑立，從柳下徑轉入，即有內家，雖諸王亦不得過此，名雙柳灣。」**從禽載筆有相如。秋風講武臨熊館，乙夜橫經勝石渠。七萃車徒堪討習，百家圖史可畋漁。上林獸簿何曾問，**〔註5〕**叩馬無煩諫獵書。**

即事十章皆敷揭新政，風切舊人，既策民生，亦綜國是，沉雄博麗，抗行少陵。

夾城朝日漸颱風，〔註6〕**玉樹青蔥起桂宮。**原注：時乾清宮成。〇《世祖實錄》：「順治十年，乾清宮告成，工部官督營繕者皆有文綺名馬之賜。十四年，又建

〔註5〕眉批：七萃，見《穆天子傳》。上林獸簿，見《張釋之傳》。
〔註6〕眉批：夾城，見《唐六典》。漸臺，見《王莽傳》。本平聲音尖，此從本音讀。

奉先殿於乾清宮左，刻期告成，群臣入賀。」**謁者北衙新掌節，**〔註7〕原注：初設內監。○《箕城雜綴》:「本朝奄官無權，蓋深以前明為殷鑒。平時厭禁自宮，而挑取太監，時年三四十以上者必究所由來。始入宮，則在掌儀司當差，其上有首領太監，又其上有總管太監。總管給與木棍，始得穿宮行走。稍有過，即發內務府訊鞫，交宮殿監督領侍處行法，或發往公瓦山鍘草。」**郎官西府舊乘驄。**原注：新選部郎為巡方。○韓詩《敉菴奏疏敘》:「乙未秋九月，上御內苑，親擇亞卿而下、臺諫以上賢而才者，出為方岳憲長等官，凡四十許人。給諫敉菴張先生與焉。」**叔孫禮在終應復，蕭相功成固不同。**《堯峰文鈔》:「至尊數引見左右侍從、通今好古之士，講譯詩書，脩明禮樂，舉郊祀之典，考求籍田幸學之儀，以庠興文治。」**百戰可憐諸將帥，幾人高會未央中。**此章言朝政一新，功成偃武。

六龍初幸晾鷹臺，《扈從西巡日錄》:「至大元年，築呼鷹臺於瀏州澤中。或作按鷹臺，今曰晾鷹臺，詳後《海戶曲》。」**千騎從官帳殿開。**〔註8〕**南苑車聲穿碧柳，西山馳道夾青槐。繙書夜半移燈召，教射樓頭走馬來。聞道上林親試士，即今誰是長卿才。**此章言大蒐南苑，儒臣應制。

元僚白髮領槐廳，風度須看似九齡。疏乞江湖陳老病，詔傳容貌寫丹青。原注：曹村相公乞休，不允，畫其像賜之。○金之俊，字豈凡，萬曆己未進士。入國朝，歷官內弘文院大學士。是年乙未正以大學士總裁會場。之俊書世居吳縣曹村，因以為號。**從遊西苑花初放，侍晏南臺酒半醒。最是御書房下過，賜茶清燕共談經。**此章獨敘金之俊之眷遇。

列卿嚴譴赴三韓，貰酒悲歌行路難。妻子幾隨關外去，都人爭擁路旁看。樂浪有吏崔亭伯，遼海無家管幼安。〔註9〕按：順治中大臣獲罪，流徙盛京者，如陳之遴輩而外，又有御史郝浴、季開生、詞臣李呈祥等各以陳言，致蒙譴責。後或死，或遇赦歸。**盡說日南多瘴癘，如君絕域是流官。**此章歎讁徙奉天諸臣。

黃河東注出潼關，本濟漕渠竟北還。淮水獨流空到海，原注：淮水為黃河所偪，始於清口濟漕，河去則淮竟入海，此清江閘所以涸也。○《日知錄》:「徐有貞治河，猶疏分水之渠於濮、汜之間，不使之並趨一道。自弘治六年築黃陵岡，以

〔註 7〕眉批：唐以神策六軍為北衙，對南衙而言也。

〔註 8〕眉批：從去聲。此亦讀本音。

〔註 9〕眉批：眉批：崔駰以竇憲不能容，出為長岑長。管寧避地遼東。皆是本傳。

絕其北來之道，而河流總於曹、單之間，乃猶於蘭陽、儀封各開一口，而洩之於南，今復塞矣。河在今日，欲北不得，欲南不得，唯以一道入淮。淮狹而不能容，又高而不利下，則頻歲決於邳、宿以下，以病民而妨運。而邳、宿以下，左右皆有湖陂，河必從而入之。吾見劉貢父所云別穿一梁山濼者，將在今淮、泗之間，而生民魚鱉之憂殆未已也。」**汴隄橫橫不逢山。天心豈為投圭璧，民力何堪棄草菅。瓠子未成淇竹盡，龍門遠掛白雲間。**原注：金龍口決，用柳稍作土牛塞河，功竟不就，悼兩河民力之盡也。〇此章憂河患。

西山盜賊尚縱橫，《文集》:「古之庸、濮，今之鄖、房。國家光啟南服，而西山餘黨連賊〔註10〕乃克。」**白晝畿南桴鼓鳴。**《堯峰文鈔》:「姜瓖之亂甫定，餘孽猶竄伏畿輔，乘間竊發，數邑被其害。」**誰道盡提龍武將，**〔註11〕**翻教遠過闔閭城。**《堯峰文鈔》:「蘇州居江、浙舟車之衝，視他道尤劇，而又值王師有事於閩、粵，羽書旁午，芻茭糗糧之需猝不及辨，有司皆惴恐，而採木之役又起。」**軍需苦給嫖姚騎，節制難逢僕射營。**〔註12〕**斥堠但嚴三輔靜，願銷兵甲罷長征。**此章哀東南軍興之困。《文集》:「除道成梁，陳芻置頓。庶具百物，歲一賦之於民，事過則棄之。為黠吏之所侵沒。負販之細民，徵索洶洶，列肆晝閉。既又計畝而定其徵焉。」

新傳使者出皇都，十道飛車算國租。《大清則例》:「順治十二年八月，戶部尚書郎兵〔註13〕等議覆科臣張王治疏，照得州縣徵糧，每省特設糧道二員，節年分官，原責其肅弊徵奸，使軍民帖服也。今增米增銀如此之多，甚至捆縛糧長，凌虐州縣。應敕各該督、撫、按嚴查參處，以儆將來。」**故事已除將作監，他年須尚執金吾。主持朝論垂魚袋，料理軍書下虎符。始信蕭曹務休息，太平良策未全無。**此章言急徵科者驟遷，非休息良策。

柳營江上羽書傳，〔註14〕**白馬三郎被酒眠。無意漫提歐冶劍，有心長放呂嘉船。**鄭成功亂閩，故擬之王審知。賊始竄兩島，繼踞臺灣，詩以呂嘉為比數矣。**金錢北去緣求印，鐵券南來再控絃。**《三藩紀事本末》:「貝勒之誘鄭之

〔註10〕「賊」，楊學沆本作「戰」。按：《梅村家藏稿》卷第二十九《宋牧仲詩序》原作「戰」。

〔註11〕眉批：唐龍武衛，禁軍也。

〔註12〕眉批：杜詩：僕射如父兄。

〔註13〕「兵」，楊學沆本作「丘」。

〔註14〕眉批：柳營江在漳州府城東。

龍降也，曰：『今我鑄閩浙總督印，無所授之，以待將軍。』」又：「順治九年十一月，世祖遣人入海招撫成功，成功不順命。」**廟算只今勤遠略，伏波橫海已經年。**此章言海氛未靖。

秋盡黃陵對落暉，長沙西去不能歸。甘寧舊壘潮初落，陶侃新營樹幾圍〔註 15〕**。**〔註 16〕**五嶺峰煙城郭改，三湘徵調吏人稀。老臣裹革平生志，往事傷心尚鐵衣。**此章言洪承疇視師長沙事也。按：保和殿大學士成克鞏作《大司馬勤毅胡公傳》：「順治十年三月，起補饒南道，值經略輔臣洪公疏薦，隨徵湖南。時郝、劉、高、塔、李諸賊合犯鄖陽，南極湘湖，北控關洛楚蜀咽喉之地，水陸聲援，勢難守禦，利在戰攻。於是遣副將文德陣於曾河灣，郡督於大海、副將苗時化攻廟灘，副將張德峻、王嘉會戰白土關，各率四五千騎奮擊，擒其偽帥張進孝、李企晟等五十餘員，又黃鳳昇、任虎等百餘員，皆其偽將軍都督，盡解甲欵首轅門請降。」胡名全才，字體舜，文水縣人，崇禎癸未進士。李賊餘孽至是而平，而功由承疇。與前《松山哀》詩所引《鈍翁類稿》語互考，知洪宣力南服，非不足紀。

巴山千丈擘雲根，節使征西入劍門。蜀相軍營猶石壁，漢高原廟自江村。〔註 17〕原注：駐兵南鄭，分閫閬州。兩地皆有高祖廟。《堯峰文鈔》：「順治中，吳三桂等入川，奉詔統東西兩路大兵，駐劉川南，以圖進討。」**全家故國空從難，**謂其父襄。**異姓真王獨拜恩。**封平西王。**回首十年成敗事，笛聲哀怨起黃昏。**末章詠吳三桂。

朝日壇次韻。○《長安客話》：「東嶽南數百武，即朝日壇。壇外古松萬株，森沉蔽日，都人所謂黑松林也。」《春明夢餘錄》：「壇方廣五丈，高五尺九寸。壇南用紅琉璃階九級，俱白石櫺星門。西門外為燎爐瘞地，西南為具服殿，護壇地一百畝。」

曉日曈曨萬象鋪，六龍銜燭下平蕪。石壇爟火燔玄牡，露掌華漿注渴烏。〔註 18〕**不夜城傳宣夜漏，王宮朝奉竹宮符。即今東汜西崐處，盡入銅壺倒景殊。**《明史》：「嘉靖中，朝日壇用紅黃玉，求不得，購之陝西邊境，使覔於阿丹，去土魯番西二千里。」結句寄託典重。

〔註 15〕「圍」，底本誤作「回」，據眉批改。
〔註 16〕眉批：黃陵廟在湘陰。甘寧壘在岳陽。陶侃營在沔口。◯樹幾圍。
〔註 17〕眉批：閬州高祖廟，見杜工部《南池》詩。
〔註 18〕眉批：爟火，見《周禮．夏官》。華漿，見《漢武內傳》。渴烏，氣筒也，見《晉書》。

雕橋莊歌並序

高邑趙忠毅公為《雕橋莊記》曰：吾郡梁太宰有雕橋莊，在郡西十五里大茂諸山之東，前臨滹沱、西韓二水，〔註19〕東為大門，表之曰尚書里，有樓曰蓮渚仙居，有堂曰壽槐，槐可四十圍，相傳數百年物。太宰功成身退，徜徉於此者二十年。《真定府志》：「梁夢龍，字乾若，真定人。萬曆中，為吏部尚書。倪元鵬稱梁太宰銓綜萬流，無蹊不鑑。及卒，趙南星表之曰：在國則為忠臣，在鄉則為善人。天啟初，諡貞敏。」今其孫慎可讀書其中，自號為西韓生云。此忠毅家居時所作也。公後拜吏部尚書，視梁公以同郡為後繼，竟因黨禍戍代州死。慎可以孝廉入中翰，余始識之，知其為趙公交，尋以齟齬去，相別十餘年。今起官水部，家門蟬冕，當代莫與比焉。《文集》：「貞敏第四子志，生維樞，字慎可。天啟乙卯舉人，以保舉用吏部銓考，授內閣撰文、中書舍人，晉尚書寶司丞副，掌典籍事。坐同事者中蜚語，連罷。起家擢工部主事。皇清定鼎，即舊官錄用，補營繕郎。乾清宮告成，得文騎〔註20〕名馬之賜。陞〔註21〕山東按察司僉事，整飭武德兵備。會入賀，遂乞養。後五年卒。子六人，長清遠，吏部侍郎。」余以其名山別墅，亂後獨全，高門遺老，晚節最勝。雕橋盛事，自太宰以來，百餘年於此矣，是可歌也。為作《雕橋莊歌》。

常山古槐千尺起，雕橋西畔尚書裏。偃蓋青披大茂雲，扶踈響拂韓河水。水部山莊遶碧渠，彈琴長嘯修篁裏。今年相見在長安，據鞍卻笑吾衰矣。盡道新枝任棟梁，不知老幹經風雨。自言年少西韓生，幽并豪俠皆知名。酒酣箕踞聽鼓瑟，射麋擊兔邯鄲城。天生奇質難自棄，一朝折節傾公卿。《文集》：「余與公定交於光朝，比去京師十五年，宿素已盡，惟公迎閣握手，高談盡日。余疲苶〔註22〕不任趨拜，而公善飲噉，據鞍躍馬，能勤於其官。間為余言：年少時，射麋擊兔於茂山之下，韓河之濱，極望平蕪，登高長嘯，慕袁絲、鄭莊之為人。」當時海內推高邑，趙公簡重稱相得。才地能交大父行，襟期雅負公卿識。《文集》：「趙忠毅以小選家居講道，指授生徒，公執經往侍，遂為入室弟子。每著書，必命校讐丹黃。」公曾過我讀書處，笑倚南樓指庭樹。歸田太宰昔同遊，廿載林泉共來去。此是君恩憂老臣，後來吾輩應難遇。

〔註19〕眉批：北嶽之名有五，其五曰太乙宮，即大茂山。西韓水即恒河。大茂亦稱嶕嶅山。

〔註20〕「騎」，楊學沆本作「綺」。

〔註21〕「陞」，底本誤作「陛」，據楊學沆本改。

〔註22〕「苶」，底本誤作「恭」，據楊學沆本改。

《初學集・邺忠錄序》:「梁公出鎮畿輔，入筦中樞，邊備脩舉，首功屢奏，文武為憲，首稱勞臣。掌銓未久，而江陵卒，遂以人言引退。天啟初，趙忠毅公歷疏公生平大節，訟之於朝，贈邺之典始備，而公之不附江陵，亦暴白於天下。」**每思此語輒**〔註 23〕**泫然，知己投荒絕塞天。同是冢臣恩數異，傷心無復定陵年。**《明史》本傳:「趙南星，天啟三年為吏部尚書。大學士魏廣微，南星友允貞子也。三至南星門，拒弗見。又嘗歎曰:『見泉無〔註 24〕子。』廣微恨刺骨。與忠賢比〔註 25〕而齕南星。給事中傅櫆首假汪文言發難，劾〔註 26〕南星紊舊制，植私人。高舉龍之劾崔呈秀也，南星議戍之。呈秀窘，夜走忠賢邸，叩頭乞哀。而御史陳九疇受廣微指，南星言推山西巡撫謝應祥徇私當斥，忠賢矯旨切責，放歸。尋以汪文言之獄詞連南星，下撫按提問。適部尚友巡撫保定，而巡按馬逢皋亦憾南星，乃相與庭辱之，笞其子清衡及外孫王鍾龐，坐南星贓萬五千，卒戍代州。崇禎初，贈太子太保，諡忠毅。櫆等俱名麗逆案，為世大戮焉。」**黃巾從此成貽禍，青史誰來問斷編。鉤黨幾家傳舊業，干戈何地著平泉。我有山莊幸如故，老樹吟風自朝暮。磐石寧容螻蟻穿，斧斤不受樵蘇誤。鈴索高齋擁賜書，名花異果雕闌護。綠葯紅蕖水面開，門前即是鳴騶路。子弟傳呼千騎歸，不教鞍馬驚鷗鷺。年年細柳與新蒲，粧點溪山入畫圖。四海峰煙喬木在，一窗燈火故人無。相逢只有江南客，頭白尊前伴老夫。**

海戶曲原注：南海子周環一百六十里，有海戶千人。

大紅門前逢海戶，衣食年年守環堵。收藁腰鎌拜嗇夫，築場貰酒從樵父。不知占籍始何年，家近龍池海眼穿。查容《詠歸錄》:「按：海子之名，見於唐季。王鎔為鎮帥，有海子園，嘗館李匡威於此。北人凡水之積者，輒目為海。」**七十二泉長不竭，御溝春煖自涓涓。平疇如掌催東作，水田漠漠江南樂。**《燕都遊覽志》:「三聖菴後築觀稻亭，為內官監地。南人於此藝水田，秔秫分塍，夏日桔槔聲不減江南。」**駕鵞鶬鴰滿煙汀，不枉人呼飛放泊。**原注：南海子有水泉七十二處，元之飛放泊也。〇虞集《經世大典敘錄》:「國制，自御位及諸王，皆有昔寶赤，蓋鷹人也。及一天下，俾致鮮食，以薦宗廟，供天庖，齒草羽毛以備用，而立制加詳。地有禁，取有時，違者罪之。冬春之交，天子或親幸近郊，縱鷹隼搏擊，

〔註 23〕「輒」，底本誤作「轍」，據楊學沆本改。
〔註 24〕「無」，底本無，據《明史》卷二百四十三補。
〔註 25〕「比」，底本誤作「此」，據《明史》卷二百四十三改。
〔註 26〕「劾」，底本誤作「刻」，據《明史》卷二百四十三改。

以為遊豫之度，曰飛放。仁廟以穀不熟，民困，曰朕不飛放。且敕諸王位昔寶赤皆不聽出。」**後湖相望築三山，兩地神洲咫尺間**。原注：以西苑後湖名海子，故此云南。**遂使相如誇陸海**，葉隆禮《契丹志》：「南京大內壯麗，城北有市，陸海百貨聚於其中，錦繡組綺，精飽天下。」按：遼南京，今順天府。**肯教王母笑桑田。蓬萊樓閣雲霞變，晾鷹臺上何王殿**。原注：晾鷹臺，元之仁虞院也，常使大學士提調之，鷹墜皆用先朝舊璽改作。**傳說新羅玉海青，星眸雪爪飛如練**。原注：玉海青，即白鷹也。〇《元史》本傳：「帝宴大臣於延春閣，特賜答里麻白鷹，以表其貞廉。」周憲王《元宮詞》：「年年正旦將朝散，大內先觀玉海青。」柯九思《玉山雅堂集》：「元戎承命獵郊坰，敕賜新羅白海青。」**詐馬筵開挏酒香**，原注：元有詐馬晏。〇周伯琦《近光集》：「只孫，華言一色衣也。只孫宴，俗呼詐馬宴。」按：此殆亦其國語。**割鮮夜飲仁虞院**。《元史．武宗紀》：「至大元年二月，初立鷹坊為仁虞院。」《仁宗紀》：「至大四年二月，罷仁虞院，改置鷹坊總管府。」陶宗儀《輟耕錄》：「西華門西有鷹房。」**二百年來話大都，平生有眼何曾見**。王惲《瀦州隆禧觀碑》：「原濕平衍，迴流芳溆，映帶左右。建元以來，羽獵歲嘗，駐蹕民庶，觀羽旄之光臨，樂遊豫之有賴。」**頭白經過是舊朝，春深慣鎖黃山苑**。叶。〇詡按：苑，虧願切，惟沈約韻有之，可見公詩皆用沈韻。**典守唯聞中使來，樵蘇輒假貧民便。芳林別館百花殘，廿四園中爛熳看**。原注：南海子有二十四園，係明時制。**記得尚方初薦品，東風鈴索護雕闌。葡萄滿摘傾筠籠，蘋果新嘗捧玉盤。賜出宮中公主謝，分遺闕下侍臣餐**。《扈從西巡日錄》：「明永樂年，增廣其地，繚以周垣，百六十里，育養禽獸。又設二十四園，以供花果。」**一朝翦伐生荊杞，五柞長楊帳已矣。野火風吹螞蟻墳**，原注：海子東南有螞蟻墳，每清明日，數萬皆聚於此。**枯楊月落蝦蟇水**。原注：玉泉，一名蝦蟇泉，流入南海子。**盡道千年苑囿非，忽驚萬乘車塵起。雄圖開國馬蹄勞，將相風雲劍槊高。帳殿行城三十里，旌旗獵獵響鳴鞘**。《扈從東巡日錄》：「我朝行圍，隨駕軍密布四圍，旗色分八部，各以章京主之，分左右翼，馳山谷間，逾高降深，名曰圍場。惟視藍旗所向，以為分合。有斷續不整者，即以軍法治之。章京服色亦隨本旗，惟御前侍衛及內大臣得穿黃褶。行圍之法，以鑲黃旗大纛居中為首，聖駕在大纛之前，按轡徐行，兩翼門纛相遇，則立而不動，以俟後隊漸次逼近，謂之合圍。緹騎環山，旌旗熠野，亭午就山陽張黃幄，尚食一日。凡兩合圍，約行八九十里。」**朝鮮使者奇毛進，白鷹刷羽霜天勁。舊跡凌歊好放雕**，〔註27〕**荒**

〔註27〕眉批：凌歊臺在當塗，此只借用。下御宿園亦同。

臺百尺登臨勝。俊鶻重經此地飛，黑河講武當年盛。《得天居士集·題金管集詩》：「未比寺雕經四代。」自注：內苑有太宗時雕，仁皇帝曾賜觀，知雕壽能久矣。**弔古難忘百戰心，掃空雉兔江山淨。新豐野老驚心目，縛落編籬守麋鹿。兵火摧殘淚滿衣，升平再覩修茅屋。衰草今成御宿園，豫遊只少千章木。上林丞尉已連催，灑埽離宮補花竹。**《扈從西巡日錄》：「我朝於南海子建新舊二宮，東西對峙，相去二十里。又有德壽寺、元靈宮，釋道居之。仍設海戶一千八百人守視，人給地二十四畝，自食其力。春蒐冬狩，巡幸以時，講武事也。」**人生陵谷不須哀，蘆葦陂塘雁影來。君不見鄠杜西風蕭瑟裏，丹青早起濯龍臺。**

送友人出塞錢《箋》：「此為季天中作。」按：天中名開生，江南泰興人。順治己丑進士，官給事中。著有《出國草》。

上書有意不忘君，竄逐還將諫草焚。聖主起居當日慎，小臣忠愛本風聞。天中諫疏雖不傳，然汪苕文《祭季給事文》曰：「事關宮闈，侃侃端笏。雖涉風聞，敢忘獻替。先皇聖明，姑示薄責。魑魅與鄰，捐身沙磧。懸棺藁殯，有同棄擿。招魂而南，僅歸胔骼。」則以言涉宮闈而戍死。**玉關信斷機中錦，金谷園空**〔註28〕**盡裏雲。**張綱孫《觀女樂記》：「泰興季氏稱世族，其園池臺榭，古器書畫，固宇內絕無。女樂數部，皆便娟妙麗，極一時之選。」**塞馬一聲親舊哭，焉支少婦欲從軍。**

即事

擊鼓迎神太一壇，越巫吐火舞珊珊。露臺月上調絲管，禁苑霜凋挾彈丸。赤驥似龍徠萬里，白鷹如雪到三韓。按：順治十八年，罷高麗貢鷹。則前此固嘗貢矣。**柏梁焚後宜春起，只有西山作舊看。**

送同官出牧

露掌明河玉漏寒，侍中出宰據征鞍。君王此日親除吏，臣子何心道換官。壯士驪山秋送戍，豪家渭曲夜探丸。扶風馮翊皆難治，努力諸公奏最看。《堯峰文鈔》：「陝西自李賊之亂，創夷未復，諸劫帥群聚蜂起，推北山郭君振、耀州黃騎虎、府谷王永強最劇，次第就擒，三秦始大定。」

〔註28〕「空」，底本原作「中」，據眉批「原本是『園空』，非『中』也者也」改。

田家鐵獅歌田弘遇家門獅也。陳奮永《寄齋集·鐵獅子記》:「禁城後之交衢有鐵獅焉，巷即以名，為明戚里田氏物。自田怙寵時，卿大夫之車馬日盤桓其間。明亡，田氏死，垂二十年無過者。」

田家鐵獅屹相向，鬍毿蹲夷信殊狀。良工朱火初寫成，四顧諮嗟覺神王。先朝異物倈西極，上林金鎖攀檻出。玉關罷獻獸圈空，刻畫丹青似爭力。《明朝小史》:「成化辛丑，西湖撒馬兒罕進二獅子，其狀如黃狗，但頭大尾長，頭尾各有鬃耳，初無大異。每一獅日食活羊一羫，醋醴蜜酪各一瓶。養獅子人俱授以官，光祿寺日給酒飯，所費無筭。」**武安戚里起高門，欲表君恩示子孫。鑄就銘詞鐫日月，天貽神獸守重閽。第令監奴睛閃爍，老熊當路將人攫。**〔註29〕**不堪此子更當關，鉤瓜張眸吐齦齶。**《東林列傳》:「王應熊與田戚畹通，降中旨，入閣不由廷推，廷臣莫敢言。禮科章正宸疏諫，下詔獄，詞臣馬世奇為解於應熊，應熊遽離座，擲茗椀去，曰:『不殺正宸，無以破門戶之固。』會科臣力疏救，得革職。」故此改「老羆當路」為「老熊」，隱厲應熊名焉。**七寶香猊玉辟邪，嬉遊牽伴入侯家。圉人新進天閑馬，御賜仍名獅子花。假面羌胡裝雜伎，狻猊突出拳毛異。跳擲聲聲畫鼓催，條支海上何由致。異材逸獸信超群，其氣無乃如將軍。將軍豈是批熊手，瞋目哮呼天下聞。**《明史·李繼貞傳》:「田弘遇以坐門功求優敘，不獲，屢疏詆繼貞，帝不聽。弘遇日伺其隙讒之。」《綏寇紀略》:「田貴妃擅寵幸，其父弘遇數犯法，交結朝臣，謀傾中宮，漸有萌牙。」**省中忽唱田蚡死，青犢明年食龍子。**〔註30〕**蝦蟇血灑上陽門，三十六宮土花紫。此時鐵獅絕可憐，兒童牽挽誰能前。槖駝磨肩牛礪角，霜摧雨蝕枯藤纏。主人已去朱扉改，眼鼻塵沙經幾載。鎖鑰無能護北門，畫圖何處歸西海。**《綏寇紀略》:「賊破京城，劉宗敏居田弘遇第。」**吾聞滄州鐵獅高數丈，千年猛氣難凋喪。風雷夜半戲人間，紫皇戰伐英靈壯。**《河間府志》:「滄州鐵獅在滄州故城，昂一丈，身長二丈，周世宗時鑄。」**盧溝城雉對西山，橋上征人竟不還。杜刻蹲獅七十二，桑乾流水自潺潺。**《帝京景物略》:「盧溝即渾河，古桑乾水也，發源桑乾山。橋長二百步，石欄列柱，柱頭獅母乳顧抱負贅，態色相得，數之輒不盡。俗云魯公輸班神勒也。」**秋風吹盡連雲宅，鐵鳳**

〔註29〕眉批：老羆當道，見《北魏書·王羆傳》。

〔註30〕眉批：梁青犢，賊名，見《晉書》。《史記》:「月為刑而相佐，見蝕於蝦蟇。」月比後，故以蝦蟇比妃。此句謂妃薨，武后廢居上陽宮。《南齊書》:「太子長懋一日臥小殿中，夢見金翅鳥飛下，搏食小龍無數。後蕭鸞篡位，太子子孫無遺焉。」

銅烏飛不得。卻羨如來有化城，香林獅象空王力。扶雀犛牛見太平，月支使者貢西京。并州精鐵終南冶，好鑄江山莫鑄兵。

題崔青蚓洗象圖《青箱堂集》：「崔青蚓，名子忠，一名丹，字道母。其先山東平度州人。其祖以廕補官，留京師。子志為諸生，於六經無不讀，左公光斗奇其才，試高等，食餼。」

烏虖顧陸不可作，世間景物多蕭索。雲臺冠劍半無存，維摩寺壁全凋落。開元名手空想像，昭陵御馬通泉鶴。〔註31〕燕山崔生何好奇，書畫不肯求人知。仙覊雲氣追恍惚，宓妃雒女乘龍螭。《青箱堂集》：「青蚓工圖繪，為絕伎。人有欲得其畫者，強之不可得。山齋佛壁，則往往有焉。董文敏公謂其人文畫皆非近世所常見。」平生得意圖洗象，興來埽壁開屏障。赤罽如披洱海裝，白牙似立含元仗。《長安客話》：「象房在宣武門西城牆北，每歲六月初伏，官校用旗鼓迎眾象出宣武門城濠內洗濯。」當時駕幸承天門，鸞旗日月陳金根。雞鳴鐘動雙闕下，巍然不動如崑崙。姚旅《露書》：「朝廷午門外立仗及乘輿鹵簿，皆用象，以先後為序，皆有位號，食幾品料。每朝則立午門之左右。駕未出時，從遊齕草。及鐘鳴鞭，則肅然翌侍。百官入畢，則以鼻相交而立。」崔生布衣懷紙筆，道衝騶哄金吾卒。仰見天街馴象來，歸去沉吟思十日。眼前突兀加摩挲，非山非屋非陂陀。昔聞阿難騎香眾，旃檀林內頻經過。我之此圖無乃是，貝多羅樹金沙河。十丈黃塵向天闕，霜天夜踏宮牆月。芻豆支來三品料，鞭梢趨就千官謁。材大寧堪世人用，徒使低頭受羈紲。沈德符《野獲編》：「象初至京，先於射所演習，故謂之演象所。而錦衣衛自有馴象所，專管象奴及象隻，特命錦衣指揮一員提督之。凡大朝會，役象甚多，駕輦、馱寶皆用之。若常朝，則止用六隻。所受祿秩，俱視武弁有等差。」京師風俗看洗象，玉河春水涓流潔。赤腳烏蠻縛雙帚，六街士女車塡咽。叩鼻殷成北闕雷，怒蹄捲起西山雪。朱茂曙《兩京求舊錄》：「程于周《客滇偶筆》言象必擇人跡不到處交感。鄺露《赤雅》則言象交於水，卷樹葉蓋之，見人則羞，必起逐之。今京師洗象，觀者且千人，相傳洗時必交於水，殆不然也。」圖成懸在長安市，道旁觀者呼奇絕。性癖難供勢要求，價高一任名豪奪。十餘年來人事變，碧雞金馬爭傳箭。越人善象教象兵，扶南身毒來酣戰。羅謙《殘明紀事》：「李定國用象後膀排桂林城門，陷之，殺定南王孔有德。」惜哉崔生不復見，畫圖未得開

〔註31〕眉批：雲臺圖畫，見《後漢書．馬武傳》。金陵瓦官寺有顧虎頭畫維摩天女。昭陵馬、通泉鶴，俱見杜詩。

生面。若使從軍使趙佗，蒼梧城下看如練。更作昆明象戰圖，止須一疋鵞溪絹。〔註 32〕郭若虛《圖畫見聞志》：「涿郡高益南國有鬬象圖傳於世。」**嗟嗟崔生餓死長安陌，亂離荒草埋殘骨。一生心力付兵火，此卷猶存堪愛惜。**《青箱堂集》：「子忠詩歌古文詞，人鮮知者，徒知其畫耳。年五十，病幾廢。亡何，遭寇亂，潛避窮巷，無以給朝夕。有憐之而不以禮者，去而不就，遂夫婦先後死。」**君不見武宗供奉徐髯仙，豹房夜直從游畋。青熊蒼兕寫奇特，至尊催賜黃金錢，只今零落同雲煙。**王世貞《弇州四部稿》：「徐髯仙，名霖，字子仁，號九峰，金陵人。所為樂府，不能如陳大聲穩協，而才氣過之。青樓俠少推為渠帥。正德末，上南征，嬖伶臧賢薦於上，俾填新曲，絕愛幸之，令提調六院事。霖惶恐甚，然不敢辭也。後回鑾得解去。」又曰：「子仁好堆墨書，濃肥而有骨，端重而不乏態。行書最少，宜寶愛之。」周暉《續金陵瑣事》：「子仁集名《清遊稿》。」**古來畫家致身或將相，丹青慘澹誰千年。**

寄周子俶中州

聞道周郎數酒悲，中原極目更依誰。雲遮二室關山在，河奪三門風雨移。銅狄紀年何代恨，石經傳字幾人知。狂歌落日登臨罷，殘醉歸來信馬遲。

懷古兼弔侯朝宗

朝宗，名方域，歸德人。兵部尚書恂子。《文集》：「往余在京師，從大司馬歸德侯公以盡交宋中諸賢，諸賢以雪園文社相推許。公仲子朝宗遇余特厚。無何，寇事作，朝宗以其家南下，一再見於金陵，於吳門，出其文，余為之唏噓太息，不忍竟讀。」

河洛風煙萬里昏，百年心事向夷門。氣傾市俠收奇用，策動宮娥報舊恩。多見攝衣稱上客，幾人刎頸送王孫。死生總負侯嬴諾，欲滴椒漿淚滿樽。原注：朝宗貽書，約終隱不出，余為世所逼，有負宿諾，故及之。

送田髴淵孝廉南還

髴淵，名茂遇，松江華亭人。《文集》：「田子試南宮，既不第，有勸之歸者。田子曰：『居鄉里，抑鬱無所得，姑留邸中，一交天下長者。』於是宛平王公、柏鄉魏公、真定梁公、合肥龔公皆與之遊。一時三四公之門，無出田子右者。」

客路論投分，三年便已深。公自甲午至京師，歷丙申，故云三年。**每尋蕭寺約，共話故園心。遠水明浮棹，踈村響急砧。濁亭橋畔柳，恰為兩人陰。**

〔註 32〕眉批：一疋鵞溪絹，見蘇詩。

窮老無相識，如君得數過。秖貪懷抱盡，其奈別離多。晝靜堪攤卷，江寬足放歌。勝遊佳絕處，回首隔關河。

拂袖非長策，蹉跎慰老親。還家仍作客，不仕卻依人。勝識酬知己，奇懷答鬼神。鏡湖千丈月，莫染雒陽塵。合下章觀之。其南還殆入學使者幕中。

浪跡存吾道，風流獨有君。群公雖走幣，狂客自掄文。〔註33〕**樽酒堪呼月，雙峰看出雲。可憐滄海上，宋玉正參軍。**鏡湖雙峰，蓋遊浙幕。○此謂宋讓木《青箱堂集》。予友宋讓木謂予曰：「田子髯淵之詩，皆自得於性情。蓋其人以遠，其風朗以疎，其胸次固高出世俗之表」云云。詩因兩人相得，故追懷及之。

送舊總憲龔孝升以上林苑監出使廣東

與君對酒庾樓月，君逼干戈我離別。與君藉地燕山草，君作公孤我潦倒。錢《箋》：「潦倒，《晉書》言蘊藉也。今承老杜『潦倒新停濁酒盃』，俱誤用。」詡按：杜之潦倒，出稽〔註34〕康《絕交書》「濁酒一盃，潦倒粗疎」。**亦知窮老應自疎，識君意氣真吾徒。門前車馬多豪俊，攝衣上座容衰髩。我持半勺君一斗，我吟一篇君百首。**《文集》：「先生之潛搜冥索，出政事鞅掌之餘；高詠長吟，在賓客填咽之際。嘗為余張樂置飲，授簡各賦一章。歌舞詼笑方雜沓於前，而先生涉筆已得數帋。」**每逢高會輒盡歡，把我新詩不容口。**《詩話》：「庚寅秋，孝陞於臨清舟中報余書曰：『往在燕邸，與秋岳、舒章諸子各有抒寓，篇軸遂繁。近年以來，蓬轉江湖，仲宣登臨，襟情難忍；嗣宗懷抱，歌哭無端。未極斐然，不無驅染。然前則魂魄初召，瑟既苦而難調；繼乃離索寡群，刀雖操而未善。亟思大雅，提振小巫。九合葵丘，捨公誰屬？先生著作，雷霆天壤，氣象名山，其亦肯示雌霓於王筠，授《論衡》於中郎否耶？』」**今日他鄉再送君，地角天涯復何有。山川有霧交有命，延津會合真難定。如君共事曹侍郎，**曹溶也。已見前。**百僚彈壓風裁正。握手論文海內推，交遊京雒聲華盛。**胡泰《曹秋岳倦圃尺牘序》：「先生胸有千卷，筆無點塵，與海內之名公鉅卿，梓里之知交姻亞，贈答往來，殆無虛日」云云。**秋風吹向越王臺，後先蹤跡誰能信。**秋岳視學畿輔，最稱得士，而馴致口語外遷，龔芝麓數言之，故篇中述此。**不見蘭臺連柏府，卻過劍浦來珠郡。相贈雖無陸賈金，相看何必周昌印。**言秋岳方為粵藩，孝升繼往。周昌印謂御

〔註33〕眉批：《今世說》：「茂遇，戊子孝廉。妻孥終歲布衣糲食。客到，治具甚盛。後進詩文，小好必極稱許。世謂其家貧而能好客，才富而能汲善。」

〔註34〕「稽」當作「嵇」。

史大夫，切舊總憲也。**丈夫豁達開心期，悠悠世上無人知。三仕三已總莫問，一貴一賤將奚**〔註35〕**別。君勸君，休失意，碧水丹山暫遊戲。客路扁舟好著書，故園九日堪沉醉。烏桕霜紅少婦樓，**《板橋雜記》：「芝麓顧夫人，即金陵舊院中所稱眉樓顧媚者也，字眉生，因以名樓。客或戲之：此非眉樓，直迷樓耳。後歸龔，喜畜貓，能畫蘭欸，稱橫波夫人。丁酉，龔挈之重遊金陵，後受誥封，改姓徐。龔作《白門柳》傳奇行世。」公詩此句，殆於虐謔。**桄榔雨黑行人騎。獨有飄零老伏生，不堪衰白困將迎。秪因舊識當途少，坐使新知我輩輕。花發羅浮夢君處，躑躅悲歌不能去。**

送宛陵施愚山提學山東施愚山，名閏章，字尚白，宣城人。父譝明，早逝。幼依叔秪園，中順治己丑進士。施閏章《夢愚堂銘》：「施子反自粵西，一夕，宿青州官舍，夢人持半刺，署愚山道山人四字。時乙未三月望日也。至京師，以告學士方先生，答曰：『嘻！殆子之前身也。』因呼余曰愚山子。其明年督學山東，駐青州，開帙視郡志地，故有愚公穀。乃失笑曰：『向所夢者，其斯人耶！』」

秦皇昔東巡，作歌示來裔。李斯留篆刻，足共神仙配。胡為泰岱顛，蒼碑獨無字。《日知錄》：「嶽頂無字碑，世傳為秦始皇立。按：秦碑在玉女池上，李斯篆書，高不過五尺，而銘文並二世詔書咸具，不當又立此大碑也。考之宋以前，亦無此說。因取《史記》反覆讀之，知為漢武帝所立也。」**持此謝六經，免滋後賢議。至今倉頡臺，行人尚流涕。**《一統志》：「倉頡墓在壽光縣，有造字臺。」**君今懷古蹟，斯文起凋弊。蟲魚雖改竄，扶桑自天際。千載靈光宮，丹書閉房記。**《舊唐書．王世充傳》：「世充將謀篡位，有道士桓法嗣者，上《孔子問房記》，畫作丈夫持二竿以驅羊。」按：此乃圖讖之學，故曰丹書。**兵火獨搜揚，重見鍾離意。**〔註36〕

魯儒好逢掖，傴僂循牆恭。長劍忽拄頤，〔註37〕**掉舌談天雄。諸侯走書幣，擁篲梧丘宮。孟嘗一公子，珠履傾關東。後來北海相，坐上猶遺風。君愁吳越士，名在甘陵中。無使稷下徒，車馬矜雍容。華士苟不戮，橫議將安窮。古道誠可作，千里尊龜蒙。**言浙黨之禍始於齊，為亓詩教、張至發輩而言，不嫌過激。《明史．夏嘉遇傳》：「齊、楚、浙三黨諸魁文甚密，布衣汪

〔註35〕楊學沆本作「奚」，底本誤作「為」，並有修改標識，據「遊戲」後注「脫『奚』字」改。

〔註36〕眉批：鍾離意，見《後漢書》本傳。

〔註37〕眉批：冠大如箕，長劍拄頤，見《國策》。

文言策之曰：『浙人者，主兵也。齊、楚則應兵，成功之後，主欲遷客矣。然柄素在客，未易遜，此可搆也。』遂多方設奇間之，於是齊、浙之黨大離。及嘉遇五疏力攻，詩教輩亦竄，亓、趙之勢頓衰，時論快焉。」

伊昔嘉隆時，文章尚丹雘。矯矯濟南生，突過黃初作。百年少知己，褒譏互參錯。風習使之然，詩書狥然諾。淒涼白雲署，前賢遂寥廓。《四部稿·李于鱗傳》：「于鱗既以古文辭創起齊魯間，摻觚之士不盡見古作者語，謂於于鱗師心而務求高，以陰摻其勝於人耳目之外而駭之。其駭與尊賞者相半，而至於有韻之文，則心服靡間言。」按：後之譏彈於于鱗者，艾南英倡之，錢謙益繼之。然其所作具在，視于鱗何如也？豈非少陵所謂身名俱滅，不廢江河萬古者耶？此詩所論，最為公允。**君初領法曹，追蹤好棲託。此行過歷下，高風緬如昨。太白遊山東，後來訪廬霍。獨愛宣州城，江山足吟謔。讀君官舍詩，鄉心戀巖壑。**湯斌《施愚山墓誌》：「分守江南道，因逓歷崇山廣谷間，作《彈子嶺》、《大院歎》、《竹源阬》諸篇。」又，施作《賣船》詩：「自擬相將汗漫遊，歸來蕭瑟妻孥愁。親朋環顧只空手，不如賣此營蕘裘。去官那得說官船，泛宅終輸枕石眠。欲藏無壑賣不售，且繫青溪蘆荻邊。」**目斷敬亭雲，口銜竹溪酌。**陳維崧《施公誄》：「敬亭翠林，琴溪雲濺。卯歲輕帆，與君一見。」**借問謫仙人，何如謝康樂。**

送程太史翼蒼謫姑蘇學博翼蒼，名邑，字幼洪，上元人。《文集》：「翼蒼以道尊於吾吳，為士子師。其所為詩，和平溫厚，歸於爾雅，而侘傺怨誹之音不作。」

道重何妨謫，官輕卻便歸。程門晴雪迴，吳市暮山微。舊俗絃歌在，前賢文字非。即今崇政殿，寥落侍臣衣。

送楊猶龍學士按察山西楊猶龍，名思聖，北直鉅鹿人。順治丙戌進士，後陞〔註 38〕四川布政使。按：自此以後，諸人皆乙未年，上特簡廷臣試外任者。

碧山學士起嚴裝，新把牙旗下太行。玉麈開尊從將吏，銀毫判牒喜文章。三關日落凝笳吹，千騎風流出射堂。憶賜錦袍天上暖，西遊早拂雁門霜。

一天涼影散鳴珂，落木平沙雁渡河。北地詩名三輔少，鉅鹿自侯芭而下，代有文人，近稍希闊矣。**西風客思五原多。**雲中五原為山西被邊處。**紫貂被酒雲中火，鐵笛迎秋塞上歌。回首禁城從獵處，千山殘雪滿滹沱。**

〔註 38〕「陞」，底本誤作「陛」，據楊學沆本改。

送王藉茅學士按察浙江藉茅，名無咎，孟津人。鐸子。丙戌會魁，歷侍讀學士。

始興門第故人稀，張大復《梅花草堂集》:「琅邪王氏，自即丘子覽傳始，興文獻公導為江左始。至宋節度衙推仁鎬徙分水，生孫司諫縉，為浙始。」**才子傳家典北扉。晝省日移花更發，御溝春過柳成圍。江湖宦跡飄蓬轉，嵩少鄉心旅雁飛。重到冶城開戟地，豈堪還問舊烏衣。**按：詩王，河南人，其父即文安公覺斯云。

訟堂閒嘯聽流鶯，十載東南憶避兵。江左湖山多故吏，王家書畫豈虛名。從容簿領詩還就，料理煙霞政自成。欲過會稽尋禊事，斷碑春草曲池平。

送當湖馬觀楊備兵岢嵐馬燁曾，平湖人，進士。順治十三年任岢嵐兵備道。

絕塞驅車出定羌，洗兵空磧散牛羊。黃河盡處無征戰，紫燕飛時敢望鄉。《中州集》金尚書蕭貢岢《嵐州》詩:「岢嵐地勢橫三汉，河朔城墉掛一箕。紫塞高連寒日短，黃榆落盡長年悲。」其地勢可想見。**獨客登臨傷廢壘，前人心力困危疆。君恩不遣邊城苦，高臥荒城對夕陽。**

送王孝源備兵山西王天眷，山東濟寧州人。進士。順治十三年任雁平兵備道。

秋盡黃河氣欲收，千山雪色照并州。鵰盤落木蒼厓壯，馬蹴層冰斷澗流。父老壺關迎節使，將軍廣武恥封侯。雍容賓佐資談笑，吹笛城南月夜樓。

送同年江右朱遂初憲副固原朱遂初，名徽，江西進賢人。崇禎辛未進士。入國朝，官吏科給事中。數有陳奏聲，著《諫垣耳》。

銜杯落日指雕鞍，渭北燕南兩地看。士馬河湟征戰罷，弟兄關塞別離難。荒祠黑水龍湫暗，《一統志》:「黑水河在寧夏城東，注於黃河。」《清吟堂集》:「寧夏西有白塔十三級，以蜃灰堊之。側有小祠一椽，甎石為之，上有刻反成祠三字，雖漢書而自左讀，泥像，止餘下裳，不知所祠為誰。」**絕阪丹崕鳥道盤。錯認故鄉還咫尺，幾人遷客近長安。**

清秋柳陌響朱輪，帳下班聲到近臣。萬里河源通大夏，《清吟堂集》:「黃河在寧夏東南四十里，繞城為漢延渠，有官橋覆之；西南為康渠，賀蘭橋覆之；又南有新渠、紅花渠、漢伯渠，俱分河水，溉田數萬餘頃，故有塞北江南之號。」**七**

盤山勢控三秦。北庭將在黃驄老，西海僧來白象馴。最喜安邊真節使，君恩深處少風塵。

白草原頭驛路微，十年蹤跡是耶非。熊文舉《雪堂集》：「朱遂初子堯民，戊子死於寧夏兵難。」按：戊子兵難，馬德之亂也。何朝京《西涼雜志》：「順治五年五月，馬德殺焦撫院，巨寇李彩相繼作亂。官兵直入寧夏，乘勢勦捕。戰於預望城，馬德走。再戰河兒坪，擒斬馬德。尋，李彩就縛，寧夏平。」**月明函谷朝雞遠，木落蕭關塞馬肥。便道江城鄉思急，故人京洛諫書稀。一官漂泊知何恨，老大匡山未拂衣。**

長將詩句付奚囊，此去征途被急裝。苜蓿金鞍詞白馬，梅花鐵笛奏青羌。涼州水草軍營盛，漢代亭臺獵火荒。胡元瑞《甲乙剩言》：「固原都御史行臺後有園池，池北有堂，池上有亭。堂之顏曰天光雲影，亭之顏曰半畝方塘。綽楔之前曰源頭活水，後曰清如許。凡歷四中丞，所題僅朱晦庵一絕句。」**往事功名歸衛霍，書生垂老玉門霜。**

送何省齋何省齋，名采，字次德。順治己丑進士，官檢討。桐城芝岳相國之孫，贛州守蓉菴之子。〔註 39〕

哲人尚休官，取志不在歲。賢達恃少年，輕心撥名勢。神仙與酒色，皆足供蟬蛻。在己本歡娛，富貴應難累。婆娑彼頹老，匪止妻孥計。棲棲守腐鼠，自信無餘技。嗟我豈其然，今也跡相類。同事有何郎，英懷託深契。三十拜侍中，向人發長喟。拂袖歸去來，故園有松桂。世網敢自由，鄉心偶然遂。樗散卻見留，送之以流涕。總敘送何大意。**我昔少壯時，聲華振儕輩。講舍雞籠巔，賓朋屢高會。總角能清談，君家好兄弟。**〔註 40〕**緩帶天地寬，健筆江山麗。**《文集》：「余在南太學，頗欲接經術，致求天下士。同時有南中何次德，同里周子俶，皆與余世講。」**憑闌見溢口，傳烽響笳吹。海寓方紛紜，虛名束心意。**《綏寇紀略》：「崇禎辛巳三月，獻賊合革左，破舒城，取其郊保蓮花寨之民，以益其軍，屯舒城之七里河、汪家灘。五月，陷廬州。六月，陷無為州，還屯舒城之白馬、金牛洞，習水師於巢湖。七月，陷六安州，盧九德以黃得功、劉良佐之兵救之，營於夾山，再戰敗績，江南大振。」**夜半話掛冠，明日扁舟繫。問余當時年，三十甫過二。採藥尋名山，筋力正強濟。濯**

〔註 39〕眉批：何采，一字濮源。

〔註 40〕眉批：此謂次德兄弟皆入南太學也。其弟即公公壻，故又有「一堂共昆季」句。

足滄浪流，白雲養身世。長放萬里心，拔腳風塵際。公生萬曆己酉，則當辛巳請急歸時，年正三十二也。《行狀》：「乙酉，南中召拜少詹事。越兩月，先生知天下事不可為，又與馬、阮不合，遂拂衣歸。」昔為雲中鵠，翩翻九皋唳。今為轅下駒，局促長楸轡。梗柟盤枯根，天陰蟲螘莘。縱抱凌霄姿，蕭條斧斤畏。時命苟弗諧，貧賤安可冀。過盡九折艱，咫尺俄失墜。淒涼游子裝，訣絕衰親淚。關山車馬煩，雨雪衣裘敝。謂以薦起赴補官。《行狀》：「世祖皇帝素聞其名，會薦剡交上，有司敦逼，先生控辭再四，二親流涕辦嚴，攝使就道，難傷老人意，乃扶病入都中。」長安十二衢，畫戟朱扉衛。冠蓋起雞鳴，蹀躞名豪騎。通籍平生交，於今悉凋替。罄折當途前，聞語不敢對。衰白齒坐愁，逡巡與之避。禁掖無立談，獨行心且悸。《文集》：「余去京師比十五年，宿素已盡，疲薾不任趨拜。」邂逅君登朝，讀書入中秘。父子被詔除，一堂共昆季。《青箱堂集》：「余昔流離金陵，讀次德過江諸詩，思見其人而未得。追與漢源太史聚首長安，探其家學淵源，流風標舉，欣慕久之。」呼兒爭出拜，索果牽衣戲。回首十六年，自崇禎辛巳至是年丙申。蹤跡猶堪記。荏苒曾幾何，萬事經興廢。停觴共剪燭，相對加噓唏。我行感衰疾，腰腳增疲曳。可憐扶杖走，尚逐名賢隊。薄祿貪負閒，憂責仍不細。扈從遊甘泉，淅淅驚沙厲。藉草貧無氈，僕夫枕以塊。霜風帽帶斜，頭寒縮如蝟。入門問妻孥，呻吟在床被。幼女掩面啼，燈青照殘穗。《行狀》：「授秘書院侍講、國子監祭酒，精銳消耎，輒被病，弗能視事。」白楊何蕭蕭，銜泥送歸櫬。爾死顧得還，我留復誰為。旁有親識人，通都走聲利。厚意解羈愁，盛言推名位。不悟聽者心，怛若芒在背。忽接山中書，又責以宜退。按：爾時崑山葛芝及公門人朱汝礪皆嘗致書規勸。卿言誠復佳，我命有所制。總未涉世深，止知乞身易。悶即君過存，高談豁蒙蔽。苦樂來無方，窮達總一致。同是集蓼蟲，以此識其味。以上敘服官羈愁，喜與次德相聚。人生厭束縛，擺落須才氣。君初丞相家，祖德簪纓繼。《明史》本傳：「何如寵，字康侯，桐城人。萬曆二十六年進士。崇禎二年十二月，命與周延儒、錢象坤俱以本官兼東閣大學士，入閣輔政。累加少保、戶部尚書、武英殿大學士。四年春，副延儒總裁會試，事竣即乞休，九上乃允。兄如申，同年舉進士。」餘見前《送何蓉菴》詩。吐納既風流，姿容更瓌異。披史妙縱橫，談詩富裁肆。激昂承明廷，面折公卿議。文士寡先容，踈通得交臂。騶哄訪當關，休沐杉齋閉。良工鑄干將，出匣蛟龍忌。趣駕度太行，踟躕棄騏驥。矯矯朗陵公，竟下考功第。何曾封朗陵侯，故以稱省齊。觀此，則省齋殆以京察去官。確山下有朗陵城，即漢縣。**老夫廹枯朽，抱膝端居睡。雖稱茂陵病，終乏鴟夷智。遜子十倍才，焉能一官棄。早貴生道心，中年負名義。蹉跎甘皓首，此則余所愧。君今謝塵鞅，輕裝去如駛。雙槳石頭城，木落征驂憩。過我儒林館，寒鴉噪平地。函丈無復存，依舊晴嵐翠。**芝岳相僑居金陵，今府第猶存，故言過雞籠而見南太學之廢也。**明年春水滿，客興煙波趣。鶯啼笠澤船，苑發龍沙醉。高堂剖符竹，盡室千山內。郡閣邊鳴灘，日晡散人吏。無書悼遷斥，有夢傷迢遞。嶺雁時獨飛，楚天樹如薺。雙眼渺荒江，片帆忽而至。家人迎棹立，愛子趨庭慰。誰云謫宦愁，老覺君恩最。共上鬱孤臺，側身望燕魏。惆悵念故人，沉吟不能置。**鬱孤臺在贛州。《南康記》:「贛縣東南山有臺，方數丈，有自然霞如屋形。章貢臺乃二水合流處。」蘇詩《題虔州八境圖》:「煙雲縹緲鬱孤臺，積翠浮空雨半開。想見之罘觀海市，絳宮明滅是蓬萊。」此言明年次德省親贛州，慰其父望當如此。故人，公自謂也。**三載客他鄉，**〔註41〕**一朝遽分袂。勞生任潦倒，失志同飄寄。少壯今逍遙，老大偏濡滯。舉世縱相識，出門竟誰詣。太息行路難，殷勤進規誨。後會良可希，尺書到猶未。相去各一方，天涯隔憔悴。開篋視此詩，恍恍不能寐。**

送郭宮贊次菴謫宦山西郭一鶚，洛陽人。己丑進士。十三年轉陽和兵備道。

薄宦知何恨，秋風刷羽毛。因沾太行雪，憶賜未央袍。問俗壺關老，籌邊馬邑豪。爭傳郭有道，名姓壓詞曹。

送純祜〔註42〕**兄之官確山**純祜，見前。《婁東耆舊傳》:「純祜自永嘉令罷歸，以薦起知確山縣。」

五十猶卑宦，棲棲在此行。官從鸞炙貴，〔註43〕**客向馬蹄輕。風俗高持論，山川喜罷兵。清時人物重，縣小足知名。**

絕有明湖勝，青山屬蔡州。曾為釣臺客，今作朗陵侯。《一統志》:「汝寧府，唐曰蔡州。西湖在府城西，上有翠光亭、待月臺。朗陵山在確山縣，下有朗陵城、釣臺，客謂由浙來也。」**定訪袁安臥，須從叔度遊。**二人皆汝南人。**政閒人吏散，廳壁掃丹丘。**

〔註41〕眉批：甲午至丙申。

〔註42〕「祜」，底本誤作「祐」，據《梅村集》改。

〔註43〕眉批：鸞炙，劉毅事。

懸瓠城西路，關山雪夜刀。《一統志》：「懸瓠池在府城北。李愬討吳元濟，雪夜擊鵞鴨以亂軍聲，即此地。」**至今勞戰伐，何日剪蓬蒿。**《婁東耆舊傳》：「確山當流寇時，數中寇禍。舞陽賊楊四據九曲，而泌陽人郭山海據平頭垛，在遂平、確山交境。比陽知縣李蕃長合確山、遂平、汝陽之兵，圍秦至剛於槎枒山。至剛想，三海乃歸命。大梁道中軍尹先民說楊四殺賊自贖。自後兵燹屢經，純祜至，荊榛滿目，遺民無幾。山賊時來竊掠，撫綏日不暇給。」**地瘠軍租少，官輕客將豪。相逢蔡父老，閒說漢功曹。**

落日龍陂望，〔註44〕**西風動黍禾。歸人淮右近，名士汝南多。河上孤城迥，天中萬馬過。一官凋瘵後，兄弟意如何。**

和楊鐵崖天寶遺事詩《續弘簡錄》：「楊維楨，字廉夫，諸暨人，泰定進士。氣度高曠，喜戴華陽巾，周遊山水間，以聲樂自隨。早歲屏居吳山鐵冶嶺，築萬卷樓，轆轤傳食，讀書其上五年，故以鐵崖號。」《天寶遺事詩》，見《鐵崖集》。又，《堯山集》載越中詩社有楊鐵崖《題楊妃遺事詩》。又，《鐵崖集》有《詠楊妃韈》一律。

漢主秋宵宴上林，延年供奉漏沉沉。給來妙服裁文錦，賞就新聲賜餅金。古時銀皆煎作餅。《墨莊漫錄》：「宋崇寧中，米芾為太常博士，詔以黃庭小楷作千文以獻，賜白金十六笏。」又：「韓滉與擔夫用白金一版。」版或作鈑。又，鉼或作餅也。**鵁鶄風微清笛迥，蒲萄月落晝簷深。明朝曼倩思言事，日午君王駕未臨。**

複道笙歌幾處通，博山香媚綺疏中。檀槽豈出龜茲伎，玉笛非關于闐十九覈收。**工。浩唱扇低槐市月，緩聲衫動石頭風。霓裳本是人間曲，天上吹來便不同。**題曰天寶遺事，乃前章並無唐事。此章檀槽、玉笛、霓裳皆翻用，故知意有所諷。題特寓言。

送少司空傅萝禎還嵩山傅景星，登封人。崇禎丁丑進士，歷任副都。

高臥千峰鎖暮霞，洛城春盡自飛花。銅仙露冷宮門草，《仙經》：「嵩高山大巖下有佛圖，奇妙。人見大金像來，語寺僧密公披林往索。白霧昏迷，唯見一麝香，步步回顧。復去，有青炎出，就視之，有自然天地。」**玉女臺荒洞口沙。**盧元明《嵩山記》：「嶽廟有玉人，高五寸，五色，甚光潤。制作亦佳，莫知早晚所造，蓋

〔註44〕眉批：《一統志》：「葛陂在汝寧府城西南，即費長房投杖處。」

嶽神之像。」**被褐盧鴻仍拜詔，賜金疏受早還家。西巡擬上登封頌，抱犢山莊侯翠華。**〔註 45〕

偶成

關河蕭索暮雲酣，流落鄉心太不堪。書劍尚存君且住，世間何物是江南。

夜宿蒙陰

客行杖策魯城邊，訪俗春風百里天。蒙嶺出泉茶辨性，《燕程日記》：「蒙陰，古顓臾國。保德河即在縣城南，蒙山在縣南境，泉瀉於河。王貽上《長白山錄》：『德會水出摩訶峰下。』《齊乘》曰：『蒙水俗曰沙河，志稱出蒙山茶。』按：王貽上《隴蜀餘聞》：『蒙山在茂名縣西十五里，最高者曰上清嶂，有茶七株，生石上，云是甘露大師手植。每葉生時，智炬寺僧報有司，往視籍記葉之多少貢京師。』是則魯、蜀相去何啻數千里，如以同名蒙山而誤，豈異坊州生杜若乎？」**龜田加火穀占年。野蠶養就都成繭，村酒酤來不費錢。我亦山東狂李白，倦遊好覓主家眠。**

郯城曉發

《燕程日記》：「郯城古曰羽山，小而陋，從城外過十里鋪有傾蓋亭，孔子遇程子於此。」

匹馬孤城望眼愁，雞聲喔喔曉煙收。張大受《匠門書屋文集》：「郯城縣之蒼煙村當道衝，居人數十家，多徐姓。」**魯山將斷雲不斷，沂水欲流沙未流。野戍淒涼經喪亂，殘民零落困誅求。他鄉已過故鄉遠，屈指歸期二月頭。**

為楊仲延題畫冊

楊仲延，見前《贈新泰令》詩。許旭《秋水集》：「楊仲廷刺吏招集和陽郡樓，眺望天門、雞籠諸勝。時郡樓初成，把酒屬余大書其額曰懷抱江山，因繪為圖冊。」

歷陽山下訪潛夫，指點雲峰入畫圖。為讀劉郎廳壁記，過江煙雨作姑蘇。《明史》：「和州城久廢，太祖命郭景祥相度，即故址城之，九旬而畢。景祥益治城隍樓，稽廣屯田，練士卒，和遂為重鎮。時有劉驤者，為行省左司郎中，實記其事。」則此亦非用劉禹錫舊事也。

吳梅村詩箋卷八終

〔註 45〕眉批：《一統志》：「抱犢山在盧氏縣，極高峻，昔人避兵於此。」

吳梅村詩箋　卷第九

鶴市迂亭程穆衡　輯

古近體詩八十六首起丁酉還家後至吳郡之作。

曇陽觀訪文學博介石兼讀蒼雪師舊蹟《州乘俻採》：「曇陽觀在城西南隅。太原王氏建，以祀曇陽子。」介石、蒼雪，俱見前。

先生頭白髮垂耳，博士無官家萬里。講席飄零笠澤雲，鄉心斷絕昆明水。黃向堅《尋親紀程》：「雲省之東有縣呈貢，係太倉文學博祖堯之故里。邑侯夏祖訓，嘉興人，樹兵拒敵。城破，不屈慘死。全城皆屬，止存文公一家，亦異事。公子昆仲探予至，來寓，詢公起居。告以在蘇屢會，今尚健，昆仲悲喜。」**南來道者為蒼公，說經如虎詩如龍。大渡河頭洗白足，一枝榔栗棲中峰。與君相見砉然笑，石床對語羈愁空。**《文集》：「兵至，先生將行，弟子請留，不可。郎請從，先生曰：『諸君有親在，不可以吾故累吾。』將從蒼公遊。先是，蒼公以講《法華》於婁之海印菴，先生同里而異術，豎義相論難。」**故園西境接身毒，雪山照耀流沙通。**陸深《蜀都雜抄》：「宿峨嵋絕頂，當寺雞三號，殘月猶在，遠見西極荒陲，一點光明若火光，此天笠雪山為初日所照也。頃之，日出此山，隱隱炫耀天際，已而日色徧滿大千，則山光不復明，但見如一粉堆耳。」**神僧大儒卻竝出，雕題久矣漸華風。**〔註 1〕**嗚呼！銅鼓鳴，莊蹻起，青草湖邊築營壘，金馬碧雞悵已矣。**《尋親紀程》：「雲南自乙酉年九月遭元謀縣土司吾必奎叛，調臨安土司沙定洲援徵。兵變，沐鎮失守，西竄永昌。沙賊盤踞省中，兵連楚雄。金

〔註 1〕眉批：雕題，見《王制疏》。(《禮記》。)

滄道楊畏知相距年餘。丁亥春，川兵由黔入滇，破曲靖，定洲敗走東遁，省城迎降，無血戰之苦。楊公力戰被擒，說以仁義，勸勿殺掠。故滇西賴公尋執沐鎮歸省，更用密計擒定洲，並具妻萬氏磔於市。己丑年，迤西土司結連邊將，擁一女主起義，敗謀，諸郡屠戮，略知迤東雖僻遠如麗江，亦被擄。辛卯春，楊公詣安隆拜爵回黔，尋被戮」云云。按：所謂沐鎮，嗣西平侯沐天波也。川兵，川賊孫可望也。《三藩紀事》：「擒定州者，為李定國，亦川賊也。時孫俱未通款，於永曆則皆獻賊之養子也。詣安隆拜爵者，時永曆在安隆也。尋被戮者，亦為孫賊所害也。」《入緬錄》所載，同《三藩紀事本末》，與《殘明紀事》微異。**人言堯幽囚，或言舜野死，目斷蒼梧淚不止。**〔註2〕**吾州城南祠仙子，窈窕丹青映圖史。玉棺上天人不見，遺骨千年蛻於此。**王衡《緱山集·先母朱氏行實》：「女三，次即守貞，仙化，世所稱曇陽子者也。」王世貞《曇陽大師傳略》：「年十七，將嫁，會婿徐景韶病死，縞服草屨，別築一土室居之。夜夢至上真所，香煙成篆，書善字，有朱真君令吸之，命名燾貞，號曇陽。醒，即卻食，唯進桃杏汁，首綰雙髻。已而丹成，並不復進諸果。閱五年，道成，請謁徐郎墓，酹畢，遂於享室東隅以一氈據地而坐，亦不令有所蓋覆。九月二日，問父龕成否，重九日，吾期也。龕至，即氈所為高坐，袖刀割右髻於几曰：『吾以上真度，不獲死，遺蛻未即朽，不獲葬，此髻為我啟徐郎窆而祔之。覆命四僮傳語，吾曇鸞菩薩化身也。』立而瞑。」**先生結茅居其旁，歸不歸兮思故鄉。**《文集》：「亂定，滇道未通，有以私舍設都講、布函丈請者，先生放杖而笑，自理其鬚髯，曰：『我已僧服矣。』乃即城南精藍中置木榻，命一童子支鼎爨，盡謝其生徒，杜門不交人事。」**盡道長沙軍，已得滇池王，伏波南下開夜郎。**〔註3〕蔣薰《留素堂集》：「通報十二月初一日，吳平西師至緬甸，其相錫真請退兵，許送永曆歸款。次日二更，永曆同宮眷至軍中。」又，蔣薰《緬甸詞注》：「錫淡江在緬城外。緬俗，男女衣服多著白兜羅綿，緬有樹頭酒，婦人多以香屑塗身。永曆宮女止十四人隨行」**烏爨孤城猶屈強，**〔註4〕**青蛉絕塞終微茫。**《三藩紀事本末》：「李定國聞阿瓦消息，遣人入車遲、暹羅諸國，乞兵圖興復。」黃元治《黔中雜記》：「平遠為水西安氏比喇地，自吳三桂破水西，安坤誅滅，奄有其地，遂建置府治黔，與大定、黔西、威寧並稱新疆。」**忽得山中書，蒼公早化去。支遁經臺樹隕花，文翁書屋風飄架。噫嘻乎悲哉！香象歸何處？杜宇啼偏哀，月明夢落桄**

〔註2〕眉批：「人言」二句，見李太白集，詳蕭士贇注。
〔註3〕眉批：見皆《史記·西南夷列傳》。
〔註4〕眉批：烏爨，見《華陽國志》。

榔臺。丈夫行年已七十，天涯戎馬知何日？點蒼青洱海邊白，道路雖開亦無及。

過王菴看梅感興有敘

練川城南三十里為王菴，學憲王先生著書之地也。有梅萬株，不減鄧尉。余以春日過其廢圃，學憲所著數種，其版籍尚存。趙昕《嘉定縣志》：「王圻，字元翰，嘉定人。由上海籍中嘉靖壬子舉人，癸丑進士，授江西清江知縣，歷雲南道監察御史、湖廣提學僉事，終陝西布政使參議。」又曰：「王園中有歲寒亭。」按：王圻所著書，以《續文獻通考》為第一。

地僻幽人賞，名高拙宦居。客來唯老樹，花發為殘書。斜日空林鳥，微風曲沼魚。平生貪著述，零落意何如？

獨往王菴看梅沈雨公攜尊道值余已遄反賦此為笑

屢負尋山約，偶然來此間。多君攜酒至，愧我放船還。雙屐成孤往，千林就一閒。誰知種花叟，鎮日不開關。

春日小園即席次白林九明府韻《州乘脩採》：「白林九，名登，明順治丁亥鑲白旗漢軍貢士。癸巳年來任太倉州知州，六載報政陞去。侯曉習文法，吐決如流，開張施設，當機立辦。然仁心為質，勸畊桑，修水利，恤災荒，不專以繫斷為能。子浩，歲貢生。浩子煥璧、煥樞。煥樞，甲午武舉，平魯山海衛掌印守備。子焜，次炯，歲貢生；次炳，雍正壬子舉人。」

小築疎籬占綠灣，釣竿斜出草堂間。柳因見日頻舒眼，花為迎風早破顏。地是廉泉連讓水，人如退谷遇香山。新詩片石留題在，采蕨烹葵數往還。

山居即事示王維夏郁計登諸子

灌水清漳五畝居，山菘簷果釣竿魚。金龜典後頻賒酒，麈尾燒來為著書。對客好穿高齒屐，出門常駕短轅車。陸倕張率呼同載，二月江南正秡除。

送致言上人致言，名宏句，歙人。雪嶠弟子。

獨下千峰去，蒼溪出樹腰。雲生穿磴屐，月滿過江瓢。一飯從村寺，前身夢石橋。經行無定著，惆悵故山遙。

題畫

芍藥

花到春深爛熳紅，香來士女踏歌中。風知相謔吹芳蒂，〔註 5〕露恨將離浥粉叢。漬酒總教顏色異，調羹誤許姓名同。內家彩筆新成頌，肯讓玄暉句自工。

石榴

碧雲剪剪月鉤鉤，狼籍珊瑚露未收。絳樹憑闌看梅笑，綠衣傳火照梳頭。深房莫倚含苞固，多子還憐齲齒羞。種得菖蒲堪漬酒，劉郎花底拜侯紅。按：《前漢書》：「紅侯名富，楚元王之後，向、歆之先也。」此取劉、榴同音，其工如此。

洛陽花花鏡，即瞿麥，葉似石竹，叢生有節，高一二尺，花出枝杪，本柔而繁，五色俱備。

綠窗昨夜長輕莎，玉作欄杆錦覆窠。丹爩好描秦氏粉，墨痕重點石家螺。此聯點出畫意。剪同翠羽來金谷，織竝紅羅出絳河〔註 6〕。千種洛陽名卉在，不知須讓此花多。

茉莉

剪雪裁冰莫浪猜，玉人纖手摘將來。新泉浸後香恒滿，細縷穿成蕊半開。愛玩晚涼宜小立，護持隔歲為親栽。一枝點染東風裏，好與新粧報鏡臺。結句見是畫。

芙蓉

細雨橫塘白露拳，竊淺同。紅婀娜向風前。千絲衣薄荷同製，三醉顏酡柳共眠。水殿曉涼粧徙倚，玉河春淺共遷延。涉江好把芳名認，錯讀陳王賦一篇。

菊花

夜深銀燭最分明，翠葉金鈿認小名。故著黃絁貪入道，卻翹紫袖擅傾城。生來豔質何消瘦，移近高人恰老成。幾度看花花耐久，可知花亦是多情。

〔註 5〕眉批：芍葯之和，見《子虛賦》。

〔註 6〕「河」，底本作空格，據楊學沆本補。

礬清湖並敘湖名，見前。

礬清湖者，西連陳湖，南接陳墓，《姑蘇志》：「陳墓去長洲縣東南五十五里，世傳宋光宗妃陳氏葬此，因名其地。東連崑山，南近澱山諸湖。」**其先褚氏之所居也。礬清者，土人以水清，疑其下有礬石，故名。或曰：范蠡去越，取道於此，湖名范遷，以音近而訛。世遠莫得而攷也。太湖居吾郡之北，有大山衝擊，風濤湍悍，而陳湖諸水渟泓演迤，居人狎而安焉。煙村水市，若鳧雁之著波面，千百於其中，土沃以厚，畝收二種**〔註7〕**，有魚蝦菱芡之利，資船以出入，科徭視他境差緩，故其民日以饒，不為盜。吾宗之繇倩青房、公益兄弟居於此四世矣。余以乙酉五月聞亂，倉猝攜百口投之，中流風雨大作，扁舟掀簸，榜人不辨水門故處，久之始達。主人開門延宿，雞黍酒漿將迎，灑埽其居，前榮後寢，葭蘆掩映，榆柳蕭踈，月出柴門，漁歌四起，杳然不知有人世事矣。是時，姑蘇送款兵至，不戮一人，消息流傳，緩急互異湖異**〔註8〕**。湖中煙火晏然，予將卜築買田，耦耕終老，居兩月而陳墓之變作，**褚人獲《堅瓠集》：「順治乙酉五月，王師下江南，吾蘇帖然順從。六月十三，忽有湖賊揭竿殺安撫黃家鼒，城中鼎沸，賴大兵繼至得寧。」餘詳詩中。**於是流離轉徙，僅而後免。事定，將踐前約，尋以世故牽挽，流涕登車，疾病顛連，關河阻隔，比三載得歸。而青房過訪草堂，見予髮白齒落，深怪早衰，又以其窮愁荒獨，妻孥相繼下世，因話昔年湖山兵火，奔走提攜，心力枉枯，骨肉安在，太息者久之。青房亦以毀家紓役，舊業蕩然，水鳥樹林，依稀如故，而居停數椽，斷簾零甓，罔有存者。人世盛衰聚散之故，豈可問耶？撫今追往，詮次為五言長詩，用識吾愧，且以明舊德於不忘也。**

吾宗老孫子，住在礬清湖。湖水清且漣，其地皆膏腴。堤栽百株柳，池種千石魚。教僮數鵝鴨，〔註9〕**遶屋開芙蕖。有書足以讀，有酒易以酤。終老寡送迎，頭髮可不梳。相傳范少伯，三徙由中吳。一舸從此去，在理或不誣。嗟予遇兵火，百口如飛鳧。避地何所投，扁舟指菰蒲。北風晚正急，煙港生糢糊。船小吹雨來，衣薄無朝餔。前村似將近，路轉忽又無。倉皇值漁火，欲問心已孤。俄見葭菼邊，主人出門呼。開柵引**

〔註7〕「種」，《梅村集》、《梅村家藏稿》作「鍾」。

〔註8〕「湖異」二字衍。

〔註9〕眉批：老孫子、數鵝鴨，皆見杜詩。

我船，埽室容我徒。我家兩衰親，上奉高堂姑。艱難頭總白，動止需人扶。妻妾病伶仃，嘔吐當中途。長女僅九齡，餘泣猶呱呱。入君所居室，燈火映窗疏。寬閒分數寢，嬉笑喧諸雛。縛帚東西廂，行李安從奴。前窗張罜網，後壁掛耒鋤。苦辭村地僻，客舍無精麤。剪韭烹伏雌，斫鱠炊雕胡。床頭出濁醪，人倦消幾壺。睡起日已高，曉色開煙蕪。漁灣一兩家，點染江村圖。沙嘴何人舟，消息傳姑蘇。或云江洲下，不比揚州屠。早晚安集掾，鞍馬來南都。或云移民房，插箭下嚴符。囊橐歸他人，婦女充軍俘。里老獨宴然，催辦今年租。饁畊看賽社，醵飲聽呼盧。軍馬總不來，里巷相為誤。而我遊其間，坦腹行徐徐。見人盡恭敬，不識誰賢愚。魚蝦盈小市，鳧雁充中廚。月出浮溪光，萬象疑沾濡。放楫凌滄浪，笑弄驪龍珠。夷猶發浩唱，禮法胡能拘。東南雖板蕩，此地其黃虞。世事有反覆，變亂興須臾。草草十數人，盟歃起里閭。兔園一老生，自詭讀穰苴。漁翁爭坐席，有力為專諸。舴艋飾餘皇，簑笠裝犀渠。大笑擲釣竿，赤手搏於菟。欲奪夫差宮，坐擁專城居。予又出子門，十步九崎嶇。脫身白刃間，性命輕錙銖。《明史》：「蘇州既降，諸生陸世鑰聚眾焚城樓。」盛敬《成仁譜》：「世鑰，字兆魚，陳墓人。家素饒，能養士。生時，父夢人送大鯉至，故字之。乙酉春，夢神語云：萬曆十三年當破家。及展曆，見是年即乙酉，倉中米忽脹，屋盡裂。又天雨，宅池見鯉躍，益自信家必破。閏六月，薙髮令下，乃盡散家粟，同諸生戴之儁等招集勇士，聯絡雲間，堵截要口，鑿四大井，誡家人曰：『事敗，當全家盡此。』時諸營兵既恇怯，專務抄掠，知必僨恚，憤特甚。比師散，削髮為僧，遁山寺。丙戌夏，之儁同吳勝兆舉兵，跡世鑰所在，令其妻子挽之，倉猝一見即逸去。戊子，病將革，曰：『我當死於墓。』舁至丙舍死。」我去子亦行，後各還其廬。官軍雖屢到，尚未成丘墟。生涯免溝壑，身計謀樵漁。買得百畝田，從子學長沮。天意不我從，世網將人驅。親朋盡追送，涕泣登征車。吾生罹干戈，猶與骨月俱。一官受逼迫，萬事堪欷歔。倦策既歸來，入室翻次且。念我平生人，慘澹留羅襦。公原配郁淑人，先公十五年卒，當在丙申。秋雨君叩門，一見驚清臞。我苦不必言，但坐觀髭鬚。歲月曾幾何，筋力遠不如。遭亂若此衰，豈得勝奔趨。十年顧妻子，心力都成虛。分離有定分，久暫理不殊。翻笑危急時，奔走徒區區。君時聽我語，顏色慘不舒。亂世畏盛名，薄俗容小儒。生來遠朝市，謂足逃沮洳。長官誅求急，姓氏屬里胥。夜半聞叩門，瓶盎少所儲。豈不惜堂構，其奈愁徵輸。庭樹好追涼，剪伐存枯株。池荷久不開，歲久填泥淤。廢宅鋤為田，薺賣生堦除。當時棲息地，零落今無餘。生還愛節物，高會逢茱萸。好採籬菊下，且讀囊中書。中懷茍自得，外物非吾須。君觀鴟夷子，眷戀傾城妹。千金亦隅然，奚足稱陶朱。仍收歸范遷湖。不如棄家去，漁釣山之隅。江湖至廣大，何惜安微軀。揮手謝時輩，慎勿空躊躇。

物幻詩物妫〔註10〕詩格實剏於此，非惟工麗，兼每首俱有寓意。

蘭虎

南山五日鏡匳開，綵索春蔥縛軼材。奇物巧從蠶館製，內家親見豹房來。越巫辟惡鏤金勝，漢將擒生畫玉臺。最是蘭絲添虎翼，難將續命訴牛哀。

茄牛

擊鼓喧闐笑未休，泥車瓦狗出同遊。詡按：《潛夫論．浮侈篇》：「泥車、瓦狗、馬騎、俳倡諸戲弄小兒之具。」此泥車瓦狗所出。生成豈比東鄰犢，觳觫何來孺子牛。老圃盤餐誇特殺，太牢滋味入常羞。看他諸葛貪遊戲，苦鬬兒曹巧運籌。

鯗鶴

丁令歸來寄素書，羽毛零落待何如。雲霄豈有餔糟計，飲啄寧關逐臭餘。腐鼠之嚇，千古一笑。雪比撒鹽堆勁翮，蟻旋封垤附專車。秦皇跨鶴思仙去，死骨何因葬鮑魚。

蟬猴

仙蛻誰傳不死方，最高枝處憶同行。移將吸露吟風意，駱賓王《詠蟬序》：「吟喬樹之微風，韻資天縱；飲高秋之墜露，清畏人知。」做就輕軀細骨粧。王延壽《王孫賦》：「顏壯類乎老公，軀輕似乎小兒。」薄鬢影如逢越女，斷腸聲似怨齊王。內家近作通侯相，賜出貂蟬傲粉郎。

蘆筆

採箬編蒲課筆耕，織簾居士擅書名。〔註11〕掃來魯壁枯難用，焚就

〔註10〕「妫」，當作「幻」。
〔註11〕眉批：織廉先生，南齋沈麟士也。

秦灰製不成。飛白夜窗花草入，夢玄秋閣雁銜橫。中山本是盧郎宅，錯認移封號管城。

橘燈

掩映蘭膏葉底尋，玉盤纖手出無心。花開槐市枝枝火，霜滿江潭樹樹金。繡佛傳燈珠錯落，洞仙爭奕漏深沉。饒他丁緩施工巧，〔註 12〕不及成生在上林。

桃核船按：魏學洢《核舟記》言船背題名係天啟年虞山王叔遠制，而鈕琇《觚賸·核舫記》言康熙中姑蘇金老所作。

漢家水戰習昆明，曼倩偷來下瀨橫。三士漫成齊相計，五湖好載越姝行。青田核種千年久，河渚槎浮一葉輕。從此武陵漁問渡，胡麻飯裏棹歌聲。

蓮蓬人聞諸前輩，此章公自謂也。

獨立平生重此翁，〔註 13〕反裘雙袖倚東風。殘身顛倒憑誰歲，亂服麤疎恥便工。共結苦心諸子散，早拈香粉美人空。莫嫌到老絲難斷，總在污泥不染中。

戲詠不倒翁

掉首浮生半紙輕，一丸封就任縱橫。何妨失足貪遊戲，不耐安眠欠老成。盡受推排偏屈強，敢煩扶策自支撐。卻遭桃梗妍皮誚，此內空空浪得名。

幼女

抱去纔周晬，應難記別時。信來偏早慧，似解識京師。書到遲回問，人前含吐詞。可憐汝母病，臨絕話相思。郁淑人沒於丙申。詳詩意，以幼女撫於他家，未攜入京。

贈陸生錢《箋》：「華亭陸子玄慶曾，為余丁酉北榜同年。」《鞶帨卮談》：「同時如吳江吳漢槎兆騫、常熟孫赤暘、長洲潘逸民隱如、桐城方與三育盛，皆有高才盛名，同以科場事貸死戍邊。子玄以機、雲家世，與彝仲、大樽為輩行，轗軻三十年。至

〔註 12〕眉批：丁緩，見《西京雜記》。
〔註 13〕眉批：裘使稱獨立君。

垂老，乃博一舉，復遭誣，以白首御窮邊而死。一妾挈幼子牽衣袂，行路盡為流涕。」〔註 14〕

陸生得名三十年，布衣好客囊無錢。尚書墓道千章樹，處士江村二頃田。尚書墓道，謂禮部尚書陸樹聲也。處士江村，謂機山下平原村，為機、雲讀書處也。皆子玄之先也。**京華浪跡非長計，賣藥求名總遊戲。習俗誰容我棄捐，才名苦受人招致。古來權要嗜奔走，巧借高賢謝多口。古來貧賤難自持，一殗誤喪生平守。陸生落落真吾流，行年五十今何求。好將輕俠藏亡命，恥把文章謁貴遊。丈夫肯用他途進，相逢誤喜知名姓。校獪原來達士心，棲遲不免文人病。黃金白璧誰家子，見人盡道當如此。銅山一旦拉然崩，卻笑黔婁此中死。**《堯峰文鈔》：「壬辰，權貴人與考官有隙，謀因事中之。於是科場之議起，指謫進士，首名程周量經義被黜。科場之議日以益熾，其端發於是科，而其禍極於丁酉，士大夫糜爛潰裂者殆不可勝計。」**嗟君時命劇可憐，蜚語牽連竟配邊。木葉山頭悲夜夜，春申浦上望年年。江花江月歸何處，燕子鶯兒等飄絮。紅豆啼殘曲裏聲，白楊哭斷齋前樹。屈指鄉園筍蕨肥，南烹置酒夢依稀。蓴鱸正美書堪寄，燈火將殘淚獨揮。君不見鴻都買第歸來客，駟馬軒車胡辟易。西園論價喜誰知，東觀掄文矜莫及。從他羅隱與方干，**《弘簡錄》：「唐末，宰臣張文蔚、中舍封舜卿奏：名儒不遇者方干等十有五人，請賜一官，以慰其魂。」**不比如君行路難。只有一篇思舊賦，江關蕭瑟幾人看。**

吾谷行哀常熟孫赤崖暘也。《鞏帨卮談》：「陶隱居《真誥》：『會稽淳于斟入烏目山中，遇仙人慧車子，授以《虹景丹經》，修行得道。』烏目山者，虞山別名。孫氏世居山西巖，曰吾谷，霜染丹楓，最宜秋望。故《梅村集》詠孫暘事，託興吾谷。孫暘少豪爽，十五即擅文譽。丁酉魁選，遭謗見收，下刑部獄榜掠。適其兄承恩狀元及第，走馬入西曹，暘拳鈦臥堦下，相抱哭失聲，得貸死配邊，故曰『雙株向背生』也。暘後於康熙丙子九月，年正七十，得援例贖罪歸。」〔註 15〕

〔註 14〕眉批：《三岡識略》：「陸文定公孫慶曾素負才名。丙舍之居，頗擅園亭之勝。以序貢入都中式，事發，遣戍遼左。先是，陸氏墓木悉枯，棲烏數日內皆徙巢。又，慶曾至杭，祈夢於於公祠，夢公授紙一幅，展視乃瀋陽圖也。」

〔註 15〕眉批：《壬夏雜抄》：「孫暘被囚拷訊，幾罹大戮。其兄狀元公承恩刺血寫奏，跪伏號泣宮門外。一夜漏盡，門啟，內監引入，匍匐過前殿，偵駕宿金水河亭，復跪泣橋側，聲徹睿聽。命小監接本省覽，次日暘與同事數人下刑部，各杖四十，流尚陽堡。」

吾谷千章萬章木，插石緣溪秀林麓。中有雙株向背生，竝榦交柯互蟠曲。一株夭矯面東風，上拂青雲宿黃鵠。黃鵠引吭鳴一聲，響入瑤花飛簌簌。一株偃蹇踞陰崖，半死半生遭屈辱。雷劈燒痕翠鬣焦，雨垂漏滴蒼皮縮。泥崩石斷迸枯根，鼠竄蟲穿隱空腹。行人過此盡彷徨，日暮驅車不能速。前山路轉相公墳，宰木參差亂入雲。《昭文縣志》:「吾谷宰樹四合，綠陰寒夏，丹楓染秋。里許至高道山居，林徑窅窱，翠屏回合。山居之西一里，抵錦峰嚴相公祠。」**枝上子規啼碧血，道旁少婦泣羅裙。羅褐碧血招魂哭，寡鵠羈雌不忍聞。同伴幾家逢下淚，羨他夫婿尚從軍。**相公墳，謂嚴文靖公訥之墓也。王應奎《柳南隨筆》:「常熟嚴給事中貽吉，以丁酉科場事腰斬。時同流者又有劉逸民，死尚陽堡，其妻為盜所殺。」**可憐吾谷天邊樹，猶有相逢斷腸處。得免蒼皇剪伐愁，敢辭飄泊風霜懼。木葉山頭雪正飛，**〔註 16〕**行人十月遼陽戍。**〔註 17〕**兄在長安弟玉關，摘葉攀條不能去。**《昭文縣志》:「孫承恩，原名曙，字扶桑。為諸生，負才揚已，標望絕人。以選牘文體不正，被參除名。由貢監領順天鄉薦，戊戌魁南宮，殿試第一人。臚傳日，章皇帝詢知原名天顏，有喜，因素被顧問。從幸南海子，賜騎御閑名馬。適大風揚沙，馬疾馳，中寒疾卒，賜金歸葬。弟暘，字赤崖，名與兄埒。丁酉舉京兆，科場事發，謫徙尚陽堡，久之還里。有《蔗菴集》。」按：故老相傳承恩被墜馬蹂死，時恐上知有他譴，諱云中寒猝死。**昨宵有客大都來，傳道君王幸漸臺。便殿含毫題詔濕，閤門走馬報花開。**〔註 18〕**宮槐聽取從官詠，御柳催成應制才。**《春明夢餘錄》:「國朝瀛臺，即明漸臺，在太液池之南。明時有昭和殿，其門外一亭，拱柱攢合，額直書曰題臺坡。其北濵池一亭，額曰湧翠，則御篤登龍舟處。」《文集》:「章皇帝興治右文，招延俊乂，數舉經筵，命儒臣講論大義。或時巡南苑，應制賦詩。一時文學侍從之臣無不掞藻摛華，對揚休命。」**定有春風至吾谷，故園不用憂樵牧。雖遇雕枯墜葉黃，恰逢滋茂攢條綠。由來榮落總何常，莫向千門羨棟梁。君不見庾信傷心枯樹賦，縱吟風月是他鄉。**

〔註 16〕眉批：本葉山，見《遼史・志》。

〔註 17〕眉批：《壬夏雜抄》:「陸貽吉本姓嚴，字子六，癸未進士，官給諫。為舉子，居間事發，立收繫，明日腰斬於市，家產籍沒，妻子流尚陽堡。子方四五歲，間關萬里，匍匐道左，見者酸心。」

〔註 18〕眉批：是科覆試，第一為吳珂鳴，賜同進士出身。由庶常歷官至大拜。便殿以下蓋指吳。

悲歌行贈吳季子原注：松陵人，字漢槎。○蔣永修《陳迦陵外傳》：「吳梅村先生嘗有江左三鳳凰之目，謂松陵吳漢槎、雲間彭古晉、陽羨陳其年也。」《鞶帨巵談》：「漢槎名北騫，與群從弘人聞、夏顯令皆有盛藻高名。鼎革後，吳下諸孤子，如侯武功檠，廣成先生孫；楊俊三焯，維斗先生子，咸相親善。侯、楊早世，漢槎以丁酉科場飛語配寗古塔。著《秋笳集》。其寄懷故人有曰：『卻悔平原輕赴洛，悲壯踰於古從軍。』出塞後，徐健菴陞總憲，為捐鍰贖歸。」

人生千里與萬里，黯然銷魂別而已。君獨何為至於此，山非山兮水非水，生非生兮死非死。十三學經並學史，生在江南長紈綺。詞賦翩翩眾莫比，白壁青蠅見排抵。一朝束縛去，上書難自理，絕塞千山斷行李。千山，在遼陽城外。《扈從東巡日錄》：「遼左諸山，土多石少。此獨積石磊砢，峰巒叢疊，以千數計。此山之所由名也。」**送吏淚不止，流人復何倚？彼尚愁不歸，我行定已矣。八月龍沙雪花起，**吳兆騫《天東小紀》：「沙林東八十里為寧古塔，臨江而居，以木為城。地極寒，八月即雪，清明冰乃解耳。」**橐駞垂腰馬沒耳，白骨皚皚經戰壘。黑河無船渡者幾？**《扈從東巡日錄》：「夜黑兒河在烏喇雞林西，有夜黑城，在北山隈。」**前有猛虎后蒼兕，土穴偷生若螻蟻。**周煇《南爐紀聞》：「北土極寒，必掘地作穴以居深五六尺，晝夜伏其中。」**大魚如山不見尾，張鬐為風沫為雨，**黃衷《海語》：「海鰌長者亙百餘里，舶猝遇之，如當其首，輒震以銃砲，鰌驚，徐徐而沒，猶漩渦數里，舶顛頓久之乃定。」**日月倒行入海底，白晝相逢半人鬼。噫嘻乎悲哉！生男**〔註19〕**聰明慎勿喜，倉頡夜哭良有以，受患秪從讀書始。君不見吳季子！**

送友人出塞原注：吳茲受，松陵人。○漢槎配寧古塔，茲受殆出塞省之，或茲受自緣事配邊。

魚海蕭條萬里霜，西風一哭斷人腸。勸君休望零支塞，木葉山頭是故鄉。茲受名晉錫，官永州司理。

此去流人路幾千，長虹亭外草連天。不知黑水西風雪，可有江南問渡船。長虹亭在吳江。按：茲受女適楊維豐子焯。焯字俊三。英才早慧而殀。

贈遼左故人海寧陳相國之遴也。《文集》：「相國初在翰林，與余同官，其生子女也同歲，相國之父中丞公以婚請，女歸相國子直方。時相國方守司農卿，而直方北闈得舉。司農再相未一歲，用言者謫居瀋陽。已而召入京為宿衛，視舊人諸子，在法當從。

〔註19〕「男」，底本脫，據眉批「生男，脫一男字」補。

會再以他事下請，室家人咸被繫獄，旬月而後讞，全家徙遼左。用流人法，不得為前日比。」按：之遴字彥升。

詔書切責罷三公，千里驅車向大東，曾募流移畊塞下，見前《松山哀》詩。**豈遷豪傑實關中。桑麻亭障行人斷，松杏山河戰骨空。此去纍臣聞鬼哭，可無杯酒酹西風。**

短轅一哭暮雲低，雪窖冰天路慘悽。青史幾年朝玉馬，白頭何日放金雞。燕支塞遠春難到，木葉山高鳥亂啼。百口總行君莫笑，免教少婦憶遼西。《林下詞選》:「陳相國夫人徐燦，字湘蘋，吳縣人。善屬文，兼精書翰。盡法詩餘，真得北宋風格，絕去纖佻之習。其冠冕處，雖李易安亦當避席。」

潦倒南冠顧影慚，殘生得失懺瞿曇，君恩未許誇前席，〔註20〕**世路誰能脫左驂。雁去雁來空塞北，花開花落自江南。可憐庾信多才思，關隴鄉心已不堪。**

浮生蹤跡總茫然，兩拜中書再徙邊。盡有溫湯堪療疾，《扈從東巡日錄》:「遼陽城外千山有溫泉，祖樾寺在谷口，入山數里為龍泉寺。」此非謂遵化湯泉。**恰逢靈藥可延年。垂來文鼠裝綿暖，射得寒魚入饌鮮。**《扈從東巡日錄》:「大烏喇虞村土產人蓡，水出北珠，江有鱏魚，禽有鷹、鶻、海東青之類，獸有麠、鹿、熊、豕、青鼠、貂鼠。居人二千餘戶，皆八旗壯丁。夏取珠，秋取蓡，冬取貂皮，以給公家及王府之用。男女耕作，終歲勤動，亦有充水手挐舟漁戶捕魚，或入山採樺皮、松子者。」四句皆言滿洲之俗可居。**只少江南好春色，孤山梅樹罨溪船。**〔註21〕

路出西河望八城，遼河又名高句麗河。河西為遼西，河東為遼東。八城謂奉天八城。**保宮老母淚縱橫。**〔註22〕**重圍屢困孤身在，**相國父名祖苞，天啟六年任寧前僉憲，典山海關。崇禎中巡撫大同，以失事被法。《頌天臚筆》:「丙寅春，寧遠被圍，烽火燭天，將吏爭遣其孥歸。之遴父與母吳氏慷慨誓殉，出入手一短刃，每指關城語諸將曰:『吾受命典此關，與共存亡，百口俱在，不令諸君獨死也。』日夜露立關門，捕逃卒，數十百人，寘之理東，寧士卒始無退志。」**垂死翻悲絕塞行。盡室可憐逢將吏，生兒真悔作公卿。蕭蕭夜半玄菟月，鶴淚歸來夢不成。**

〔註20〕眉批：前席，賈誼事。

〔註21〕眉批：《墨客揮犀》:「罨畫，今之生色也。」秦韜玉詩:「花明驛路燕脂煖，山入江亭罨畫開。」李西臺詩:「晴山雲罨畫，孤嶼水含棱。」劉商隱愛義興罨畫溪，亦以其如畫也。

〔註22〕眉批：老母在保宮，見《李陵傳》。

齊女門前萬里臺，傷心砧杵北風哀。一官�汝高門累，半子憐渠快壻才。詡按：半子出《唐書・回紇傳》，非俚語也。**失母況經關塞別，從夫只好夢魂來。摩挲老眼千行淚，望斷寒雲凍不開。**此公痛其亡女也。《文集》：「相國全家徙遼左，獨子婦不在遣中。相國命將幼稚歸，廌書余曰：『吾子女不少，患難苦辛，惟有容兒〔註23〕夫婦耳。』女積憂勞，病，咯血卒，年前二十四日，而直方在京師見遣云。」

遙別故友亦為陳相國。

絕域重分路，知君萬里餘。馬頭辭主淚，雁足覆巢書。草沒還家夢，霜飛過磧車。齊諧他日事，應記北溟魚。

雪深難見日，海盡再逢關。野鼠多同穴，神魚斷似山。只應呼草地，都不類人間。勉謝從行者，他年有夢還。

蕩子失意行贈李雲田《西堂雜組・招蕩子》注云：「代周寶鐙夫人招李雲田也。雲田自號者萬子，故云。」鄒祗謨《周絡隱字說》：「漢陽李子雲田，其少君周照，名家女也，工詩詞，能文章。既字之以寶鐙矣，少君則自更為絡隱。」按：雲田名以篤，漢陽人。〔註24〕

君家楚山下，門前溪水流。願識賢與豪，不羨公與侯。動足有萬里，妻子何能留。丈夫重意氣，恥為兒女柔。中夜理瑤瑟，思婦當高樓。鶯花二三月，送君下揚州。小孤白浪惡，腸斷征帆收。長干嬌麗地，一顧嘶驊騮。菡萏亦已落，蘭杜方經秋。十月嚴風寒，剪燭紉衣裘。太行車輪摧，落葉填霜溝。君又自茲去，匹馬將誰投。歷數其遊，自江右而廣陵，而金陵，而晉中也。**趙女顏如花，窈窕迴明眸。皎皎雙行躔，巧笑褰羅幬。男兒重紅粉，妾夢輕浮漚。**陳維崧《婦人集》：「周照，字寶鐙，江夏女子。湘楚中人傳其豐神纖媚，姣好如佚女。性敏給，知書，歸漢陽李生。生家先有大婦炤，眉黛間恒有楚色。李又愛客遊，嘗攜炤殘箋數幅以示友人，人無不色飛者。生篋中藏炤自寫坐月浣花圖，雙髩如霧，烘染欲絕。圖尾有小傳二，一曰絡隱。或云炤又字絡隱云。」**今年附書至，慰訊猶綢繆。客囊無長物，旅病纔新瘳。途窮狗知己，進止詎自**

〔註23〕「兒」，底本誤作「貌」，據楊學沆本改。
〔註24〕眉批：徐釚《續本事詩》以為才高淪落，好遊狹邪。嘗眷延年蕭伎，欲娶。已又聘盧江女羅弱，其副室周寶鐙尼之，不果云云。詩殆緣此作。自「中夜理瑤瑟」下至「出作盧敖遊」，皆代寶鐙招以篤也，意與展成詩同。

由。狂走三十年，布褐空蒙頭。不如歸去來，漁釣滄浪謳。大兒誦文史，小婦彈箜篌。南村沽社酒，西舍牽畊牛。人生一蘧廬，漂泊如飛鷗。得意匪為樂，失路寧關愁。居為段干隱，出作盧敖遊。我欲竟此曲，君笑登扁舟。碧天浩無際，極目徒悠悠。按：曹秋岳《與金夢蜚書》云：「漢陽諸生李雲田，弟之至友，其才名甲於楚地，並乞時時虛左待之。」其為名公引重如此，可以知其人矣。

過中峰禮蒼公塔錢《箋》：「華山過塢後，為吾師檗菴卓銘處，下有蒼雪卵塔。」《日知錄》：「沙門稱公者，必以其名冠之，梁、陳以下字之，不復公之。」

下馬支公塔，經聲萬壑松。影留吟處石，智出定時鐘。尚記山中約，誰傳海外逢。平生詩力健，翹足在何峰。《詩話》：「蒼公詩清深蒼老，沉著痛快，當為詩中第一，不獨僧中第一也。當其得意，軒眉抵掌，忼慨擊案，自謂生平於此證入不二法門，禪機詩學，總一參悟。」

明月心常湛，寒泉性不枯。寒泉，見首。鳥啼香積散，花落影堂孤。道在寧來去，名高定有無。淒涼看筆冢，蒼雪《焚筆》詩：「土冢不封毛盡禿，鐵門新限字原無。欲來風雨千章掃，望去蒼茫一管枯。」絕唱也。遺墨滿江湖。

慧業誰能繼，宗風絕可哀。昔人存馬癖，近代薄詩才。鹿走談經苑，鴉飛說法臺。空懸竹如意，落日講堂聞。

故國流沙近，黃金窣堵坡。胡僧眉掛地，梵夾口懸河。許纘曾《優曇花記》：「大理負山臨海，山為靈鷲，水為西洱，昔阿育王所封之地。以故釋迦說法，大士化身，靈跡詭異，莫可殫述。」傳法青蓮湧，還家白馬馱。他年乘願到，應認舊山阿。《詩話》：「師雖方外，於興亡之際，感慨泣下，每見之詩歌。嘗自詠云：『剪尺杖頭挑寶誌，山河掌上見圖澄。休將白帽街頭賣，道衍終為未了僧。』」

贈荊州守袁大韞玉原注：袁為吳郡佳公子，風流才調，詞曲擅名，遭亂北都，佐藩西楚，尋以失職空囊，僑寓白下，扁舟歸里，惆悵無家，為作此詩贈之。《堯峰文鈔》：「臥雪公袁褒，字與之，太學生。子年，萬曆丁丑進士，歷官陝西按察使。孫堪，萬曆庚子舉人，歷官肇慶府同知；坊，歷官絳州州同知。曾孫於令，歷官荊州知府。於令，字韞玉，號籜菴。」

曉日珠簾半上鉤，少年走馬過紅橋。五陵烽火窮途恨，三峽雲山遠地愁。盧女門前烏柏樹，昭君村畔木蘭舟。相逢莫唱思歸引，故國傷心恐淚流。

霓裳三疊遍天涯，浪跡巴丘度歲華。《君山記》：「巴丘山在岳州城南。羿屠巴蛇於洞庭，積骨為丘，故名。」**賴有狂名堪作客，誰知拙宦已無家。**按：順治十年三月，湖廣撫臣題參袁于令等官十五員侵冒錢糧，時布政司林德馨已內陞左副都御史，工科給事張王治並劾德聲。詩句殆為籜菴辨誣。**西州士女章臺柳，南國江山玉樹花。正遇秋風蕭索甚，淒涼賀老撥琵琶。**鄒祇謨《倚聲集》：「袁籜菴以樂府擅名，填詞獨爾闐然。紅橋唱和小，今乃猶不減風流，正不必賀老琵琶為寫照也。」

詞客開元擅盛名，蕭條鶴髮可憐生。劉郎浦口潮初長，《一統志》：「劉郎浦在石首縣，漢昭烈帝娶孫夫人渡此。」**伍相祠邊月正明。**《一統志》：「伍相祠在監利縣。」又：「耒陽亦有伍胥廟。」**擊筑悲歌燕市恨，彈絲法曲楚江情。**原注：袁西樓樂府中有《楚江情》一齣。**善才已死秋娘老，濕盡青衫調不成。**

湘山木落洞庭波，杜宇聲聲喚奈何。千騎油幢持虎節，扁舟鐵笛換漁簑。使君灘急風濤阻，神女臺荒雲雨多。《一統志》：「使君灘在寶慶城北五十三灘之一。陽台山在漢川縣，上有神女廟。」按：籜菴佐籓幕在岳州，而此並上章云劉郎浦、伍相祠者，前雲浪跡，則所遊固非一地。**楚相歸來唯四壁，故人優孟早高歌。**

臨頓兒陸廣微《吳地記》：「臨頓為吳八館之一。」《姑蘇志》：「吳王征夷，嘗置頓憩宴軍士，故名。後於此置橋。」《擄梧齋塵談》：「臨頓橋在今府城內東北隅，唐陸龜蒙嘗居於此。然臨頓乃縣名，自漢以來屬潁川郡，晉以後其地數陷於北。意吳之有臨頓里，或因南北朝時流人聚居得名歟？志言尚可疑耳。」

臨頓誰家兒，生小矜白皙。阿爺負官錢，棄置何倉猝。給我適誰家，朱門臨廣陌。囑儂且好住，跳弄無知識。獨怪臨去時，摩首如憐惜。三年教歌舞，萬里離親戚。絕伎逢侯王，寵異施恩澤。高堂紅氍毹，華燈布瑤席。授以紫檀槽，吹以白玉笛。文錦縫我衣，珍珠裝我額。瑟瑟珊瑚枝，曲罷恣狼籍。我本貧家子，邂逅遭拋擲。一身被驅使，兩口無消息。縱賞千黃金，莫救饑死骨。歡樂居他鄉，骨肉識何益。此等詩純似弇州樂府變，最得漢、魏之遺。

畫蘭曲為卞玉京之妹卞敏作也。

畫蘭女子年十五，生小琵琶怨春雨。記得粧成一見時，手撥簾帷便爾汝。蜀紙當窗寫畹蘭，口脂香動入毫端。腕輕染黛添芽易，釧重舒梢

放葉難。似能不能得花意，花亦如人吐猶未。珍惜沉吟取格時，看人只道儂家媚。橫披側出影重重，取次腰肢向背同。昨日一枝芳砌上，折來雙鬢鐘臺中。玉指纔停弄絃索，漫撚輕調似花弱。殷勤彈到別離聲，風風雨雨聽花落。《板橋雜記》:「卞敏頎而白，風情綽約，亦善畫蘭鼓琴。玉京以多見長，敏以少見貴，各極其妙。」花落亭華白露溥，舊根易土護新寒。可憐明月河邊種，移入東風碧玉欄。聞道羅幃怨離索，辭媒鵝絹間嘗作。又云憔悴非昔時，筆床翡翠多零落。今年掛檝洞庭舟，柳暗桑濃罨綺樓。度曲佳人遮鈿扇，知書侍女下瓊鉤。主人邀我圖山色，宣索傳來畫蘭筆。輕移牙尺見勻牋，側偃銀毫憐吮墨。《板橋雜記》:「卞敏後歸申進士維久。維久，宰相孫，性豪舉，詩文名海內，得敏益自喜。亡何，維久病沒，家中替，嫁一貴官穎川民，三年病死。」按：此詩「花落亭臯」以下四句謂敏歸維久也，「聞道羅幃」以下四句謂歸維久不得志也，「今年掛檝」以下謂與敏重見，所稱主人即維久也。敏既舊院中人，而維久又公門人，故相見無礙。又，維久，吳縣人，故於遊洞庭時遇人〔註 25〕，時遊洞庭為己亥春，故有「柳暗桑濃」之句也。席上回眸惜雁箏，醉中適口認魚羹。茶香黯淡知吾性，車馬雍容是故情。常時對面憂吾瘦，淺立斜窺訝應舊。好將獨語過黃昏，誰堪幽夢牽羅袖。歸來開篋簡啼痕，腸斷生綃點染真。何似杜陵春禊飲，樂遊原上採蘭人。

湖中懷友

渺渺晴波晚，青青芳草時。遠帆看似定，獨樹去何遲。花落劉根廟，雲生柳毅祠。俱見後。香蓴正可擷，欲寄起相思。《鞶帨卮談》:「或言近人琢句，致乏天趣。余謂此關悟力，非假冥搜。即如『遠帆看似定』，豈非景在目前，何人不知，卻何人能道？」

宿沈文長山館見十二卷《沈文長雨過福源寺詩序》。

一徑草堂偏，湖光四壁天。焙茶松竈火，浴繭竹籬泉。玉鼠仙人洞，銀鱸釣客船。前村呼種樹，偶語石橋邊。

遇山思便住，此地信堪留。謀食因溪碓，齋心在石樓。〔註 26〕漁舟帆六面，橘井樹千頭。長共鴟夷子，翩然結伴遊。

〔註 25〕「人」，楊學沆本作「之」。
〔註 26〕眉批：石樓，見後《林屋洞》詩注。

福源寺原注：去毛公壇三里為攢雲嶺，有福源泉，寺以泉名。羅漢松係梁朝舊物。《姑蘇志》：「福源寺，梁大同二年吳縣令黃禎舍山園建，僧普國開山。」

千尺攢雲嶺，金銀佛寺開。鹿仙吹笛過，龍女換珠來。泉繞談經苑，松依說法臺。蕭梁留古樹，風雨不凡材。

石公山葛芝《包山遊記》：「由明月灣而上，捨舟從陸，人行山上，如履橘柚之杪，蒼翠中時見湖光渺然，約三四里，乃至石公。」

真宰劚雲根，奇物思所置。養之以天地，盆盎插靈異。潘耒《遂初堂集·遊洞庭山記》：「石公在西山東南隅。山盡矣，一支透入湖心，別聳一峰如蓮花，其莖北屬，餘三面並覆水。」初為仙家囷，百仞千倉閉。釜鬲炊雲中，杵臼鳴天際。忽而遇嚴城，猿猱不能縋。遠窺樓櫓堅，逼視戈矛利。一關當其中，飛鳥為之避。仰睇微有光，投足疑無地。循級涉層巔，天風豁蒼翠。疲喘千犀牛，落落誰能制。傴僂一老人，獨立拊其背。既若拱而揖，又疑隱而睡。此乃為石公，三問不吾對。《包山遊記》：「水際二名〔註 27〕如人立，石公之名以此。或云朱勔花石綱曾採於此，石已入舟，復墜水，挽之不動，乃棄去。今石公也。」

包山寺贈古如和尚《遂初堂集》：「包山寺及毛公壇皆在林壑深處，四山圍合，重重包裹，故名。入寺門，有清泉佳樹，景趣幽絕。石幢對峙，有唐人書勝陀羅尼，亦無拓者。」

古木包山寺，蒼然曉氣平。石毛仙蛻冷，原注：近毛公壇。雲影佛衣輕。兕缽鮫人聽，彈碁鶴子驚。相逢茶早熟，匡坐說無生。

縹緲峰《包山遊記》：「山群峰以十數，登之輒有所障。惟登縹緲，則諸峰盡偃伏，五湖蒼茫浸灌，莫可端倪，登望遂窮四際。苕溪、陽羨諸山遼遠，色若青碧，岸湖平陸，草樹村落，隱隱可見。微水界之，縱橫如溝澮，度皆名川巨澤也。湖中小山，如流橛株，如聚積灰，萬斛之舟，風檣往來，如群鷗之浮水上。大哉觀乎！」

茲峰非云高，高與眾山別。其下多嵌空，天風吹不折。插根虛無際，縹緲為險絕。細徑緣山腰，人聲來木末。籃輿雜徒步，佳處欣夢歇。躋嶺路倍艱，往往攬垂葛。灝氣凌沆瀣，一身若冰雪。《遂初堂集》：「縹緲峰絕類羅浮之飛雲，其頂尖圓如浮屠之顛，故四望無礙。」輕心出天地，羽翮生彷彿。杖底撥殘雲，了了見吳越。曜靈燭滄浪，滉瀁金光發。陰霞俄已變，

〔註27〕「名」，疑當作「石」。

慘淡玄雲結。歸笻破暝靄，半嶺值虹蜺。始知清境杳，跡共人鳥滅。丹砂定可求，苦為妻子奪。看君衣上雲，飛過松間月。

登縹緲峰

絕頂江湖放眼明，飄然如欲御風行。最高尚有魚龍氣，半嶺全無鳥雀聲。芳草青蕪迷近遠，夕陽金碧變陰晴。夫差霸業銷沉盡，楓葉蘆花釣艇橫。

歸雲洞《包山遊記》:「歸雲洞，其石皆突兀，最高中曠，外周欄楯，可坐眺。」

歸云何孱顏，雕琢自太古。千松互盤結，託根無一土。呀然丹崕開，蒼茫百靈斧。萬載長欹危，撐拄良亦苦。古佛自〔註 28〕為相，一身雜仰俯。依稀莓苔中，葉葉青蓮吐。若以度真詮，足號藏書府。仙翁刺船來，坐擘麒麟脯。鐵笛起中流，進酒虬龍舞。晚向洞中眠，叱石開百武。床几與棋局，一一陳廊廡。《遂初堂集》:「歸雲洞故有奇石，當洞口，如雲之將入。今為俗子鑿去，以廣其洞，頓失舊觀。」翩然自茲去。黃鵠瀟湘浦，恐使吾徒窺，還將白雲補。

林屋洞任昉《述異記》:「洞為左神幽虛之天，即天後真君之便闕。」《包山遊記》:「蛇行而入，可一二里，至隔凡二字止。水潦降，不能行，入數丈即止。見石乳垂垂若筍，蝙蝠撲人，水聲悲激。上曲巖奇石林立，蹲踞俯仰，不名一狀，無深松茂柏。遠望湖水如練，漁舟渺忽，輕鳥飛翻。眺望之美，於茲略備。石壁題名殆徧，中有紹興、紹熙年號，漫滅不盡可讀，詳視知為李彌大園。彌大者，宋參知政事也。」

震澤初未定，水石爭相攻。神龍排杳冥，盪擊沉虛空。仙人資禹力，洞府開洪濛。惜哉石函書，不救夫差窮。大道既已洩，國祚於焉終。《元和郡國志》:「闔閭使靈威丈人入洞，秉燭晝夜行七十日不窮，乃反曰:『初入洞，口甚隘，傴僂而入。約數里，忽遇一石室，高可二丈，上垂津液，內有石床枕硯，石几上有素書三卷。』上於闔閭，不識，使人上於孔子。孔子曰:『此禹石函文也。』闔閭復令入，經兩旬，卻反，云:『不似前也，惟上聞風浪聲。』又有異蟲撲人撩火，石燕蝙蝠大如鳥，前去不得。穴中高處照不見巔，左右多人馬蹟也。」我行訪遺蹟，興極探虛空。絕徑不可窺，自視尤枯笻。山神愛傴僂，直立憂微躬。似之生退怯，匍匐羞兒童。李維禎《大泌山房集·遊洞庭記》:「數十人束炬，前露紒，

〔註 28〕底本此處衍一「然」字。

著蒯屨，衣短後衣。行百步，水愈深，手足俱旋淖，且作牛飲，遂反。」**博聞過險澀，谽谺來天風。松炬厭明滅，乳竇驚青紅。洪厓應常來，床几陳從容。**張渤《吳錄》:「一穴傴僂纔得入，穴外石盤薄穴裏，如一間堂屋，上高丈餘。恒津潤四壁石色青白，有鵞管鍾乳。」**何不廻真馭，日月行其中。銀房閟幽異，勿使吾徒同。終當齎餱糧，鍊骨如飛鴻。路穿三江底，境與諸天通。南浮瀟湘水，西上峨嵋峰。**《元和郡國志》:「洞有五門。西達峨嵋，南接巴陵、羅浮，北連岱嶽。東有石樓，樓下兩石，扣之清越，所謂神鉦。」**歸來說里人，足比靈威翁。**

過圻村

萬壑響鳴蟬，湖光樹杪懸。雲鬟神女廟，雪乳隱君泉。《大泌山房集》:「遊洞庭石磨山下，取道圻村，得烏砂泉。泉在井中，大柳蔭之。距湖高若遠皆可丈許，每汲必有烏砂沉盞底。」**山籠櫻桃重，溪船菱芡鮮。相攜從此住，松老不知年。**

過席允來山居

《文集》:「允來，名元泰，世居莫釐峰下。繚垣三楹，床茵几杖，位置皆得其處。蘭蕙數盆，怒芽競茁。牆頭有木瓜朱櫞一二株，垂實纍纍向人。窗前置拳石，面勢膚理，似長與人同臥起者。其下嫩草雜卉，疎密可數，而牡丹數十本尤絕出。余每過湖，君開門煮茗，清談促坐，別則落其簷果餉余，余彳亍傍徨不忍去。」

碧梧門巷亂山邊，灑埽雖頻得自然。石筍一林雲活活，藥欄千品雨娟娟。養花性為先人好，《文集》:「父震湖，名棨，有茶癖，善種花，得養性術，年九十五。」**種樹經從伯氏傳。社酒已濃茶已熟，客來長繫五湖船。**

送周子俶

五載寄幽燕，歸來問家室。入門四壁在，小婦當窗織。恐其話飢寒，且呼治酒食。妻子識君心，低頭唯默默。嗟余忝鄰里，欲語弗遑及。聞君又行邁，君歸曾幾日。勝此父母邦，過若遠鄉客。丈夫志四海，行矣須努力。

努力贏餱糧，秋風即長路。京口正用兵，倉皇過瓜步。扁舟戒行李，六月黃河怒。脫身萬仞淵，〔註29〕**此險何足數。慷慨輕波濤，長年豈知**

〔註29〕眉批：謂丁酉科場事。

故。中道感舊交，良為詩書悞。餘生嬰世網，重來獻詞賦。登高望烽火，躊躇屢回顧。

回顧去鄉遠，進及長安城。禁門十二戟，策馬聞鷄鳴。解褐初登朝，日出趨承明。慶雲生階墀，天樂和且平。立計談誠用，萬里無專征。忘形樂簡易，任氣高縱橫。常恐斗酒後，脫略驚公卿。一官了婚嫁，可以謀歸畊。子俶此行當是應戊戌會試，故既稱願之，復丁寧之。

歸畊青岡陂，《州乘俻採》：「地有上下岡身路，故子俶用後漢周燮語，自號東岡。」清流貫群木。月明夜方靜，高話溪堂宿。破產求神仙，丹砂徇微祿。玉書晚應悟，至道無情慾。《婁東耆舊傳》：「子俶喜黃白之術，頗以之匱乏。」一飯輒萬錢，並日恒不足。知交雖云厚，距可先骨肉。《婁東耆舊傳》：「子俶少嗣於叔祖，有同產五人，因五析其嗣產。」閱世經艱難，息心謝榮辱。平生著述事，尚有殘編讀。

海虞孫孝維三十贈言孝維名藩，孝若之弟，家世見前《孝若山樓詩》。《文集》：「孝維父朝肅沒，官粵東布政，時金氏妾出孝維，方數齡。迨丱歲，即從余學。」《昭文縣志》：「藩，一字燕玉，好國史古玩，稱翩翩佳公子。」

法護僧彌並絕倫，〔註 30〕聽經蕭寺紫綸巾。高齋點筆依紅樹，畫檝徵歌轉綠蘋。一榻茶香專供佛，五湖蝦菜待留賓。丈夫早歲輕名宦，鄧禹無為苦笑人。

招真臺下讀書莊，梁昭明太子《招真治記》：「道士沛郡張君道裕至虞山，忽夢見聖祖云：峰下之地宜立館宇。裕師潘珙隱四明山，有人耳長髮短，雲從虞山招真治來，忽不見。潘馳信報君，君因以夢中所指地為治，故號招真。」總角知名已老蒼。何氏三高推小隱，荀家群從重中郎。鬭茶客話千山雨，寄橘人歸百顆霜。原注：太末理官孝若，其兄也。地產橘最佳。麈尾執來思豎義，旻公同飲贊公房。

始立何容減宦情，法曾有弟尚諸生。法曹仍謂衢州理刑。松窗映火茗芽熟，貝葉研朱梵夾成。金谷酒空消冶習，曲江花落悟浮名。原注：花落者為扶桑，誌感也。○孫扶桑，見前《吾谷行》。年來恥學王懷祖，初辟中兵捧檄行。《晉書．本傳》：「王述年三十，尚未知名，人或謂之癡。司徒王導以門地闢為中兵屬。」用此切三十也。

〔註 30〕眉批：法護非不佳，僧彌難為兄。珣、瑉兄弟也，見《晉書》本傳。

高柳長風六月天，青鞋布韈尚湖邊。輕舟掠過破山寺，橫笛邀來大石仙。原注：孫氏之先，遇仙於烏目山之大石。〇《昭文縣志》：「大石山房為孫氏祠。其石孫西川艾所鑿，中有轂茶泉〔註31〕。」**王儉拜公猶昨歲，張充學易在今年。種松記取合圍後，樹下著書堪醉眠。**

送杜大于皇從婁東往武林兼簡曹司農秋岳范僉事正〔註32〕《漁洋詩話》：「杜茶村濬，初名詔先，黃岡人，僑居於金陵。貧甚，屢客廣陵。」

五月江村客行曉，僮無朝餔馬無草。路穿槐柳到柴門，滿架藤花屋灑埽。與君相別定何年，一見嗟余頭白早。杜濬《變雅堂集・六十自敘》：「願以一年努力，北走燕市，投知己故人，為椀飯粗足、息肩養恥之計，然後歸而閉戶，究經史未竟之緒。」**東鄰濁酒賒未到，盤桓粗疎具梨棗。莫怪貧家一飯難，主人長饑客不飽。解囊示我金焦詩，四壁波濤驚欲倒。一氣元音接混茫，想落千峰入飛鳥。**《變雅堂集》：「杜子廌齋，在雞鳴山尾之右，所謂十廟西門者，京城近日之極遠僻處也。杜子廌此者，亦陰利客之不至焉耳。」按：茶村久廌金陵，故遊跡多在金、焦。今僧僚壁多刻其詩。又嘗自刻其京口詩，凡所歷者皆在。**近來此地擅時譽，粉飾開元與天寶。我把未鋤倦唱酬，恥畫蛾眉鬪工巧。看君爽氣出江山，始悔從前作詩少。海內悠悠識者誰，汝有平生故人好。副相猶然臥茂陵，侍郎已自歸嶺表。**時秋岳自廣東布政歸。副相者，以曹參為比也。**況逢少伯共登臨，西子湖頭月皎皎。人生貧賤何足悲，縱酒酒歌白雲杳。勝絕留容我輩狂，劫灰燒盡雷峰小。落落窮途感快遊，愧我菰蘆色枯槁。佳句流傳遍世間，寄書早慰江潭老。**按：茶村有《為亡兒世農募義文》云：「讀殘書，彈罷劍，盡易參苓；寡婦歎，孤兒行，竟無飦粥。六旬之父，方同乞食之陶潛；八口之家，誰為裹飯之桑戶？」其貧甚矣，故慰之意多。

送楊懷湄擢臨安令原注：令，成都人，臨安乃錢鏐衣錦城也。〇《鳥吟集》小傳：「楊琳，字懷湄，本成都人。十餘歲，獻賊入蜀，愛其剽悍，給李定國為養子。定國後歸明，乃〔註33〕與孫可望、白〔註34〕文選連兵，屠域陷陣，懷湄常為軍鋒。定國死於粵滇，亡來降，前所積武資已高，隨例換文階，得太倉州管糧通判。忤州紳，巡

〔註31〕「泉」，底本作「前」，據楊學沆本改。
〔註32〕眉批：范正名印心，其人以一字為字，頗近怪。
〔註33〕「乃」，底本誤作「及」，據楊學沆本改。
〔註34〕「白」，底本誤作「自」，據楊學沆本改。

按某劾去之。尋請從軍，導王師南討有功，授杭之臨安令。又移梧之岑溪令。復削識歸，遂家太倉州。二子皆有文，補州諸生。」

聽松鈴閣放衙陰，飛瀑穿時石室琴。許椽仙居丹井在，謝公遊策碧雲深。《武林舊事》：「臨安有東西二山。西山，許邁嘗採芝於此。東山即謝安高臥處。安嘗坐石室，臨濬谷，悠然歎曰：『此與伯夷何遠？』」**山農虎善樵微徑，溪女蠶忙採遠林。此地何王誇衣錦，錦城人起故鄉心。**

追悼郁淑人先公十五年卒，為丙申。詩當在戊戌、己亥間。

秋風蕭索響空幃，酒醒更殘淚滿衣。辛苦共嘗偏早去，亂離知否得同歸。君親有媿吾還在，生死無端事總非。最是傷心看稚女，一窗燈火照鳴機。郁淑人無子，有四女。

喜願雲師從廬山歸併敘○願云以庚寅夏入廬山，而公生己酉。此敘云十年而歸，及五十初度云云，當在戊戌、己亥間。

願雲居雲居山十年，《一統志》：「雲居山在江西建昌縣，峰巒峻極，上多雲霧，一名歐山。世傳歐岌先生淂道處。」**歸而出其匡廬詩，道五老、石門、九奇、三疊諸勝。**遠法師《廬山記》：「西南有石門山，其狀似雙闕，壁立千仞，而瀑布流焉。棲賢寺東北有五老峰，廬山之勝此為最。」**飛泉怪瀑，不可思議，而尤以御碑亭雲海為第一觀。**〔註 35〕張野《廬山記》：「山將雨則有白雲，或冠峰巖，或亙中嶺，俗謂之山帶，不出三日必雨。」劉遺民《廬山記》：「常有白氣映嶺下。」**竟似住鏡光、白銀二種世界，不知滄桑浮塵為何等事矣。願公贈余五十初度詩，其落句曰：「百半定將前諸踐，敢期對坐聽松聲」，蓋責余前約，會時方喪亂，衰病無家，頤以高堂垂白，不能隨師以去也。乃為詩答之。**

勝絕觀心處，天風萬壑聲。石門千鏡入，雲海一身輕。出世悲時事，忘情念友生。亂離兄弟恨，辜負十年盟。

虎丘中秋新霽

萬籟廣場合，道人心地平。天留今夜月，雨洗去年兵。歌管星河動，禪燈風露清。淒涼闔閭墓，斷壑起松聲。

〔註35〕眉批：《一統志》：「白鹿昇仙臺在廬山天池寺。洪武二十二年，御製《周顛仙傳》，建碑亭於臺上。」

靈巖繼起和尚應曹村金相國請住虎丘祖席繼起，名儲，號退翁。釋紀蔭《宙亭語錄》：「靈巖孤秀，迥絕東南。智積開山，唐宋盛代。迨我退翁儲祖，集大成而開生面，說大法以整頹綱。預罏鞴者皆龍蟠鳳逸之儔；廁巾瓶者咸玉潤蘭〔註 36〕薰之侶。」又：「漢月十二弟子，莫著於具德禮、繼起儲。檗菴，嗣法於繼起者也；碩揆，嗣法於具德者也。」

應物心無繫，觀空老辯才。道隨諸佛住，山是相公開。日出嚴齋鼓，天清護講臺。居然歌舞地，人為放參來。

靈巖觀設戒《姑蘇志》：「靈巖，一名石鼓山。山椒有石鼓，鳴則有兵。又名硯石山，山連礦村也。」

湖山留霸跡，花鳥供經臺。不信黃池會，今看白社開。枯潭龍洗出，《始蘇志》：「山頂別有石池，相傳生蔬葵。今不復見。」**妙塔雁歸來。**《姑蘇志》：「靈巖寺近燬，惟一塔存耳。」**此地關興廢，須資法將才。**

霛巖山寺放生雞

芥羽狸膏早擅場，爭雄身屬鬪雞坊。從今喚醒夫差夢，粉蝶低飛過講堂。

縛柵開籠敢自專，雲中誰許作神仙。如來為放金雞赦，飲啄浮生又幾年。

敢效山雞惜羽毛，卑棲風雨自三號。湯泉夜半蓮花湧，佛號鐘聲日未高。

雞足峰頭夜雨青，花冠錦臆影亭亭。老莊談罷疎窗冷，閒向山僧學聽經。

過韓蘄王墓在霸巖山西。

訪古思天塹，江聲戰鼓中。全家知轉鬪，健婦笑臨戎。汗馬歸諸將，疲驢念兩宮。田汝成《西湖志餘》：「王解樞柄就第，絕口不言兵。常頂一字巾，跨小驢，放浪西湖泉石間，自號清涼居士。好事者遂繪為《韓王湖上騎驢圖》。」**淒涼岳少保，宿草起秋風。**《宋史》本傳論：「暮年退居行都，部曲舊將不與相見，蓋懲岳飛之事也。」

〔註 36〕「蘭」，底本脫，據楊學沆本補。

行在倉皇日，提兵過故鄉。傳聞同父老，流涕說君王。石馬心猶壯，雲臺跡已荒。一抔堪漬酒，殘日下平岡。

詔起祁連冢，〔註 37〕**豐碑有賜亭。**《姑蘇志》:「紹興二十一年，王薨，賻祭極優厚。敕使徐仲護葬，縣令執役。御題神道云:『中興佐命定國元勳之碑。』碑高十餘丈，敕趙雄為文，萬餘言。初勒文而未立，龜趺留木瀆。嘉定間，勅葬趙師羃，有司磨韓碑應用，後始豎此碑，為樓三成〔註 38〕覆之。今碑尚存，而額在百步外。鄉人以為龍陣過，揭去之也。」**掛弓關塞月，埋劍羽林星。百戰黃龍艦，三江白石銘。趙家金椀出，山鬼哭冬青。**〔註 39〕

丘壟今蕪沒，江山竟寂寥。松風吹北固，碑雨洗南朝。細路牛羊上，荒岡草木凋。肯容樵豎擾，遺恨在金焦。胡舜申《己酉避亂錄》:「予在焦山，見世忠陳兵江中，而鎮江口山上有幾立不動、下視吾軍者。世忠船特大，早晚諸將來稟議，歷歷可數。而賊中事，吾軍略不知之。既偵虜往建康，亦泝江以兵師與對壘，議者固已非之，曰:『兵法:勿迎於水內，半濟而擊之利。』果抵於敗，虜安然渡江北歸。然世忠進官加恩自若也。」

宿徐元歎落木菴原注:元歎棄家住故鄭山中，亂後歸天池丙舍。落木菴，竟陵譚友夏所題也。〇元歎名波，其自作《落木菴記》曰:「崇禎癸酉，與竟陵譚友夏在其弟服膺署中，曉起盥漱，見余白髮盈梳，曰:『子從此別，計必住山，請擇嘉名以名其居。』服膺出幅紙，請作擘窠大書，友夏為書落木菴。今三字揭諸菴門。松栝數株，撐風蔽日。玄冬霜月，蕭蕭而下。雙童縛帚，掃除不給。齋廚爨煙，皆從此出。事之前定如此。」按〔註 40〕:《亂後寄楚〔註 41〕僧寒碧》詩:「楚鬼微吟上峽謠，中元法食可相招。憑師為譬興亡恨，雨打秋墳骨亦銷。」此為鍾、譚作也。末客授錢謙益所，錢贈詩云:「皇天老眼慰蹉號，七十年華小劫過。天寶貞元詞客盡，江南留得一徐波。」

落木萬山心，蕭條無古今。棄家歸去晚，別業往來深。客過松間飯，陳鑑《茶經注補》:「鍾伯疑與徐元歎有《虎丘茶訊》，謂兩人交情數千里，以賣茶為名，一年通一信，遂成故事。伯凝築室竟陵，遠遊無期，呼元歎賈餘力一往。元歎有《答茶訊》詩，又有《奠茶文》。譚友夏《冬夜拜伯敬墓》詩:『姑蘇徐逸士，香雨祭茶時。

〔註 37〕眉批:祁連冢，霍去病事。

〔註 38〕「成」，楊學沆本作「層」。

〔註 39〕眉批:《冬青行記》，詳《輟耕錄》。

〔註 40〕「按」，底本作「波」，據楊學沆本改。

〔註 41〕「楚」，底本作「焚」，據楊學沆本改。

又』有詩寄元卷云：『河上花繁多有淚，吳天茶老久無香。』」**僧留石上琴。早成茅屋計，枉向白雲尋。**

支硎山齋聽雨明日早晴更宿法螺精舍《姑蘇志》：「支硎山在龍池山東北，以晉支遁嘗居此，而山多平石，故名。」按：《玉篇》：「吳有臨硎。」《吳都賦》亦云：「右號臨硎。」又，《續圖經》：「支硎一名報恩山，以昔有報恩寺也。」法螺精舍，趙宧光寒山丙舍也。

秋山所宿處，指點白雲生。故作中宵雨，倍添今日晴。一峰當止觀，萬象逼孤清。更上上方去，松風吹玉笙。

憩趙凡夫所鑿石王衡《緱山集》：「吾州有趙凡允者，居天平亂山間，於灌木叢篁中建藏書閣，足跡不入城。其配陸，善詩古文，風氣遒上，的的漢魏。余嘗過凡夫，煮薦漿，飯青精，讀陸夫人詩。時薄日穿松，輕颸戛竹，蕭然有遺世之想。」按：凡夫名宧光，璜涇人。博古，精篆籀。見趙氏《世藝錄》。陸夫人，字卿子。多才流，工書，精繪事。尚寶少卿陸師道女，載《明史》。

石骨何年斲，蒼然萬態收。隨石像名鑿字以記，山徑皆然。**直從文字變，豈止斧斤搜。亂瀑垂痕古，枯松結體遒。**許旭《秋水集》：「由天平范園至華山地，有喬松二株，相傳為晉代物，居人將伐以充囊趙，凡夫出數金與之，得免。今不二十年，趙民已亡，松亦不知何處矣。」**即今苔蘚剝，一一類銀鉤。**

趙凡夫山居為祠堂今改為報恩寺

高人心力盡，石在道長存。沈寓《白華莊稿．三高祠論》：「三高者，實無一高。惟華山麓亦有三高祠，祀趙宧光凡夫、王在公孟夙、朱鷺白民。一著書，一廉潔，一孝行，皆吳人可為世法者。」**古佛同居住，名山即子孫。飛泉穿樹腹，奇字入雲根。**《列朝詩小傳》：「凡夫棄家廬墓，與卿子偕隱寒山，手闢荒穢，疏泉架壑，善自標置，引合勝流。而卿子又工於詞章，翰墨流佈，一時名聲籍甚，以為高人逸妻，如霧真伴侶，不可梯接也。」**夜半藤蘿月，鐘聲冷墓門。**

吳梅村詩箋卷九終

吳梅村詩箋　卷第十

鶴市迓亭程穆衡　輯

古近體詩九十八首起己亥至遊虞山之作。

詠拙政園山茶花並引

拙政園，故大弘寺基也。其地林木絕勝，有御史王某者侵之，以廣其居。《秋水集》:「拙政園者，先朝御史王君來按吾吳，愛其風土，罷官後卜居婁門而築也。地廣十餘頃，堂宇、亭榭、橋池、花木之盛，甲於茂苑。」後歸徐氏最久，兵興，為鎮將所據。駐防將軍府。已而海昌陳相國得之。內有寶珠山茶三四株，交柯合理，得勢爭高。每花時，鉅麗鮮妍，紛披照矚，為江南所僅見。相國自買此園，在政地十年不歸，再經譴謫遼海，此花從未寓目。見前《贈遼左故人》詩。余偶過太息，為作此詩。他日午橋獨樂，定有酬倡，以示看花君子也。徐乾學《拙政園記》:「始，虞山錢宗伯謙益嘗構麴房其中，以娛所嬖河東君。而海寧相國繼之，門施行馬。海寧得禍入官，駐防將軍以開幕府禁旅。既還，則有鎮將某某者迭館焉。亡何，而前偹兵使者安公以為治所，未暇有所改作。既而歸於王永寧。凡前此數人居之者，皆仍拙政之舊。自永寧始易置丘壑，益以崇高雕鏤，非復圖記詩賦之云矣。滇黔作逆，永寧與凶渠有連。既先事死，而園屋猶以藩本入官，其最侈僭則楠木廳柱礎皆刻升龍，今已徹而輦至京師供將作矣。」又按：《秋水集》:「園百餘年來，自尚書、政府、將軍、觀察、備兵、使者迭居其地，凡數易主。王永寧卜第於吳，廓而新之，動心駴目，輝天炫地，雖河陽別業，萬年新墅，不是過也。予以辛亥上巳來遊，感人事之靡常，繁華之罕覯，作詩以志之。」

拙政園內山茶花，一株兩株枝交加。豔如天孫織雲錦，赬如姹女燒丹砂。吐如珊瑚綴火齊，映如蠕蝀凌朝霞。百年前是空王宅，寶珠色相生光華。長養端資鬼神力，優曇湧現西流沙。《姑蘇志》：「大弘寺在城東北隅，元大德間僧判僉友蘭建，淨法師開山。廷祐間奏賜今額。僧餘澤居此，別剏東齋，寺燬於火，見紅衣沙門立煙焰上，久之乃沒，齋獨存。」**歌臺舞榭從何起，當日豪家擅閭里。苦奪精藍為翫花，旋拋先業隨流水。兒郎縱博賭名園，一擲留傳猶在耳。**按：《新蘇州府志》：「拙政園在婁、齊二門之間。嘉靖中，王御史獻臣因大弘寺廢地營別墅，文待詔徵明記。其子以樗蒱負，失之。」**後人脩築改池臺，石梁路轉蒼苔履。曲檻奇花拂畫樓，樓上朱顏嬌莫比。**隱謂柳如是。**千條絳蠟照鉛華，十丈紅牆飾羅綺。鬪盡風流富管絃，更誰瞥眼閒桃李。齊女門邊戰鼓聲，入門便作將軍壘。荊棘從填馬矢高，斧斤勿剪鶯簧喜。近年此地歸相公，相公勞苦承明宮。真宰陽和暗回斡，長安日日披薰風。花留金谷遲難落，花到朱門分外紅。獨有君恩歸未得，百花深鎖月明中。灌花老人向前說，園中昨夜零霜雪。黃沙淅淅動人愁，碧樹垂垂為誰發。可憐塞上燕支山，染花不就花枝殷。江城作花顏色好，杜鵑啼血何斑斑。花開連理古來少，竝蒂同心不相保。名花珍異惜如珠，滿地飄殘胡不掃。楊柳絲絲二月天，玉門關外無芳草。縱費東君著意吹，忍經摧折春光老。**陳維崧《拙政園連理山茶歌》：「此地多年沒縣官，我因官去暫盤桓。堆來馬矢齊粧閣，學得驢鳴倚畫欄。遠陽小吏前時遇，曾說經過相公墓。已知人去不如花，那得花開尚如故。」知序末所云午橋獨樂，徒虛願矣。**看花不語淚沾衣，惆悵花間燕子飛。折取一枝還供佛，征人消息幾時歸。**《新蘇州府志》：「王永寧沒官後，康熙十八年改蘇松常道新署，道缺裁後，散為民居，今歸莊氏，名復園。」

江上《世祖實錄》：「十六年六月壬子，海寇陷鎮江府。七月丙子，犯江寧省城。江督即廷佐奏報逆渠鄭成功親擁戰艦數千、賊眾十餘萬攻犯江寧，又於上江、下江分布賊艘，阻截要路。臣同駐防將軍哈哈木、貴州凱旋梅勒章京噶褚哈、馬爾賽等、固守蘇松總兵梁化鳳、固山大牙他里等俱抵江寧，水陸並進，賊敗遁。荊州將軍安達里等赴援，至楊子江港口遇賊，迎擊敗之。復犯崇明，游擊劉國玉擊敗之，賊復南逸。」按：江寧破賊，化鳳功第一。化鳳，字翀天。子鼐亦為崇明總兵。其家在西安府，屏繪《金陵破賊圖》，今尚存。

鐵馬新林戰鼓休，十年軍府笑諮謀。但虞莊蹻爭南郡，時孫可望、李定國、白文選等亂雲間，可望敗，來降，封義王。**不信孫恩到蔡州。江過濡須誰**

築壘，潮通滬瀆總安流。《通鑑注》:「濡須塢在今巢縣東西南四十里，而滬瀆在今上海縣。」此二句言建業上流，又海口，皆無巡防，故賊得突入也。**蘆花一夜西風起，雨點金焦萬里愁。**鎮江之陷，知府戴可進等六員，副將高謙等十四員，皆從逆在籍。原任吏部郎中張九徵、御史笪重光以可進定謀迎賊，慟哭力爭不得，及城破，乃遁。

七夕感事

南飛烏鵲夜，北顧鸛鵝軍。圍壁鉦傳火，巢車劍柱雲。江從嚴鼓斷，風向祭牙分。眼見孫曹事，他年著異聞。

中秋看月有感

今年京口月，猶得杖藜看。暫息干戈易，重經少壯難。江聲連戍鼓，人影出漁竿。晚悟盈虧理，愁君白玉盤。《三藩紀事本末》:「賊八月至觀音門，以黃安總督水師守三汊河口。成功率諸將出儀風門登陸，屯嶽廟山。甘輝以守禦既固，恐難猝援為諫，不聽。大軍以千騎來薄，偽前鋒鎮余新擊敗之。遂不設備，軍士捕魚飲博為樂。我副將梁化鳳偵知之，由儀鳳門穴地出，軍皆銜枚疾走，薄新營。新不及甲，遂就擒。成功急令翁天祐馳援，已無及。大兵既敗，余新遂以步卒數千直搗中堅，而以騎兵數萬繞山後出其背，前後夾擊，成功大敗，諸偽將各潰走不相顧。成功揮軍急退，甘輝且戰且走，至江，騎能屬者三十人，被執殺。九月，成功還師。」此詩殆已聞捷音作，故有暫息干戈等語。

寄房師周芮公先生並序

芮公名廷鑨，晉江人，字元立。戊辰進士。

偉業以庚午受知於晉江周芮公師，進謁潤州官舍。《南國賢書》:「崇禎三年考試官：姜曰廣，江西人，已未科；陳演，四川人，壬戌科。《春秋》房同考：周廷鑨，鎮江府推官。」**維時上流無恙，京口晏然。吾師以陸生入洛之年，弟子亦終軍棄繻之歲。南徐月夜，北固江聲，揮麈論文，登樓置酒，笑談甚適，賓從皆賢。**〔註1〕**已而主銓衡，地當清切，周旋禁近，提挈聲華。拜別河梁，十有八載。滄桑兵火，萬事都非。偉業負耒躬耕，誓終沒齒。不謂推遷塵事，潦倒浮生，病苦窮愁，羈縻煎迫。師以同徵，獨得不至。方推周黨，共羨管寧。而家居窮海，身受重圍，**順治三年福州破以後，鄭成

〔註1〕眉批:《今世說》:「芮公癖耽吟詠，尤好與騷人衲客。相酬唱，沖懷貞淡，與之晤對，如揖廣成，如瞻水鏡。」

功數擾福州、興化等郡。已見前。**羽檄時聞，音塵莫及。雖然江南近信，已泊樓船；京峴舊遊，皆非樂土，**指鎮江之陷。**何必無諸臺上，**《一統志》:「無諸臺在福州府城南。」**始接烽煙；毆冶池邊，**《一統志》:「歐冶池在福州布政司後，周數里。每風雨大作，煙波晦冥。」**纔開壁壘也。既知援師南下，山郡依然。**庚子五月，將軍達素、緹督李率泰率兵大搜兩島，令大船出漳州，小船出同安。**鄭樵居第，可保圖書；楊僕軍營，惟聞笳吹。欣故人之杖屨，致遠道之郵筒。爰作短章，暉存微尚。抒平生於慷慨，寫盡日之羈愁。庶幾同經喪亂，識此襟情；雖隔山川，無殊會面云爾。**

惆悵平生負所知，尺書雖到雁來遲。桄榔月暗嚴城閉，鵾鳩風高畫角悲。湖裏逢仙占昔夢，洞中遇叟看殘棋。〔註 2〕**脫身衰白干戈際，筍屐尋山話後期。**此章言晉江圍解，幸免兵燹。

北府風流坐嘯清，蕭郎白帢愛將迎。蒜山望斷江干月，荔浦愁看海上城。劉楨《京口記》:「蒜山無峰，領北懸臨江中。」此同北府句俱言在南徐事。而荔浦在平樂府，則指瞿稼軒殉粵時也。**劉寄關河雖險塞，盧循樓艦正縱橫。莫嫌戰鼓鄉園急，瓜步年來已用兵。**此章言京口舊遊，烽煙正逼。原注：晉江黃東崖先生和予此詩，中一辭曰:「徵書鄭重眠飧損，法曲淒涼涕淚橫。」知己之言，讀之感歎。〇《文集》:「余早歲受知於溫陵周芮公先生，先生以吏部郎典選，相國東崖黃公時在坊。兩公者同里同籍，有詩名。余由及門後進唱酬切劘於其間者四五年，而後別去。比亂離分隔，余為詩以郵寄先生於閩中，先生偕相國和之。」東崖名景昉，天啟壬戌進士，崇禎中相。

但若盤桓便見收，詔書趨迫敢淹留。始知處士青門裏，須傍仙人白石樓。晉室衣冠依嶺嶠，陳懋仁《泉南雜志》:「泉州有浯江，郡志云：晉南渡時，衣冠士族避處地於此，故又名晉江。」**越王刀劍閉林丘。**福州歐冶池、松溪、湛盧山，皆越王鑄劍之處。**少徵卻照南天遠，榕樹峰高隱故侯。**此章自述迫於徵書，羨周之獨得免。

白鶴青猿叫晚風，苦將身世訴飄蓬。千灘水惡盤渦險，九曲雲迷絕磴空。廣武登臨狂阮籍，承明寂寞老揚雄。巨源舊日稱知己，誤玷名賢政事中。此章乃及寄詩，末歎薦者之非知己。

〔註 2〕眉批：湖裏逢仙，出《纂異記》，齊君房事。洞中遇叟，出《逸史》，黃尊師事。

儒將

河朔功名指顧收，身兼使相領諸侯。按兵白道調神鶻，挾妓青山駕快牛。論敵肯輸楊大眼，知書不減范長頭。他年信史推儒將，馬矟清談第一流。

俠少

寶刀千值氣凌雲，俠少新參龍武軍。柳市博徒珠勒馬，柏堂箏妓石華裙。招權夜結金安上，挾策朝干王長君。堪笑年年秘書客，白頭空守太玄文。

滇池鐃吹《觚賸》：「雲南五華山，永曆故宮在其上。順治己亥，督師洪承疇由貴築大路取滇。李定國拒戰曲靖，吳三桂由廣西、四川旁擣其虛，至黃草壩入省城。永曆遁至阿瓦，三桂重購得之，縊於貴陽府。」《求野錄》：「永曆至緬甸，三桂兵臨緬城大江，緬令數十蠻連座舁王，行三里許，渡江至大軍營。三桂使前鋒高得捷負之登岸，擁還滇，以捷聞。」按：此皆敘壬寅年事。大兵入雲南省城，則自在十六年己亥春正月初三日也。

碧雞臺榭亂雲中，《一統志》：「碧雞山在雲南府城西，峰巒秀拔，為諸山長。俯瞰滇池，一碧萬頃，北麓有碧雞關。」，**舊是梁王避暑宮。**洪武十四年，傅友德下雲南，王驅妻子赴滇池。飲藥不死，入艸舍自經。《元史》本傳：「梁王把匝剌瓦爾密，元世祖第三子雲南王忽哥赤之裔也。」**銅柱雨來千嶂洗，**《一統志》：「銅柱在白厓城。」**鐵橋風定百蠻通。**《一統志》：「錢橋在巨津州，跨金沙江，韋臯破吐蕃，斷之。」**朱鳶縣小輸賓布，白象營高掛柘弓。誰唱太平滇海曲，檳榔花發去年紅。**

苴蘭城闕鬱岧嶤，《一統志》：「苴蘭城，莊驕王滇時建，又名昌穀城。」**貝葉金書使者朝。海內徵輸歸六詔，天邊動伐定三苗。魚龍異樂軍中舞，風月蠻姬馬上簫。莫向昆明話疏鑿，道人知己刦灰消。**

靄翠奢香祠總荒，田汝成《炎徼紀聞》：「靄翠，元酋阿畫之後，即安邦彥之祖。靄翠死，妻奢香代領其眾。洪武初歸附。奢氏即奢崇明之祖。靄翠初歸附時，明太祖授懷遠將軍，世襲宣慰使。」**蘆笙吹徹瘴雲黃。縱擒有策新疆定，叛服何常舊史亡。**《堯峰文鈔・彭子篯傳》：「吳平西將征水西，公奏記於吳曰：『烏蒙、烏撒、鎮雄、東川四府，與水西為唇齒。土司隴安藩，又與安氏婚媾。今四府雖名內附，然狼子野心，勢必顧惜其種類。以水西之強，而令安藩復以四府附之，則安坤未易制也。計無如席卷四府，先翦安藩，然後西南可無患矣。』其後誅坤，竟如其策。」**鬼國三年勞薄伐，王師五月下殊方。瀾滄肯為他人渡，**《一統志》:「瀾滄源出金齒，即黑水也，本名鹿滄，經沅江府城至順寧府。」**不許窺人有夜郎。**

盤江西遶七星關，可渡河邊萬仞山。隴上舊傳收白帝，南中今喜定烏蠻。《一統志》:「盤江經烏撒府七星關，在府城東南，頂有七峰，置防禦所。府城之南即可渡河，舊名巳凡兀姑，後名匹的甸，自昔烏蠻居之。宋時烏些後據其地，號烏撒部。」按：此四句謂王師先收川，次入滇也。**龍坑壯馬看馳騾，雞足高僧任往還。**釋藏雞足山，在鄧川州。釋迦佛大弟子迦葉藏脩於此，二十八傳而至達摩，乃持迦葉衣缽入中國。**辛苦武侯持節處，**《一統志》:「在定遠縣，即諸葛營也，夷人稱望子洞。」**殘碑零落草斑斑。**

圓圓曲〔註 3〕圖圖姓陳，史作陳沅。按：《明史》:「李自成劫吳襄作書招三桂，三桂至灤州，欲降，聞愛姬陳沅被劉宗敏掠去，憤甚，疾歸山海，襲破賊將。自成怒，親部賊十餘萬，執襄於軍，東攻山海關，以別將投一片石越關外。三桂懼，乞降於大清。四月二十二日，我兵破賊關內，自成奔永平，殺襄還京。」

鼎湖當日棄人間，破敵收京下玉關。慟哭六軍俱縞素，衝冠一怒為紅顏。紅顏流落非吾戀，逆賊天亡自荒讌。電掃黃巾定黑山，哭罷君親再相見。相見初經田竇家，侯門歌舞出如花。許將戚里箜篌伎，等取將軍油壁車。家本姑蘇浣花里，圓圓小字嬌羅綺。錢《箋》:「本常州奔牛里人。」**夢向夫差苑里遊，宮娥擁入君王起。前身合是採蓮人，門前一片橫塘水。橫塘雙槳去如飛，何處豪家強載歸。此際豈知非薄命，此時只有淚沾衣。**《觚賸》:「《圓圓傳》:『田貴妃擅寵，兩宮不協，烽火羽書相望於道，宸居為之憔悴。周嘉定伯以營葬歸蘇，將求色藝兼優者，由母后進之，以紓宵旰憂，且分西宮之寵，購圓圓載以北。』」**薰天意氣連宮掖，明眸皓齒無人惜。奪歸永巷閉良家，教就新聲傾坐客。**《圓圓傳》:「一日，侍後側，上見之，問所從來，后對供御鮮同里，茲女吳人，且嫻崑伎，令侍櫛盥耳。上制於貴妃，復念國事，不甚顧，遂命遣還，仍入周邸。」**坐客飛觴紅日暮，一曲哀弦向誰訴。白皙通侯最少年，揀取**

〔註 3〕眉批：陳維崧《婦人集》:「姑蘇女子圓圓，字畹芬，戾家女子也，色藝擅一時。」又曰：「吳縣葉襄《贈姜垓百韻》詩有云：『酒壚尋卞賽，花底出陳圓。』」《續本事詩》:「伯兄有《贈畹芬絕句》:『瀟湘一幅小庭收，菡萏香余暮色幽。細細白雲生枕簟，夢圓今夜不知秋。』」

花枝屢回顧。早攜嬌鳥出樊籠，待得銀河幾時渡。恨煞軍書抵死催，苦留後約將人誤。《圓圓傳》:「延陵方為上倚重，奉詔出鎮山海，嘉定伯餞之甲第，停卮流眄，深屬意焉。詰朝，使人道情。陛辭，上賜三千金，分千金為聘，限迫即行，未及娶也。喜定盛匳媵，送其父襄家。」**相約恩深相見難，一朝蟻賊滿長安。可憐思婦樓頭柳，認作天邊粉絮看。遍索綠珠圍內第，強呼絳樹出雕闌。若非壯士全師勝，爭得蛾眉匹馬還。**《圓圓傳》:「闖賊陷京，巨室悉加繫累，初索金帛，次錄人產。挾襄以招其子。家人潛至帳前約降，忽問:『陳娘何在?』使以籍入告，大怒，按劍即作書與襄訣。勒軍入關，隨天旅西下，殄賊過半也。」**蛾眉馬上傳呼進，雲鬟不整驚魂定。蠟炬迎來在戰場，啼粧滿面殘紅印。**《圓圓傳》:「賊棄京出走，十八營鮮散，各委其輜重婦女於途。延陵追度故關，至山西，尚未知圓圓之存亡也。其部將已於都城搜訪得之，飛騎傳送。延陵方駐師絳州，將渡河，聞之大喜，遂於玉帳結五綵樓，備翟茀之服，旌旂簫鼓三十里，親迎。」**專征蕭鼓向秦〔註 4〕川，金牛道上車千乘。斜谷雲深起畫樓，散關月落開粧鏡。傳來消息滿江鄉，烏桕紅經十度霜。教曲妓師憐尚在，浣紗女伴憶同行。舊巢共是銜泥燕，飛上枝頭變鳳凰。長向尊前悲老大，有人夫婿擅侯王。**《圓圓傳》:「自此由秦入蜀，迄於秉鉞，滇雲垂旒河海，人臣之位已極。圓圓匹合大藩，回憶當年牽蘿幽谷、挾瑟勾闌時，豈復思有今日?是以鶴市蓮塘，採香舊侶，豔此奇逢，咸有吐咳九天之羨。」**當時秖受聲名累，貴戚名豪競延致。一斛明珠萬斛愁，關山漂泊腰肢細。錯怨狂風颺落花，無邊春色來天地。**《圓圓傳》:「圓圓容辭閒雅，額秀頤豐，年十八，隸籍梨園，每一登場，花明雪豔，獨出冠時。」按:《愚谷集》:「清華鎮飄花題壁曰:妾香閨弱質，二八從軍，身辱行虧，不敢以家氏姓名污人耳目。自命飄花，一以自恨，一以自憐，三年歷盡艱辛，於今兩過茲鎮，重經生感，有興成詩，奈為癡奴所逼，不能成韻，留待後人代成。」余意此正同時之事，知「錯怨」句實有所指。**嘗聞傾國與傾城，翻使周郎受重名。妻子豈應關大計，英雄無奈是多情。全家白骨成灰土，一代紅粧照汗青。**《圓圓傳》:「賊憤襄，殺之，懸其首於竿，襄家三十六口俱遭慘屠。」蓋延陵已有正室，亦遇害，而圓圓翻以籍入無名。**君不見館娃初起鴛鴦宿，越女如花看不足。香逕塵生烏自啼，屧廊人去苔空綠。換羽移宮萬里愁，珠歌翠舞古梁州。為君別唱吳宮曲，漢水東南日夜流。**《圓圓傳》:「居久之，延陵潛畜異謀，圓圓請為女道士，日以藥爐經卷自隨。癸丑，延陵稱逆。戊午，滇南平，籍其家，入禁

〔註 4〕「秦」，底本誤作「奏」，據楊學沆本改。

掖，圓圓名氏獨不見。」沈虬《圓圓偶記》：「吳自鎮滇以至逆節，二十年來，久不聞圓圓消息。癸未冬，於西陵遇歸安公，公故令滇，訪其遺事，曰：『有之。彼處稱邢太太，而非陳也。』述吳娶邢始末更悉，意陳為鴇母姓，而邢其本姓也。邢在王第中名最貴盛，然別居一院，黃冠羽衣，茹素自居，晏會皆不與。」按：其時三桂有女嫁王永寧，方居〔註5〕蘇州拙政園，故結云「別唱吳宮曲」之句。

秋夜不寐

秋多入眾音，不寐夜沉沉。浩劫安危計，浮生久暫心。鄰雞殘夢斷，窗雨一燈深。薄冷披衣起，晨烏已滿林。

贈武林李笠翁原注：笠翁名漁，能為唐人小說，兼以金元辭曲知名。〔註6〕

家近西陵住薜蘿，十年才調歲蹉跎。江湖笑傲誇齊贅，雲雨荒唐憶楚娥。海外九州書志怪，坐中三疊舞回波。前身合是玄真子，一笠滄浪自放歌。

贈崑山令王莘雲尊人杏翁〔註7〕原注：永平人。〇名簡。由援貢任。志作撫寧人。

半載江南客未深，玉山秋靜夜沉吟。九邊田牧思班壹，三輔交遊識季心。快馬柳城常命酒，軟輿花縣暫聞琴。白頭閒說西京事，曾記循良久賜金。原注：莘雲有能名。未半載，以錢糧報罷。

贈錢受明受明名傳，由太倉州庠生入太學。

獨喜髫時譽，踈通邁等倫。地從諸父重，性似外家貧。裘馬無他好，詩書別有神。古來傳孝謹，非必守前人。

受明得子東賀《文集》：「錢臣扆之長兄都諫曼脩，與余同舉進士。余兄弟三人，都諫兄弟七人。孚令少於余十歲，臣扆少於都諫十二歲，孚令以女女臣扆之子受明。」按：臣扆名陛。曼脩名增，字袞卿，崇禎辛未進士，由行人陞吏科給事中。餘見前。

長因故人子，往事憶流連。曾忝充閭會，謂受明生時。俄逢拜袞年。諸甥今甫爾，入抱卻依然。吾老猶堪待，公卿隻眼前。

〔註5〕「居」，底本脫，據眉批「脫『居』字」補。
〔註6〕眉批：《本事詩》注：「尤悔菴又有詩云：『十郎才調福無雙，雙燕雙鶯語小窗。送客留髡休滅燭，要看花睡照銀缸。』於是北里南曲中，無不知有李十郎者。」
〔註7〕眉批：莘雲以順治十六年九月任，十七年八月劾去。

客談雲間帥坐中事董含《三岡識略》:「馬逢知初名進寶，起家群盜，由浙移鎮雲間。性貪橫自奉，僭侈百姓。殷實者械至，倒懸之，醋灌其鼻，無不傾其所有，死考無筭。復廣占民廬，縱兵四出劫掠。」

五茸絲管妓堂秋，奪得娥眉付主謳。豈是絕纓諸將會，偶因行酒故人留。青尊有恨攀他手，白削無情笑者頭。若遇季倫西市日，可宜還墮綠珠樓。

送王子維夏以牽染北行《婁東耆舊傳》:「王昊，字維夏，號碩園。穎異博學，克繼風、麟二洲後，轢鑠詞文。四方名士，飈會景附。奏銷後，己未舉博學宏詞科，授內閣中書舍人。不及受命而卒。」此云「牽染北行」者，以奏銷案絓名欠籍，逮赴部訊也。《堅匏集》:「江南奏銷之獄，起於巡撫朱國治欲陷考功員外郎顧予咸，株連一省，人士無脫者。」《新蘇州府志》:「庚子十二月，吳縣令任維初，山西石樓人，以貢生來任。虐刑其賄，逼倉吏吳行之糶糧七百石。明年二月，章皇帝遺詔下，哭臨之。第三日，諸生倪用賓等列訟之於巡撫朱國治，畀蘇常道王紀訊之。逮行之勘供，諸生發知府余廉徵羈候，而維初仍回任。次日，生金人瑞、丁瀾等，因哭文廟，教授程邑申報。朱始摘維初印，拘土地祠。維初大言巡撫索賄，故我糶糧。朱遂以諸生驚擾哭臨，意在謀叛。疏聞，銜在籍吏部郎顧予咸株連之。適差滿大臣至江寧審金壇叛招，並訊題覆。部議覆準：倪用賓、沈玥、顧偉業、薛爾張、姚剛、丁瀾、金人瑞、王重儒八人典刑，家產入官，妻孥流徙；張韓、來獻祺、丁觀生、朱時若、朱章培、周江、徐玠、葉琪、唐堯治、馮郅十人本身典刑。其顧予咸疏中有諸生送揭，予咸擲地不觀之語，所擬革職籍沒，罪絞，奉旨俱免。維初復任後，因白糧經費遲延，部議降調，貪敗勘實，絞決於省城。」

晚歲論時輩，空群汝擅能。祇疑櫟陽逮，猶是濟南征。名字供人借，文章召鬼憎。阿戎才地在，到此亦何憑。

二十輕當世，愁君門戶難。比來狂太減，翻致禍無端。落木〔註8〕鄉關遠，疲驢道路寒。敝衣王謝物，請勿笑南冠。

客睡愁頻起，霜天貫索明。此中多將相，何事一書生。末俗高門賤，《堅瓠集》:「周江，字貞履。多才思，有盛名。時亦為國治所劾，與金人瑞聖歎同誅死。」清時頌繫輕。為文投獄吏，歸去就躬畊。

但可寬幽縶，從教察孝廉。昔人能薦達，名士出髡鉗。世局胥靡夢，生涯季主占。定聞收杜篤，寧止放江淹。

〔註8〕「木」，底本誤作「本」，據楊學沆本改。

別維夏

惆悵書生萬事非，赭衣今抵舊烏衣。六朝門第鴉啼遶，九月關河木葉飛。庾嶺故人猶未別，原注：維夏叔，增城公子彥。**燕山游子早應歸。正逢漉酒登高會，執手西風歎落暉。**

哭亡女

喪亂才生汝，全家竄道邊。畏啼思便棄，得免意加憐。兒女關餘劫，干戈逼小年。興亡天下事，追感倍悽然。見前《避亂》詩。

一慟憐渠幼，他鄉失母時。止因身未隕，每恨見無期。白骨投懷抱，黃泉訴別離。相依三尺土，腸斷孝娥碑。

扶病常聞亂，漂零實可憂。危時難共濟，短筭亦良謀。訣絕頻攜手，傷心但舉頭。昨宵還勸我，不必淚長流。

王增城子彥罷官哭子留滯不歸近傳口信不得一字詩以歎之

老狗妻孥意，辭家苦萬端。關心惟少子，失計在微官。客夢烏衣巷，鄉愁白石灘。可憐消息到，猶作兩人看。

庾嶺應逢雁，章江莫寄魚。遙知雙淚盡，不遣一行書。家在無歸趣，途窮失所知。故鄉宜早去，臨發乃長籲。

送張玉甲憲長之官卭雅玉甲，名能鱗，順天大興人。順治丁亥進士。乙未，提學江南。陳周侯《筆記》：「能鱗以御史繼石申任學政，竿牘更甚於申，新生四十人皆阿堵也，士氣為沮喪。」

秋水連天棹五湖，勞勞亭畔客心孤。飄蓬宦跡空迢遞，浩劫山川尚有無。石鏡開花唯自照，郫筒憶酒向誰酤。蕭條大散關頭路，匹馬西風入畫圖。劍外新傳一道通，十年群盜漫稱雄。橫刀割取青神渡，列火燒殘白帝宮。徐岳《見聞錄》：「曾公子，不知何許人。張獻忠入川，曾聚眾數十萬，假其號，擾於川部。有女將董瓊英，年十八九，亦聚眾入黨，從者萬人，攻劫郡邑，無不與焉。一日，俘射洪崔秀才嫁之，但置帳中，軍令不及也。及曾敗死，收其眾至十餘萬，擾巫、夔間。又數年，董以產子死崔郎，其眾降於楚帥。」**豈有山川歸李特，猶能車馬識文翁。誰將牛斗龍泉氣，移在天彭井絡中。**原注：張從江南學使者遷是職。

岷峨悽愴百蠻秋，路折邛崍九阪愁。城裏白雲從地出，馬前黑水向人流。《蜀道驛程記》：「青羊水西南至武關北，褒水從東來注之，俗曰黑龍江。下嶺即古陳含道。」**松番將在看高臥，雪嶺僧歸話遠遊。欲問辟支諸佛土，貝多羅樹即關頭。**原注：雅州關外即烏思藏。

錦官春色故依然，料理蠶叢半壁天。葛相祠堂尋有蹟，譙玄門戶訪誰傳。《十七帖》云：「樵周有孫，高尚不出，今為所在，其人有以副此志不？」王弘撰《十七帖述》：「名秀，字玄彥。」此云樵玄，即秀也。**還家杜宇三更夢，寄遠菖蒲十樣箋。此去壯遊何所恨，思君長問楚江船。**

寄懷陳直方直方名容永，順天甲午舉人。相國之遽子，公壻也。《文集》：「相國謫瀋陽，取最少子從。其二在南，獨留直方京師，饋醫藥，通音問。相國疽發背，直方孱然少年，從一醫一童子出關，踔千里絕跡無人地，以省其父。已而相國召入，再以他事下請室，直方在外舍，未就執，得以其身變服省視，塗炭奔走，見者殆不復識。獄讞，全家徙遼左，直方右目眇，於律得贖，乃株送者盡室在南，部檄屢〔註 9〕不前。居兩月，有後命，直方竟與諸兄弟同遣焉。」

漢法三冬繫，秦關萬里流。可憐諸子壯，不料闔門收。要路冤誰救，寬恩病獨留。羈棲騎瘦馬，風雪阻他州。

百口風波大，三生夢寐真。膏粱虛早歲，辛苦得前身。《見聞錄》：「陳容永與閩汀黎媿曾北場甲午同門。一日，謂媿曾曰：『吾恐不能數面子。』媿曾駭問之，曰：『予知四世事。初為蜀通判子，再世為王孫，三世為京師竹林寺僧。一日放參，有婦女群過，偶一目之，遂墮落至此。雖為宰相子，數當早死，否則必罹兵厄。』未幾，果戍死。」**索米芒鞋雪，傭書布帽塵。不知公府掾，可識路旁人。**

萬事偶相值，愁中且遣家。江山俄轉戰，妻子又天涯。客酒消殘漏，軍書過落花。出門翻自笑，安穩只龍沙。

時世高門懼，似君誠又稀。何辜憂並坐，即免忍先歸。苦語思持滿，《文集》：「當相國父中丞公初以婚請，余難之曰：『陳氏世顯貴，庸我耦乎？』其言二十五年而驗。」**勞生羨息機。向來兄弟輩，裘馬自輕肥。**《文集》：「陳氏子弟皆厚自封殖，直方無私才。」

〔註 9〕楊學沆本此處有「催」。

織婦詞志織造也。見前七律詩。

黃繭繅絲不成匹，停梭倚柱空太息。少時織綺貢尚方，官家曾給千金直。孔雀蒲桃新棣改，異繡奇文不追識。《盧氏雜記》:「盧氏子逆旅逢一人，世織綾錦，云：如今花樣與前不同，伎倆兒以文緣求售者，不重於世，且東歸去。」桑枝漸枯蠶已老，中使南來催作早。齊紈魯縞車班班，西出玉關賤如草。黃龍袱子紫橐駞，千箱萬疊奈爾何。

哭中書趙友沂兼柬其尊甫洞門都憲洞門名開心，歷官尚書。〔註10〕

長沙才子九江船，御史臺西月正圓。兩省親朋歡笑日，一官詩酒亂離年。朱樓有淚看楊柳，白髮無家聽杜鵑。太息賈生歸未得，湘花湘草夕陽邊。

假寐得月

滅燭貪涼夜，窗陰夢不成。雲從閉目過，月向舉頭生。樹黑添深影，溪長耐獨行。故人多萬里，相望秪盈盈。

贈學易友人吳燕餘燕餘，常熟人。許旭《秋水集》:「燕餘杜門注《易》，捃拾自資。今日之承宮也。為墨吏所辱，抱恨而死。」〔註11〕此詩正歎恨其事。

風雨菰蘆宿火紅，胥靡憔悴過牆東。吞爻夢逐虞生放，端筴占成屈子窮。縱絕三編身世外，橫添一畫是非中。道人莫訝姚平笑，六十應稱未濟翁。《秋水集》:「燕餘時年六十有四。」故梅村詩中有此稱。

注就梁丘早十年，石壕呼怒篳門前。范升免後成何用，寧越鞭來絕可憐。人世催科逢此地，吾生憂患在先天。從今郭上田休種，簾肆無家取百錢。

苦雨《齊民月令》:「白露後雨，謂之苦雨。」

響苦滴殘更，愁中耳倍明。生涯貪舊業，天意誤躬耕。乞火泥連屋，輸租潦滿城。誰家歌舞宴，徹曉不聞聲。

〔註10〕眉批：《今世說》:「洞門為御史大夫，車馬輻輳。及罷歸出國門，送者纔三數人。尋召還，前去者復來。獨吳園次不以欣戚改觀。友沂早世，洞門以痛子沒於客邸，兩孫孤立。園次哀而賑之，撫其幼者，字以愛女。」

〔註11〕眉批：墨史，指常熟令瞿四達，後為巡按秦公世楨參治，下獄死。

遣悶

烋風泠泠蛩唧唧，中夜起坐長太息。我初避兵去城邑，田野相逢半親識。扁舟遇雨煙村出，白版溪門主人立。雞黍開樽笑延入，手持釣竿前拜揖。十載鄉園變蕭瑟，父老誅求窮到骨。一朝戎馬生倉猝，婦人抱子草間匿。津亭無船渡不得，「一朝戎馬」以下，謂順治十六年海上之變，州人荒遽避亂，莫知所託，故追思前者遠適礬清湖之事也。仰視烏鵲營其巢。天邊矰繳猶能逃，我獨何為委蓬蒿。搔首回望明星高，雞既鳴矣升高堂。問我消息來何方，欲語不語心彷徨。當年奔走雖茫茫，兩親筋力走風霜。上有王母方安康，下有新婦相扶將。小妹中夜縫衣裳，百口共到南湖莊。只今零落將誰望，出門一步紛蜩螗，十人五人委道旁。去鄉五載重相見，江湖到處逢征戰。一家未遂升平願，百年那得長貧賤。「問我消息來何方」，問寇之消息也。「去鄉五載重相見」，謂應召出山，補詹事，復以嗣母難歸也。此間歲月，用《行狀》考之自見。

人生豈不由時命，萬事憂愁感雙鬢。兄弟三人我衰病，齒牙落盡誰能信。疇昔文章傾萬乘，道旁爭欲知名姓。《復社紀略》:「辛未，公得會元，溫體仁搆飛語傾之，周宜興急以元卷進呈，烈皇帝手批『正大博雅，足式詭靡』八字，讒始不得行。」中年讀易甘肥遯，歸來擬展雲山興，赤城黃海東南勝。故園烽火憂三徑，京江戰骨無人問。愁吟獨向南樓憑，風塵咫尺何時定。鄭成功陷鎮江，知府戴可進等六人、副將高議等十四人皆降。紳士拒戰者，殲焉。故人往日燔妻子〔註 12〕，我因親在何敢死。憔悴而今困於此，欲往從之媿青史。

生男喜歡生女憐，嗟我無子誰尤天。傷心女七盡亡母，啾啾乳燕枝難安。先生九女，時尚止七。一血女淚啼闌干，舅姑嶺表無書傳。一女家破歸閭關，良人在北愁戍邊。更有一女憂烽煙，圍城六月江風寒。此所云三壻。一為王天植，王子彥瑞國子。子彥罷官不歸，見前。王昊《碩園集》亦有《爨涇叔自嶺南棄官歸阻兵未得抵家奉〔註 13〕懷》詩。一為陳直方相國之遴子。相國全家配邊，更有一女，謂歸洞城何氏者也。時贛州雖平，而金聲桓、王得仁亂江右，攻戰未息，故憂烽煙。使我念此增辛酸，其餘燈下行差肩。見人悲歎殊無端，攜

〔註 12〕「子」，底本無，據眉批「『往日燔妻子』，脫『子』字」補。
〔註 13〕「奉」，底本作空格，據《碩園詩稿》卷十七補。（國圖藏清康熙 42 年抄本）

手遊戲盈床前。相思夜闌更翦燭，嚴城鼓聲震林木。眾雛怖向床頭伏，搖手禁之不敢哭。

舍南春水成清渠，其上高柳三五株。草閣窈窕花扶疎，園有菜茹池有魚。蓬頭奴子推鹿車，藝爪既熟分里閭。忽聞兵馬來城隅，南翁北叟當窗趨。我把耒鋤心躊躇，問言不答將無愚。老大無成灌蔬壤，暫息干戈竊偃仰。捨之出門更何往，手種松杉已成長。

白頭儒生良自苦，獨抱陳編住環堵。身歷燕南遍齊魯，摩挲漆經觀石鼓。上探商周過三五，矻矻窮年竟奚補。岣嶁山頭祝融火，百王遺文棄如土。馬矢高於矍相圃，箋釋蟲魚付榛莽。寓言何必齊莊周，屬辭何必通春秋。一字不向人間留，亂離已矣吾無憂。

壽繼起和尚

故山東望路微茫，講樹秋風老著霜。不羨紫衣誇妙相，惟憑白足遍諸方。隨雲舒卷身兼杖，與月空明詩一囊。臺頂最高三萬丈，道人心在赤城梁。

過三峰蘗公話舊蘗公，詳後。《昭文縣志》：「三峰清涼禪寺額，為聖祖御書。重巖複嶺，嶔崟相屬，草木芳馨，不變貞萋。其寺未詳所始。萬曆時，高僧漢月改闢，遂為禪教祖庭。」

霜落千峰曳杖尋，筍輿衝雨過高林。埋書草沒松根史，洗鉢泉流石燈琴。《昭文縣志》：「興福寺臨破龍澗，松餘六朝，鐘賜唐代，氣象雄尊，結構古穆，諸寺之冠也。」

萬事幾經黃葉夢，三生難負碧潭心。《昭文縣志》：「破山有空心潭，以常建詩得名。」山童不省團圞話，林逋集：「可惜大雅志，意比小團圞。」〔註 14〕用高僧語錄：「大家團圞頭，聽說無生話。」催打溪鐘夜未深。

三峰秋曉〔註 15〕

曉色近諸天，霜空萬象懸。雞鳴松頂日，僧語石房煙。大石山房，見前。清磬秀群木，幽花香一泉。欲參黃檗義，便向此中傳。

〔註 14〕按：孟郊《惜苦》：「可惜大雅旨，意此小團欒。」林逋《林和靖集》未見此語。

〔註 15〕眉批：洪州王檗禪師，名希運，百丈山懷海法嗣也。幼於本州王檗山出家。後往石門參百丈。

題華山檗菴和尚畫像《明史》本傳：「熊開元，字魚山，嘉魚人。天啟五年進士。知崇明縣，調吳江。崇禎四年徵授吏科給事中。中官王應期監視關寧軍馬，疏爭，不納。王化貞久繫不決。化貞卒正法，尋貶秩。十三年，遷行人司副。會帝求言，開元請見德政殿，欲發輔臣周延儒罪，以其在側，不敢言，且補牘。兵部侍郎馮元飈責開元首輔多引賢者，首輔退，賢者且盡逐。開元意動。禮部郎中吳昌時，開元知吳江時所援士也，復致書言之。開元乃止述奏辭，不更及延儒他事。帝得奏大怒，令錦衣衛逮治。衛帥駱養性，開元鄉人也，次日即以獄上。帝益怒，命嚴訊開元，因盡發延儒之私。養性具以聞，帝乃廷杖開元，繫獄。十六年六月，延儒罷，言官多救開元者。明年，遣戍杭州。未幾，京師陷。福王召起吏科給事中，母艱不赴。唐王立，起工科左給事中，連擢太常卿、左僉都御史，隨進東閣大學士。乞假歸。汀州破，棄家為僧，隱蘇州之靈巖以終。」

清如黃鵠矯如龍，浩劫長揞不壞松。四國雞壇趨北面，千年雪嶺啟南宗。原注：西銘復社，漢月禪燈，皆師令吳江時身所興起。○西銘復社，謂張西銘，初為尹山大會，魚山實為社主也。《文集》：「法藏，字漢月，無錫蘇氏子。自謂得心於高峰，得法於覺範，得源流於金粟悟和尚，而其始終加護者，則在覺範之綱宗。綱宗者，全提五家宗旨，而於臨濟則一句分明之中，有玄有要，賓主歷然，因著《五宗原》，世所稱三峰禪者也。」湯顯祖《玉茗堂集·五燈會元序》：「迦葉拈花，別開一路，持衣示信，秖因此土文習業深，因緣依文不捨，故其五葉兒孫，惟用一翻字法門，掃除文鄣，直指心地，其於文字蓋亦無幾矣。而見色聞聲，見聞為倚，至臨濟，棒唱一施，生死本除，既已搗穴焚巢，豈非祖家一快而狂慧一啟，直贗轉紛，不得已分其正偏，別其賓主，則云門法眼之苦心，而曹洞以來不失之家法也。若如溈仰父子，默相指授，以忠國師三十六字傳心，其事類漢、唐之護秦璽，實乃周、孔之守羲畫耳。既使文字之徒無處住足，亦令棒喝之流無從下口。玄法至此，辨統益嚴，究其指歸，要不過一直指心地�門而已。」〔註 16〕**江湖夙世歸梅福，經卷殘生繼戴顒。評論總銷隨諫草，故人已隱祝融峰。**原注：繼公隱南嶽，檗公本師也。

西南天地歎無歸，漂泊干戈愛息機。黃檗禪心清磬冷，白雲鄉樹遠帆微。《現果隨錄》：「撫州踈山白雲寺，為匡仁祖師道場，寺中異事甚眾。」**全生詔獄同官在，**原注：指姜如農。**乞食江城故老稀。**原注：松陵。**布衲綻來還自笑，篋中血裹舊朝衣。**結句謂熊公所著《擊筑餘音》。

〔註 16〕眉批：《三岡識略》：「道忞，字木陳，曾主天童法席。出院後，費隱通公刻書聲其罪。三峰漢月禪師，木陳之兄也，刻有《五宗原》一書。木陳隨著《五宗闢》，詞極呵詈。漢月門人復作《五宗救》以正之。」

偕顧伊人晚從維摩踰嶺宿破山寺顧伊人、破山寺，俱已見前。《常熟縣志》：「維摩禪寺，在虞山上。宋隆興元年，僧法運建，舊名石室維摩菴。有石井，名湧泉。淳熙三年，丞相曾懷請為功德院，賜額顯親資福禪院。洪武中，僧壽松重建，賜今額。」

樹老不言處，秋深無事中。雲根僧過白，霜信客來紅。樵語隔林火，茶煙小院風。杳然松下路，人影石橋東。

維摩楓林絕勝則公獨閉關結足出新詩見示《州乘備採》：「則公名華通，太倉人。出家靈隱，為具德和尚弟子。曾主席雙鳳鎮之法輪寺。」

遇賞只枯坐，秋林自著霜。道心黃葉澹，勝事白雲忘。澗水通茶竈，山花對石床。靜中幽思足，為我出詩囊。

夜發破山寺別鶴如上人

得來松下宿，初月澹相親。山近住難定，僧高別更真。暗泉隨去馬，急葉捲歸人。過盡碧雲處，我心慚隱淪。

高涼司馬行原注：贈孫孝若。○《昭文縣志》：「孫魯，字孝若，號沂水，朝肅子。順治壬辰進士，授衢州司李，量移高州同知，缺裁，補紹興，陞知大同府。地邊徼，俗樸僿，以禮讓化之。值三藩叛逆，邊鎖告嚴，魯慎固封守，兵民安堵。母老，請終養歸。」此蓋送其同知高州耳。《一統志》：「高州，古越地，秦屬南海郡。漢曰高涼，三國吳曰高興。」《據梧齋塵談》：「俗以同知為司馬，本沿唐人刺史司馬之稱，然唐人知其不與，時以隱語別之。」《耳目記》：「唐武宗時，真定縣宰李尚以守梨樹不謹，曾風折一枝，降為冀州典午。」

高涼司馬才如龍，眼看變化疇人中。豪華公子作能吏，刻苦不與尋常同。十年太末聲名好，《一統志》：「衢州，春秋越西鄙姑蔑地，秦曰太末。」**隨牒卑車向嶺表。猿嘯天邊雁北飛，相思不斷如春草。官清喜得鄉園近，載米嘗聞上山郡。此去雖持合浦珠，炎洲何處沽佳醞。君今萬事隨雙屐，浮蹤豈必嗟行役。婚嫁初完身計空，掉頭且作天涯客。江南賦稅愁連天，笑余賣盡江南田。京華權貴書盈寸，笑余不作京華信。平生聲伎羅滿前，襆被獨上孤蓬船。到日蘭芽開百本，飽啖荔枝寧論錢。故舊三人腸幾轉，白頭老輩攤吟卷。王宰丹青價自高，周郎酒興愁來減。**王謂王石谷翬，周謂周孝逸雲驤也。《文集》：「余贈孫孝維詩，有『曲江花落悟浮名』句，蓋指扶桑也。吾友周孝逸歸自尚湖，攜諸子唱和之作，感舊論心，纏綿側愴。」《確菴文稾》：「孝逸所居遼園，故琅琊舊宅，日焚香灑埽，讀書其中。為人原本忠孝，不畏彊禦。所著古文辭，激昂慷慨，有龍泉、太阿斷蛟剌犀之概。」**三衢橘柚廣州柑，夢遶江南與海南。吾谷霜楓回首處，錯認桄榔是鄉樹。**

贈張以韜來鶴詩《昭文縣志》:「張文鉞，字以韜，新安人。好聚書畫。有白鶴下庭不去，因顏其堂曰來鶴。」《名人題詠》:「子道濬，字廷先。學晉人書，鼓琴畫竹，翛然脩潔之士。」

草聖傳家久著聞，斗看孤寓下層雲。路從蓬島三山遠，影落琴川七水分。自是昂藏矜鳳侶，休數嫉妬報雞群。春風一樹梅花發，耐守寒香孰似君。

題畫

澤潞千山遶訟堂，江程到日海城荒。王郎妙手驅名勝，廳壁雲生見太行。

八詠樓頭翠萬重，使君家傍洞門松。不知尺許蒼茫裏，誰是雙溪第一峰。

臺池蕭瑟故園秋，庾嶺朱輪感昔遊。文采尚存先業廢，紙窗風雨寫滄洲。〔註 17〕

太守囊唯賣畫錢，琴書長在釣魚船。長官近欲知名姓，築屋江村擬種田。

題海虞孫子長七十壽圖《昭文縣志》:「孫永祚，字子長，號雪屋。崇禎乙亥，援貢授推官，弗赴。隱居教授，從學者傾郡縣。每語弟子曰:『文章事業，不從五倫中出者，猶為無本之學。』身長八尺，鬚眉如畫。雖居閒處，獨氣體肅然。品行端潔，穿貫經史，著古文詩賦甚富，有《夜氣箴》、《雪屋集》。」

春秋注就授生徒，虞仲祠前一老夫。烏几看雲吟箘閣，布帆衝雨醉菱湖。空山撫操彈三峽，故國興懷賦兩都。同輩半非身健在，為誰寫入煉丹圖。原注:虞有徐神翁煉丹處。

觀蜀鵑啼劇有感並序○此詩書贈嶼雪，時多題跋，《西堂雜組》所載其一也，茲不錄。

〔註 17〕眉批：此首似題王廉州畫。

《蜀鵑啼》者，丘子嶼雪為吾兄成都令志衍作也。《昭文縣志》:「丘嶼雪，名園，常熟人，東海侯岳之後。隱居塢丘，跌盪不羈，縱浪詩酒。善度曲，被新聲，《蜀鵑啼》外，又有《歲寒松》諸樂府，皆有元人之遺。」志衍一官遠宦，萬里嚴裝。愛弟從行，故人送別。上游梗塞，盡室扶攜。既舍水而登山，甫自滇而入蜀。北都覆沒，西土淪亡。身殉封疆，家罹鋒鏑。嗚呼！三十六口，痛碧血之何存；一百八盤，招遊魂而莫反。無兒可託，有弟言歸。竄身荊棘之林，乞食獨猓之俗。望蠻煙而奔走，脫賊刃以崎嶇。恥趙禮之獨全，赤眉何酷；恨童烏之不免，黃口奚辜。《婁東耆舊傳》:「述善，字事衍。年甫冠，從兄宦成都。志衍知不可守，謀寄孥雅州，以長子孫慈為託。雅州守王國成素與賊通，凡王府縉紳眷屬在境中者，盡報賊，囚送成都。公家三十六口悉在行中。事衍踰垣得脫，匿一祠中，少定，乃緩步而前。人以其無遽色，不致詰，藏伍伯裘姓家。既廉，知舉家被難狀，唯不見孫慈，冀萬一得全。賊虐甚毒，乃他竄，宵行晝夜伏，齧草飲泉，雖隆冬，無寸綿蔽體，手足瘃裂。變姓名為傭，賣屨自給，萬死間關，得還桑梓。」爰將委巷之謳，展作巴渝之舞。庾子山之賦傷心，時方板蕩；袁山松之歌行路，聞且欷歔。余也老逐歡遊，閒逢浩唱，在中年早傷於哀樂，況昔夢重感乎交朋。豈獨伍相窮來，憐者有同聲之歎；遂使雍門曲罷，泫焉如亡邑之人。瞻望兄兮猶來，思悲翁而不見。蘭堂客散，金谷詩成。非關關伎之吟，聊當懷人之什爾。

花發春江望眼空，杜鵑聲切畫簾通。親朋形影燈前月，家國音書笛裏風。百口悔教從鳥道，一官催去墮蠶叢。雪山盜賊今何處，腸斷箜篌曲未終。

江闊蕭瑟片帆留，策馬俄成萬里遊。失計未能全愛子，《婁東耆舊傳》:「事衍於乙酉春夏間，南走汭津，北奔劍閣，時往來成都，冀遇孫慈。後得郫縣傅某信云：初為偽相汪某、偽將王某所匿，兩人見年紉，憐之，欲養為子。後慮事泄，告獻賊，並殺之。」端居何用覓封侯。雲山已斷中宵夢，弦筦猶聞舊日樓。所謂五桂樓也。二月東風歌水調，鶺鴒原上使人愁。

平生兄弟劇流連，高會南樓盡少年。《確菴文稿》:「其入蜀也，置酒張樂，伶工奏精忠樂府，音節悲壯，座客人人泣下。」往事酒杯來夢裏，新聲歌板出花前。青城道士看遊戲，白髮衰翁漫放顛。雙淚正垂俄一笑，認君真已作神仙。原注：劇中志衍兵解仙去。

過盡蠻江與瘴河，還家有弟脫兵戈。《婁東耆舊傳》：「事衍圖東歸，而語雜吳蜀，頻遭詰，且土盜侵掠，不能出境，復逃入邛州孫孝庫家。孝廉別號飛谷，前江南督學孫六老之子，有北海、賓石之風，匿之別室，後偕逃入天全六番，得以不死。顛沛共四年，扶服萬里，趼足而歸。」**狂從劇孟千場博，老愛優旃一曲歌。紅豆花開聲宛轉，綠楊枝動舞婆娑。不堪唱徹關山調，血涴遊魂可奈何。**《婁東耆舊傳》：「事衍彷蕭氏亂離之志，敘蒙難始末，人呈一通，且云：成都一大都會，富麗甲天下。一旦城郭盡圮，白骨山積，所屬三十餘縣人民盡殲。再過其地，唯見鬼燐血跡，荒煙蔓草而已。」

觀王石谷山水圖歌《昭文縣志》：「王翬〔註18〕，字石谷，號畊煙子。幼摹一二名蹟，王廉州鑑一見奇之，與奉常時敏邀致西田別墅，盡發所藏，相與探尋，業益進，名益起。常奉詔繪南巡圖，一時公卿題贈，卷軸如牛腰。年逾八十，猶盤薄不衰，四方爭走金幣，冀獲其真者。」

世間勝事誰能識，兵戈老盡丹青客。真宰英靈厭寂寞，江山幻出王郎筆。王郎展卷閒窗淨，良久呼之曾不應。剪水雙瞳鎮日看，側身似向千峰進。一時儒雅高江東，氣韻吾推里兩翁。里兩翁，謂王奉常遜之、王康州玄照也。見《畫中九友歌》。以下皆敘兩翁之畫。原石谷畫之所師承。**師授雖真肯沿襲，後生更自開蠶叢。取象經營巧且潔，豐神點拂天然中。頓挫淋漓寫胸臆，研精毫髮摹宗工。**此宗工指王叔明蒙。**廣陵花月扁舟送，貴戚豪華盛供奉。不惜黃金購畫圖，好奇往往輕南宋。妙手裝潢伎絕倫，殘縑斷墨俄飛動。闔閭城下收藏家，誅求到骨愁生涯。僅存數軸用娛老，載去西風轡鹿車。**此語公自謂。**君也侯門蹴珠履，**此下入石谷。**晴日湘簾憑畫几。奕罷雙童捧篋來，狎客何知亦諂美。笑持茗椀聽王郎，鑒別妍媸臻妙理。作者風流異代逢，賞心拊掌王孫喜。枉買青娥十萬錢，移人尤物唯山水。王郎馳譽滿通都，軟裘快馬還東吳。道邊相識半窮餓，致身猶是憂妻孥。羨君人材為世出，盛年絕藝須難得。好求真訣走名山，粉本終南兼少室。攬取荊關入手中，**王概《學畫淺說》：「畫有南北二宗。南宗則王摩詰始用渲淡，一變鉤斫之法，其傳為張璪、荊浩、關仝、郭忠恕、董源、巨然、米氏父子，以至元之四大家，亦如六祖之後馬駒、雲門也。」又曰：「自唐宋荊、關、董、巨以異代齊名，成四大家。後李唐、劉松年、馬遠、夏珪則為南渡四大家，趙孟頫、吳鎮、黃公望、

〔註18〕「翬」，底本誤作「暈」，據楊學沆本改。

王蒙為元四大家。」**歸帆重補煙江色。**謂煙江疊都圖也。**諸侯書幣迷深處，搦管松根醉箕踞。絹素流傳天壤間，白雲萬里飛來去。**

題王石谷畫

綠樹參差倚碧天，波光瀲灩尚湖船。煙巒自遶王維墅，不必重參畫裏禪。

初冬景物未蕭條，經葉青山色尚嬌。一幅天然圖畫裏，維摩僧寺破山橋。

題錢黍穀畫蘭原注：為袁重其禖祝。〇黍穀，名朝鼎，常熟人，受之宗也。擢進士，官大理寺正卿。《確菴文稿》：「黍穀家虞山之麓，有樓三楹，軒窗闌楣，與山相接，以趙松雪所書山滿樓額，額其楣卷。谷雅善鼓琴碁畫香草，作正書，其多藝有如此者。」袁重其，名駿，蘇州人，有孝行。州人錢右尊之妻父。右尊，名壘，康熙辛酉科舉人。

謝家燕子鬱金堂，玉樹東風遶砌長。帶得宜男春鬬草，眾中推讓杜蘭香。

北堂萱草戀王孫，膝下含飴阿母恩。錯認清郎貪臥雪，生兒強比魏蘭根。

許九日顧伊人和元人齋中雜詠詩成持示戲效其體元人楊載集有《東陽十題詩》，此八體外，合《敗裘》、《臥鐘》為十也。

焦桐

流落中郎怨，薰風意乍開。向因知己出，歌為逐臣哀。一曲尊前奏，千金爨下材。漢家忘厝火，絕調過江來。

蠹簡

飽食終何用，難全不朽名。秦灰招鼠盜，魯壁竄𩵋生。刀筆偏無害，神仙豈易成。都留殘闕處，付與豎儒爭。

殘畫

原自無多筆，年深色便凋。茶煙沖雨過，竹粉遇風飄。童懶犀從墮，兒頑墨誤描。六朝金粉地，落木更蕭蕭。

舊劍

此豈封侯日，摩挲憶往年。恩仇當酒後，關塞即燈前。解去將誰贈，輸來不值錢。不逢張壯武，辜負寶刀篇。

破硯

一擲南唐恨，拋殘剩石頭。江山形半截，賓玉氣全收。洗墨池成玦，窺書月仰鉤。記曾疏闕失，望斷紫雲愁。

廢檠

憶曾同不寐，棄置亦何心。喜伴疎窗冷，愁添老屋深。書將鄰火映，夢共佛燈沉。莫歎蘭膏燼，應無黠鼠侵。

塵鏡

舉目風塵暗，全遮皓魄輝。休嗟青鏡改，憐我白頭非。秦女粧猶在，陳宮淚乍揮。不知徐孺子，負局幾時歸。

斷碑

妙蹟多刓缺，天然反失真。銷亡關世代，洗刷見精神。搨處懸厓險，裝來斷墨新。正從毫髮辨，半字亦先秦。

送贛州曾庭聞孝廉移家寧夏曾畹，初名傳燈，字楚田，後改名畹，字庭聞，江西寧都人。順治丁酉舉人。弟傳燦，字青黎，著有《止山集》。

十年走馬向天涯，回首關河數暮鴉。大庾嶺頭初罷戰，賀蘭山下不思家。《箕城雜綴》：「賀蘭山，在寧夏城西六十里，高出雲表，延亙六百餘里。山上多青白草，望如駁馬。夷人呼駁馬為賀蘭，故名。有賀蘭部落駐牧山後。其地甚廣，與青海西羌相接。」詩成磧裏因聞雁，書到江南定落花。夜半酒樓羌笛起，軟裘衝雪踏鳴沙。

贈何匡山《嘉定縣志》：「何平，字匡山，嘉定人。由順天籍中崇禎庚辰進士，知高密縣。歷儀制司主事、江寧分巡福建督糧道、布政司右參議。」

早年納節臥滄浪，回首風塵鬢髮蒼。陶令軍營姑熟口，原注：大兵收溧陽，參其軍事。謝公遊墅石門莊。原注：後僑寓溧陽，太白所謂石門精舍即其地。○按：石門莊即石屋山，傳歐冶子鑄劍處也。山田種後輸常稅，海國歸來認故鄉。原注：何本疁城人，今歸。二月村居春雨足，官梅花發為何郎。

賦得西隱寺古松原注：次葉訒菴韻贈陸翼王。○《嘉定縣志》：「西隱寺在縣西北清境塘。上元泰定元年，僧悅可建大雄殿，前羅漢松二株相對，大可合抱，不甚高，而枝榦奇古如鐵石，蓋三四百年物。今殿毀，松榮茂如故。」葉訒菴，名芳藹，崑山人。順治乙未進士，由翰林歷官刑部侍郎、大學士。卒，謚文敏。陸翼王，名元輔，號菊隱，嘉定人。黃蘊生門人。蘊生殉義，翼王為葺其遺集。

誰將東海月，掛在一株松。鄭元祐《僑吳集·題西隱寺古松詩》：「月到中庭開碧落，星從南極上滄溟。千年一息那伽定，長結慈雲擁帝青。」此起句用其語。**偃蓋荒祠暗，槎牙蘚石封。寒生高士骨，瘦入定僧容。絕頂危巢鶴，奔枝礙壁龍。盤根供客踞，掃葉認仙蹤。風寂吹常謖，泉枯灑若淙。性孤千尺傲，材大百年傭。葛相堪同臥，秦皇恥再逢。鹿芝香作供，鶴草錦成茸。影出層雲外，霜天落曉鐘。**性孤以下則比也。

讀陳其年邗江白下新詞陳其年，名維崧，宜興人。父定生，名貞慧，見前贈詩。其年以諸生應己未博學宏詞試，授檢討。其《烏絲詞》至一千八百餘首之多，從來所未有。

漫寫新詞付管絃，臨春奏妓已何年？笑他狎客無才思，破費君王十萬錢。《池北偶談》：「金陵丁胤嘗與余遊祖堂寺，憩呈劍堂，指示余曰：『此阮懷寧度曲處也。』阮於此山每夕與狎客飲，以三鼓為節，客倦罷去。阮挑燈作傳奇《燕子箋》、《雙金榜》、《獅子賺》，皆成於此。」《韻石齋筆談》：「阮圓海所度《春燈謎》、《牟尼合》諸樂府，音調旖旋，情文旖旎，而憑虛鑿空，半是無根之謊。」

鈿轂珠簾燕子忙，宮人斜畔酒徒狂。阿麼枉奏平陳曲，水調風流屬窈娘。

落日青溪載酒時，靈和垂柳自絲絲。沈郎莫作齊宮怨，唱殺南朝老妓師。

冶習春來興未除，豔情還作過江書。長頭大鼻陳驚坐，白袷諸郎總不如。

詠柳原注：贈柳雪生。

走馬章臺酒半醒，遠山眉黛自青青。輸他張緒誇年少，柳宿旁邊占小星。原注：柳、星、張三宿同度。

十五盈盈擅舞腰，無言欲語不能描。武昌二月新栽柳，破得工夫鬪小喬。原注：時有喬姬，亦擅名。

萬條拂面惹行塵，選就輕盈御柳新。枉自穆生空設醴，可憐青眼屬誰人？原注：穆君初與雲遇，為畫眉人所奪。○雲當是雪生名，或即是雪字。畫眉人姓張者也，故前首有張緒云云。

玉笛聲聲喚奈何，柳花和淚落誰多？灞橋折贈頻回首，惆悵崔郎一曲歌。原注：崔郎，主人歌童也。

題沙海客畫達摩面壁圖

松風拂拂水泠泠，參得維摩止觀經。從此西來真實義，掃除文字重丹青。

題二禽圖

舊巢雖去主人空，剪雨捎風自在中。卻笑雪衣貪玉粒，羽毛憔悴閉雕籠。

雜題

白袷春衣繫隱囊，少年吹笛事寧王。武昌老者如相問，翻得伊州曲几行？敬亭、崑生而外，又有此人。

送錢子璧赴大名〔註 19〕

錢穀，字子璧，華亭人。詩有《後江集》。赴大名，客成相國基命家也。

一騎衝寒雪，孤城叫晚鴉。參軍雄鎮地，上客相公家。酒盡河督合，燈殘劍影斜。信陵方下士，旅思莫興嗟。

吳梅村詩箋卷十終

〔註 19〕眉批：大名成化字仲謙，成相子也。有《送錢子璧師南歸》詩。《明史・成基命傳》：「字靖之。崇禎二年，拜禮部尚書兼東閣大學士。」

吳梅村詩箋　卷第十一

鶴市迓亭程穆衡　輯

古近體詩八十九首起庚子，盡丙午。

送杜公弢武歸浦口弢武名文煥。《臥龍山人集》：「杜公以大將起家榆林，而其先固崑人也。易姓後，因居於崑。未幾，往浦口依其故部曲，移書告別，言辭悽楚。」

將軍威名著關隴，紫面虯髯鋒骨竦。西州名士重人豪，北地高門推將種。起家二十便登壇，氣壓三河震百蠻。夜半旌旗度青海，雪中笳鼓動蕭關。當時海內稱劉杜，死事忠勳君叔父。《明史・杜桐傳》：「桐字來儀，自偏裨至大帥，積首功至十千八百，時服其勇。弟松，字來清，有膽智，勇健絕倫。由舍人從軍，累官至山海總兵。萬曆四十七年七月，與大清兵戰於畍亢山旁吉林厓，敗沒於陣。」《幸存錄》：「經略楊鎬發紅旗催戰，杜松至渾河，未盡渡，伏兵起，火藥利器俱在後，水大至，松登山巔呼飲，飲已出戰，不能支殲焉。劉綎深入，營亦堅，敵假松換幟，馳報召之，劉起營而騎闌入，不復可止，綎與其下俱戰死。」**黃砂磧上起豐碑，李氏功名何足數。**謂成梁諸子如松、如樟、如梅、如柏輩也。高士奇《扈從東巡日錄》：「廣寧城南廬舍略存，城北皆瓦礫，惟李成梁石牌樓尚在。」按：渾河之戰，明四路進兵，李如柏獨全師而遁，故云。**君為猶子有家風，都護防秋杖節同。白帝傳峰移劍外，黃巾聞警出榆中。功敗垂成謀不用，十年心力堪悲痛。只今天地滿風塵，餘生淪落江南夢。**《明史・杜桐傳》：「桐子文煥，由蔭敘歷延綏副總兵，屢敗寇。西路沙計盜邊，為文煥所敗，遂納款。火落赤諸部落，獻罰九九。九九者，部落中罰駝馬牛羊數也。已，沙計又伏兵沙溝，誘殺都指揮王國安，犯雙山堡，復犯波羅。文煥擊破之，追奔二十餘里。套寇屢不得志，相繼納款，延綏遂少事。尋以疾歸。天啟元年，再鎮延綏。奢崇明圍成都，令文煥往救。尋擢總理，盡統川、貴、湖廣軍。度不能制賊，謝病去。」**江南煙雨長菰蒲，蟹舍魚莊家有無。醉裏放歌衰鬢短，狂來搖筆壯心蘇。自言少年好詩酒，學佛求仙徧師友。床頭真訣幸猶存，肘後陰符復何有。嗟余憔悴臥江潭，騎省衰傷初未久。君來一見即論文，謂結婚姻商不朽。蹉跎此意轉成空，自恨愆期負若翁。**〔註 1〕**非是雋君辭霍氏，終然丁掾感曹公。**公配鬱孺人卒於丙申，此當是丁酉、戊戌間事。詩意懷舊追述之。**此後相逢輒悲歎，秦關何處鄉書斷。苦憶江南欲住難，羈棲老病無人看。三經出塞五專征，**《杜桐傳》：「文煥坐廷綏失事罪，戍邊。天啟七年，起鎮寧夏。寧、錦告急，詔馳援，俄令分鎮寧遠。崇禎三年，署延鎮事，兼督固原軍。四年，御史吳甡劾其殺延川難民冒功，下獄褫職。十五年，用總督楊文岳薦，以故官討賊。子弘域歷延綏副總兵，代父鎮寧夏，積資至右都督總兵。」**一卷詩書記姓名。奴僕旌旄多甲第，親朋兵火剩浮生。重向天涯與我別，憑闌把酒添嗚咽。煙水蘆花一雁飛，回頭卻望江南月。**

八風詩並序

余消夏小園，風壒然而四至。雖泠泠可以析酲已疾，而淒其怒號，不能無爰居之思，避其庶人之雌風乎？聊廣其意，作為此詩。莊別寓言，沈謝作賦，庶以鳴候蟲而諧比竹。若云竢諸輶軒，則此不足採也。唯《西風》一首敘事寫哀最明顯，餘不盡寓意也。

東風

汴水楊花撲面迎，飄飄飛過洛陽城。陶潛籬畔吹殘醉，宋玉牆頭送落英。油壁馬嘶羅袂舉，綠塘波皺畫簾聲。獨憐趙後身輕甚，斜倚雕闌待月生。

南風

玉尺披圖解愠篇，相烏高指越裳天。終南雲出松檜嚮，雙闕雨飛鈴索懸。師曠審音吹不競，鍾儀懷土操誰傳。九疑望斷黃陵廟，曾共湘靈拂五絃。

〔註 1〕眉批：《臥龍山人集》：「杜公之去也，年已八十矣，疾病依人，無聊失職，不久化去。」

西風

落日巴山素女秋，梧宮蕭瑟唱涼州。白團掌內恩應棄，絳蠟窗前淚未收。隴阪征夫蘆管怨，玉關思婦杵聲愁。可堪益部龍驤鼓，獵獵牙旗指石頭。

北風

萬里扶搖過白登，少卿書斷雁難憑。蕭梢駿尾依宛馬，颯爽雄姿刷代鷹。野火燒原青海雪，沙驚擊面黑河冰。愚公墐戶頭如蝟，傳道君王獵霸陵。

東南風

紫蓋黃旗半壁中，斗牛斜直上游通。漫分漢沔魚龍陣，須仗江湘烏鵲風。捩柁引船濡口利，禡牙揮扇赭圻功。試看片刻周郎火，一捲〔註2〕曹公戰艦空。原注：《〈三國志・周瑜傳〉注》：「黃蓋取輕艦十舫，載燥荻枯柴，建旌旗於上。時東南風急，同時發火，燒盡北船，曹公退走。」

西南風

武帝雄圖卬筰開，相如馳傳夜郎回。巴童引節旌旄動，僰馬隨車塵土來。堯女尚應愁赭樹，原注：《史記》：「秦皇西南渡淮水，浮江至湘山祠，逢大風，幾不得渡。知是堯女，使刑徒伐湘山樹，赭其山。」楚王從此怕登臺。小臣欲進乘槎賦，萬里披襟好快哉。

東北風

飛廉熛怒向人間，徐福求仙恨未還。萬乘雨休封禪樹，原注：《史記・封禪書》：「始皇上泰山，遇暴風雨，休於大樹下。」八神波斷羨門山。原注：《史記》：「三神山在渤海中，患且至，則風引船而去。始皇時，方士皆以風為辭，八神皆至，在齊北。成山斗入海，最居齊東北隅。」蕭蕭班馬東巡海，發發嚴旌北距關。錯認祖龍噫氣盛，蓬萊咫尺竟誰攀。

西北風

沛宮親作大風歌，往事彭城楚奈何。身陷重圍逢晦冥，天留數騎脫干戈。原注：項王圍漢王三匝，大風從西北起，折木發屋，揚沙石，窈冥晝晦，楚軍

〔註 2〕「捲」，底本誤作「戰」，據眉批「一捲」改。

亂，漢王乃得遁去。**威加河朔金方整，地邊幽并殺氣多。好祭蚩尤禡風伯，飛揚長護漢山河。**

七夕即事順治十七年七月，皇貴妃董氏薨逝，即端敬皇后也。是年，貴妃先喪皇子。此詩前三首志其入宮之事，末章為帝子傷述。

羽扇西王母，雲軿薛夜來。鐵神天上落，槎客日邊回。鵲渚星橋迴，羊車水殿開。祇今漢武帝，新起集靈臺。

今夜天孫錦，重將聘洛神。黃金裝鈿合，寶馬立文茵。刻石昆明水，停梭結綺春。沉香亭畔語，不數戚夫人。

仙醞陳瓜果，天衣曝綺羅。高臺吹王笛，複道入銀河。曼倩詼諧笑，延年婉轉歌。江南新樂府，齊唱夜如何。

花萼高樓迴，岐王共輦遊。淮南丹未熟，緱嶺樹先秋。詔罷驪山宴，恩深漢渚愁。傷心長枕被，無意候牽牛。

七夕感事見前題。

天上人間總玉京，今年牛女倍分明。畫圖紅粉深宮恨，砧杵金閨瘴海情。南國綠珠辭故主，北邙黃鳥送傾城。憑君試問雕陵鵲，一種銀河風浪生。雕陵鵲，用《莊子》。

庚子八月訪同年吳永調於錫山有感賦贈王永調，名其騶。

廿載京華共酒尊，十人今有幾人存。原注：京師知己為真率會，今其人零落已盡。《文集》：「余同年進士在無錫者五人，吳君永調有足疾，引休，今秋以書來曰：五人者，唯吾在耳。」按：五人者，謂馬素修世奇、唐玉乳錫蕃、錢凝菴振先、王畹仲孫蘭及吳永調其騶也。素修以殉節，玉乳以疾，凝菴以兵，皆死。畹仲入本朝為兵備，道韶州，聞冠難逼，自經死。**多愁我已嫌身世，高臥君還長子孫。士馬孤城喧渡口，雲山老屋冷溪門。相逢萬事從頭問，樺燭三條照淚痕。**

杖藜何必遠行遊，抱膝看雲鶴氅裘。天遣名山供戶牖，老逢佳節占風流。干戈定後身還健，花月閒時我欲愁。莫歎勝情無勝具，亂峰深處看高樓。原注：永調有足疾。

黃花秋水五湖船，客鬢蕭騷別幾年。老去妻孥多下世，窮來官長有

誰賢。酒杯驅使從無分，書卷消磨絕可憐。賸得當時舊松菊，數間茅屋對晴川。

虛臺便闕信沉沉，話及清郎淚不禁。到處風波寧敢恨，僅存兄弟獨何心。南州師友江天笛，北固知交午夜玷。〔註3〕以上六句傷四人中三人不得良死也。從此溪山避矰繳，暮雲黃葉閉門深。

秋日錫山謁家伯成明府臨別酬贈《鞏帨卮談》:「吳伯成名興祚，本山陰吳大司馬之族，先世遷遼之清河，國初從龍起。父執忠，字匪躬，由幾縣令內陞御史，歷任福建、湖廣按察使。伯成始令萍鄉，再任大寧，後知無錫縣，丁母孟氏艱歸。後歷官福建巡撫，勦海寇鄭成功有功，調撫廣東，入為兵部尚書。」

吾家司馬山陰公，子弟變化風雲中。琱戈帶礪周京改，碣石關河禹穴通。《明史》本傳:「吳兌，字君澤，山陰人。嘉靖三十八年進士，由郎中遷湖廣參議。隆慶二年，擢右僉都御史，巡撫宣府。釋褐十三年得節鉞。前此未有也。時俺答初封貢，而昆都力、辛愛陰持兩端為患，兌有智計，操縱馴伏之。萬曆二年，推欵貢功，加右副都御史、兵部右侍郎。五年夏，總督宣、大、山西軍務。九年，復總督薊、遼、保定，兼巡撫順天。兌修義州城以備速把亥。明年春入寇，總兵李成梁擊斬之，詔進兌兵部尚書。」泰伯城頭逢季子，登高極目霜楓紫。七十煙巒笠澤圖，三千歲月勾吳史。遍觀易象與春秋，魯頌唐風費攷求。縞帶贈來同白璧，干將鑄就勝純鉤。此中盡說春申澗，草荒幸挌飛鳧雁。珠履何人解報恩。蒯緱枉自勤垂盻。黃初才子好加餐，季重翩翩畫省看。早負盛名遊鄴下，只今詩酒駐江干。江干足比梁園勝，追陪衰叟招枚乘。八斗君堪跨建安，一編我尚慚長慶。剡山東望故人遙，玉局金吾未寂寥。汗簡舊開都護府，蘭臺新插侍中貂。吳兌孫孟明蔭錦衣千戶，子邦輔襲職，亦理北司刑。邦輔與公雅故，故云玉局金吾，且稱故人也。都護府，謂總督薊遼。侍中貂，謂執忠曾陞御史也。《明史》:「孟明為錦衣千戶，佐許顯純理北司刑讞，汪文言頗左右之。顯純怒，誣孟明藏匿亡命，考訊削籍。崇禎初，起掌衡事。邦輔當崇禎末，姜埰、熊開元繫詔獄，帝欲置之死，邦輔故緩其獄。帝怒稍解，令嚴訊主使。邦輔略訊即上，二人由是獲免。」感君意氣從君飲，燈火松窗安伏枕。數枝寒菊映琴心，百斛清泉定茶品。歸家回首木蘭舟，鍾鼓高城暮靄收。最是九龍山下水，伴人離抱向東流。

〔註3〕眉批：林屋洞為天后真君之便闕。首句借仙境以言死也。南州師友，指李明睿。北固知交，指周廷鑨。

秦留仙寄暢園三詠原注：同姜西溟、嚴蓀友、顧伊人作。秦留仙，名松齡，號對巘，無錫人。順治乙未進士，官檢討。已，居林下十餘年。復舉博學宏辭，官編修。曾從軍湖北。姜西溟，名宸英，慈谿人。以古文名當世。未第時，薦入《明史》館，撰《刑法志》。己未，就宏博徵。後以薦入館，食七品俸。至年七十，丁丑科第三人及第。典己卯順天試。或發其私，入獄而卒。嚴蓀友，名繩孫。以布衣應己未宏博試，僅成省耕一詩而退。明年，添設日講官起居注，蓀友預焉。遷右中允。有墓田丙舍溪橋曰藕漁，因自號藕蕩漁人。所著有《秋水集》。兼善繪事。伊人，見前。

山池塔影

黛色常疑雨，溪堂正早秋。亂山來眾向，倒影漾中流。似有一帆至，何因半塔留。眼前通妙理，斜日在峰頭。

惠井支泉

石斷源何處，涓涓樹底生。遇風流乍急，入夜向尤清。枕可穿雲聽，茶頻帶月烹。只因愁水遞，到此暫逃名。

宛轉橋

斜月掛銀河，虹橋樂事多。花欹當曲檻，石礙折層波。客子沉吟去，佳人窈窕過。玉簫知此意，宛轉採蓮歌。

惠山二泉亭為無錫吳邑侯賦

九龍山半二泉亭，水遞名標陸羽經。《無錫縣志》：「九龍山在常州府城北，自孤陳山至此凡九嶺，故名。其在無錫者曰惠山，第二泉源出惠山石穴。陸羽品天下水味，此其第二，故名。又曰陸子泉。」寺外流觴何處訪，公餘飛舄偶來聽。丹凝高閣空潭紫，翠濕層巒萬樹青。治行吳公今第一，此泉應足勝中冷。

惠山酒樓遇蔣翁

桑苧誰來繼，名泉屬賣漿。價應誇下若，味豈過程鄉。故老空山裏，高樓大道旁。我同何水部，漫說撥醅香。

過錦樹林玉京道人墓並傳

玉京道人，莫詳所自出，或曰秦淮人，姓卞氏。知書，工小楷，能畫蘭，能琴。年十八，僑居虎丘之山塘。所居湘簾棐几，嚴淨無纖塵。

雙眸泓然，日與佳墨良紙相映徹。見客，初亦不甚酬對，少焉諧謔間作，一坐傾靡。與之久者，時見有怨恨色，問之，輒辭以他語。其警慧，雖文士莫及也。與鹿樵生一見，公自謂也。公所居曰鹿樵書舍。按：《列子》本作「覆之以蕉」，張湛《注》：「蕉與樵同。」遂欲以身許。酒酣，拊几而顧曰：「亦有意乎？」生固為若弗解者，長歎凝睇，後亦竟弗復言。尋遇亂別去，歸秦淮者五六年矣。久之，有聞其復東下者，主於海虞一故人。陸廷保。生偶過焉。尚書某公者錢受之。張具謀為生必致之，眾客皆停杯不御。已報曰：至矣。有頃，迴車入內宅，屢呼之，終不肯出。生悒怏自失，殆不能為情，歸賦四詩以告絕。見卷第三。已而歎曰：「吾自負之，可奈何？」踰數月，玉京忽至，有婢曰柔柔者隨之，嘗著黃衣作道人裝，呼柔柔取所攜琴來，為生鼓一再行，泫然曰：「吾在秦淮，見中山故第有女絕世，名在南內選擇中，未入宮而亂作，軍府以一鞭驅之去。吾儕淪落，分也，又復誰怨乎？」見前《聽卞玉京彈琴歌》注。坐客皆為出涕。柔柔莊且慧，道人畫蘭，好作風枝婀娜，一落筆盡十餘紙。柔柔承侍硯席間，如弟子然，終日未嘗少休。客或導之以言，弗應；與之酒，弗肯飲。踰兩年，渡浙江，歸於東中一諸侯。鄭建德，名應皋，號慈衛。不得意，進柔柔奉之，乞身下髮，依良醫保御氏於吳中。鄭欽諭，字三山，晚號初曉道人。以上皆錢《箋》。保御者，年七十餘，侯之宗人，築別宮資給之良厚。《文集》：「鄭氏自建炎南渡，武顯大夫有扈蹕功，賜田松陵。子孫習外家李氏帶下醫，遂以術著三山，於醫發揮精微，名乃益起。千里之內，鉅公貴遊，輜軿接跡，書幣交錯於庭，造請問遺無虛日。中廚日具十人之饌，高人勝流，明燈接席，評隲詩文書畫為樂。」侯死，柔柔生一子而嫁，錢《箋》：「柔柔生一子，記〔註 4〕三山，已而歸慈衛家，所寄箱篋衣裝悉為三山諸郎胠〔註 5〕之一空矣。慈衛之婿季聖猶為余詳之。聖猶，余丁酉副榜同年，今成進士。」所嫁家遇禍，莫知所終。錢《箋》：「柔柔所嫁袁大受。袁受禍，柔柔入官為俾。」按：大受字亦文，金壇人。順治己丑進士。〔註 6〕道人持課誦戒律甚嚴。生於保御，中表也，得以方外禮見。按：三山之兄為公叔祖田玉公諫壻。此云中表，俟考。道人用三年力，刺舌血為保御書《法華經》，既成，自為文序之，緇素

〔註 4〕「記」，楊學沆本作「託」。

〔註 5〕「胠」，楊學沆本作「劫」。

〔註 6〕眉批：順治十六年，海冠破鎮江，金壇搢紳罹禍至酷，大受亦與焉。

咸捧手讚歎。凡十餘年而卒，自庚寅至此十二年。墓在惠山祇陀菴錦樹林之原。〔註7〕後有過者，為詩弔之。

龍山山下茱萸節，泉響琮琤流不竭。但洗鉛華不流愁，形影空潭照離別。離別沉吟幾回顧，游絲夢斷花枝悟。翻笑行人怨落花，從前總被春風誤。金粟堆邊烏鵲橋，玉孃湖上蘼蕪路。油壁曾聞此地遊，誰知即是西陵墓。烏桕霜來照夕曛，錦城如錦葬文君。紅樓歷亂燕支雨，繡嶺迷離石鏡雲。綷樹草埋銅雀硯，綠翹泥涴鬱金裙。居然設色倪迂畫，點出生香蘇小墳。《西湖志餘》：「蘇小小墓，或云湖曲，或云江干。古調云：妾乘油壁車，郎跨青驄馬。何處結同心，西陵松柏下。今西陵乃在錢唐江之西，則云江干者近是。」按：上云油壁、西陵，皆用此。相逢盡說東風柳，燕子樓高人在否。枉拋心力付蛾眉，身去相隨復何有。玉京設歸公，亦柳如是之續矣。時絳雲已燬而柳沒，故以為比，而歎錢之枉心力也。獨有瀟湘九畹蘭，幽香妙結同心友。十色箋翻貝葉文，〔註8〕奇句。唐人所謂「駿奔皆露膽，麇至盡齊眉」也。五條弦拂銀鉤手。生死旃檀祗樹林，青蓮舌在知難朽。良常高館隔雲山，記得班騅嫁阿環。薄命只應同入道，傷心少婦出蕭關。袁大受，金壇人。良常山在金壇縣。杜光庭《洞天福地志》：「第三十二洞良常山，周迴三十里，名方會之天，在茅山東北。」紫臺一去魂何在，青鳥孤飛信不還。莫唱當時渡江曲，桃根桃葉向誰攀。以上八句皆傷柔柔之入官為婢也。

讀史有感八章一意，謂赤雲夾日之年，先有玄霜入月之變。按：《碩園集》：「庚子秋，皇貴妃董氏薨。辛丑正月，章皇帝上賓，貴妃數從行圍巡狩。己亥，浴於湯泉，是為端敬皇后。」餘見後詩。

彈罷薰弦便薤歌，南巡翻似為湘娥。當時早命雲中駕，誰哭蒼梧淚點多。

重壁臺前八駿蹄，歌殘黃竹日輪西。〔註9〕君王縱有長生術，忍向瑤池不竝棲。

昭陽甲帳影嬋娟，慚愧恩深未敢前。催道漢皇天上好，從容恐殺李延年。

〔註7〕眉批：祇陀菴在惠山下。
〔註8〕眉批：十色箋，見《薛濤傳》。
〔註9〕眉批：重壁臺，見《穆天子傳》。黃竹瑤池，同上。

茂陵芳草惜羅裙，青鳥殷勤日暮雲。從此相如羞薄幸，錦衾長守卓文君。

玉靶輕弓月樣開，六宮走動射雕才。黃山院里長生鹿，曾駕昭儀翠輦來。

為掣瓊窗九子鈴，君王晨起婕妤醒。長楊獵罷離宮閉，放去天邊玉海青。

上林花落在芳尊，不死鉛華只死恩。金屋有人空老大，任他無事拭啼痕。

銅雀空施六尺床，玉魚銀海自茫茫。不如先拂西陵枕，扶下君王到便房。

清涼山讚佛詩為皇貴妃董氏詠。高士奇《扈從西巡日錄》:「五臺山大寶塔院寺，明萬曆戊寅，孝定皇太后重建，內有阿育王所置佛舍利塔、文殊髮塔，知歷來后妃於是山有佈造。貴妃上所愛幸，薨後命五臺山大喇嘛建道場。」詩特敘致瑰麗，遂有若《長恨歌・敘》云爾者。

西北有高山，云是文殊臺。臺上明月池，千葉金蓮開。花花相映發，葉葉同根栽。《清涼山志》:「玉華寺，隋時五百應真棲此。今有鐵羅漢五百軀，白蓮生池，堅瑩若玉。」王母攜雙成，綠蓋雲中來。雙成用姓。漢主坐法宮，一見光徘徊。結以同心合，授以九子釵。翠裝雕玉輦，丹槺沉香齋。護置琉璃屏，立在文石階。長恐乘風去，舍我歸蓬萊。從獵往上林，小隊城南隈。雪鷹異凡羽，果馬殊群材。言過樂遊苑，進及長楊街。以上敘貴妃由山西大同入京及從幸獵南海子。張宴奏絲桐，新月穿宮槐。攜手忽歎息，樂極生微哀。千秋終寂寞，此日誰追陪？陛下壽萬年，妾命如塵埃。願共南山槨，長奉西宮杯。披香淖博士，側聽私驚猜。今日樂方樂，斯語胡為哉？待詔東方生，執戟前詼諧。重鑪拂黼帳，白露零蒼苔。吾王慎玉體，對酒毋傷懷。

傷懷驚涼風，深宮鳴蟋蟀。嚴霜被瓊樹，芙蓉凋素質。可憐千里草，〔註10〕萎落無顏色。千里草，亦用姓。貴妃薨於順治十七年七月七日。孔雀蒲桃錦，親自紅女織。殊方初云獻，知破萬家室。瑟瑟大秦珠，珊瑚高八尺。

〔註10〕眉批：可憐千里草，見《後漢書・五行志》。

割之施精藍，千佛莊嚴飾。持來付一炬，泉路誰能識。紅顏尚焦土，百萬無容惜。小臣助長號，賜衣咸一襲。只愁許史輩，急淚時難得。〔註11〕從容進哀誄，黃紙抄名入。流涕盧郎才，諮嗟謝生筆。尚方列珍膳，天廚供玉粒。官家未解菜，對案不能食。黑衣召誌公，白馬馱羅什。焚香內道場，廣座楞伽釋。資彼象教恩，輕我人王力。微聞金雞詔，亦由玉妃出。高原營寢廟，近野開陵邑。南望蒼舒墳，掩面添悽惻。戒言秣我馬，遨遊凌八極。《堯峰文鈔・世祖章皇帝輓詩》自注：「每歲駕幸南海子必累月，是冬纔駐蹕數日。」

八極何茫茫？曰往清涼山。此山畜靈異，浩氣供屈盤。能畜太古雪，一洗天地顏。《華嚴經疏》：「清涼山，即代州雁門郡五臺山也。歲積堅冰，夏仍飛雪，曾無炎暑，故曰清涼。」日馭有不到，縹緲風雲寒。《扈從西巡日錄》：「將至臺上，猛風驀發，凜若隆冬。」世尊昔示現，說法同阿難。講樹聳千尺，搖落青琅玕。諸天過峰頭，絳節果銀鸞。《華嚴經疏》：「文殊將五百仙人往清涼山。」《山志》：「漢明帝得西域佛經，以佛像繪於清涼山臺，佛為示現。」又曰：「萬聖澡浴池在中北二臺間，於天光日影中見天仙沙門蓮花錫杖之狀，人或以為菩薩盥掌之所。」一笑偶下謫，脫卻芙蓉冠。遊戲登瓊樓，窈窕垂雲鬟。三世俄去來，任作優曇看。名山初望幸，銜命釋道安。豫從最高頂，灑掃七佛壇。靈境乃杳絕，捫葛勞躋攀。路盡逢一峰，傑閣圍朱闌。中坐一天人，吐氣如旃檀。寄語漢皇帝，何苦留人間。煙嵐倏滅沒，流水空潺湲。回首長安城，緇素慘不歡。房星竟未動，天降白玉棺。惜哉善財洞，未得誇迎鑾。十八年正月將幸五臺，未及啟鑾而晏駕。惟有大道心，與石永不刊。以此護金輪，法海無波瀾。

嘗聞穆天子，六飛騁萬里。仙人觴瑤池，白雲出杯底。遠駕求長生，逐日過濛汜。盛姬病不救，揮鞭哭弱水。漢皇好神仙，妻子思脫屣。東巡並西幸，離宮宿羅綺。寵奪長門陳，恩盛傾城李。穠華即脩夜，痛入哀蟬誄。苦無不死方，得令昭陽起。晚抱甘泉病，遽下輪臺悔。蕭蕭茂陵樹，殘碑泣風雨。天地有此山，蒼崖閱興毀。我佛施津梁，層臺簇蓮蕊。龍象居虛空，下界聞鬪蟻。乘時方救物，生民難其已。澹泊心無為，怡神在玉几。長以兢業心，了彼清淨理。羊車稀復幸，牛山竊所鄙。縱

〔註11〕眉批：急淚，見《世說》。

灑蒼梧淚，莫賣西陵履。持此禮覺王，賢聖總一軌。道參無生妙，功謝有為恥。色空兩不住，收拾宗風裏。〔註 12〕

古意六章一意，言班姬未幸，黃帝即位。

爭傳婺女嫁天孫，纔過銀河拭淚痕。但得大家千萬歲，此生那得恨長門。

荳蔻梢頭二月紅，十三初入萬年宮。可憐同望西陵哭，不在分香賣履中。

從獵陳倉怯馬蹄，玉鞍扶上卻東西。一經輦道生秋草，說看長楊路總迷。

玉顏憔悴幾經秋，薄命無言祇淚流。手把定情金合子，九原相見尚低頭。

銀海居然妬女津，南山仍錮慎夫人。君王自有他生約，此去唯應禮玉真。

珍珠十斛買琵琶，金谷堂深護絳紗。掌上珊瑚憐不得，卻教移作上楊花。

永平田君宗周吳故學博也袁重其識之尤展成司李其地相見詢袁年百有二矣索詩紀異並簡展成〔註 13〕尤展成，名侗，長洲人。初以廷貢除永平推官，坐撻旗丁降調。後舉己未宏博，官檢討。徐釚《續本事詩》：「悔菴為盧龍司李，邊風蕭瑟，黑夜射虎，意氣殊壯。」

北平車馬訪煙蘿，記向夷齊廟下過。〔註 14〕百歲共看秦伏勝，一經長在漢田何。知交已料滄江少，耆舊翻疑絕塞多。聽罷袁絲數東望，酒酣求作絳人歌。

贈穆大苑先原注：從汝寧確山歸。確山，余兄純祜治也。

穆生同學今頭白，讀書不遇長為客。亂離諸子互升沉，共樂同愁不相失。《文集》：「余之初就君齋讀書也，有同時遊處者四人，志衍、純祜為兄弟，魯

〔註 12〕眉批：題曰讚佛，大意如此。
〔註 13〕眉批：宗周，昌黎縣貢。崇禎四年，吳縣訓導，陞保安衛教授。重其，見前。
〔註 14〕眉批：《一統志》：「夷齊廟在滦河之濱。」

岡與之共事，其輩行差長，皆吳民，余宗也。鄰舍生孫令修亦與焉。自午未後十餘年，余與四人者先後成進士，而吾師張西銘方以復社傾東南，君進而從之遊。先生之幼弟曰敉菴，其遇君特厚，同社中推朱子昭芑、周子子俶皆與君交極深。此吾黨友朋聚會之大略也。」**出入知交三十年，江山幾處供游歷。承平初謁武夷君，荔支日啖過三百。**《文集》:「孫令修官閩中，君過建溪以送之，因留啖荔支，商所以為治，甌寧之政遂為八閩最。」**兵火桐江遇故人，釣臺長嘯凌千尺。身軀雖小酒腸寬，坦腹鄉村話疇昔。**《文集》:「敉菴由睦之桐盧令入為給諫，君為之上嚴灘者三，過京師者再，得以盡交浙東、河北諸長者。」**訪友新年到蔡州，淮西風浪使人愁。峭帆直下雙崕險，奇石横空眾水流。洎口斷磯傳禹跡，山根雷雨鎖獼猴。**《古岳瀆經》:「禹獲淮渦水神，名無支祈，善應對，辨江淮淺深，源流遠近。形若猿猴，縮鼻高額，青軀白首，金目雪牙，頸伸百尺，力踰九象，搏擊騰踔，蹻疾輕利。禹授之童律，不能制；授之烏木田，不能制；授之庚辰，能制之。木彪水靈，山妖石怪，奔號蕞遶以千數，頭鏁大索，鼻穿金鈴，徙淮陰龜山之足，俾淮水安流注海。」**捨舟別取中都道，寢廟高原陵樹秋。**《明史》:「制鳳陽為中都，規制悉同南、北京，重陵寢也。」**定有風雲歸大澤，不堪弓劍弔荒丘。仰天太息頻搔首，失腳倒墮烏犍牛。偶來帝鄉折左臂，吾苦何足關封侯。丈夫落落誇徒步，芒鞋踏遍天涯路。中原極目滿蓬蒿，海內於今信多故。萬事無如散誕遊，一官必受羈棲誤。傷心憔悴朗陵侯，征蹄奔命無朝暮。身親芻秣養驊騮，供頓三軍尚嗔怒。赤日黃埃伏道旁，鞭梢拂面將誰訴。故舊窮途識苦辛，掉頭舉世寧相顧。**《文集》:「純祜仕宦失志，所守又山城殘破，本不足以屈知己。君特徇窮交之請，雖至顛踣道途，無所恨。然亦自此東歸，不復出矣。」**嗚呼！汝南風俗天下稀，死生然諾終難移。相逢應自有奇士，客中可以談心期。君行千里徇友急，此意豈得無人知。**

題寒香勁節圖壽袁重其節母八十《確菴文藁》:「吾郡袁重，其孝子也。其母吳太君，節婦也。歲癸卯，母年八十，重其亦五十二矣。陳乞詩文，至六千人有奇。」

東籬漉酒泛芳樽，處士傳家湛母恩。傲盡霜花長不落，籜龍風雨夜生深。

甲辰仲夏顧西嶽侍御同沈友聖虎丘即事顧西巘，名如華，其先蘇州籍，後徙漢陽府，居汉川近百年。父名應曆，生三子：如芝、如蘭，西巘其季也，順治進士，以山東道監察御史巡按四州、浙江，繼按江蘇八府。沈友聖名麟，蘇州人，居松江華亭。

注就逍遙賦大風，彥先才調擅諸公。晴川兩岸憑欄外，本籍漢陽。**雪嶺千尋攬轡中。**巡按四川。**我昔楚江同宋玉，君今吳市訪梁鴻。芳洲杜若無能採，慚愧當年過渚宮。**崇禎丙子，公與宋玫典試湖廣，故慚於失西巘也。

喻蜀書成楚大夫，承巡按四川。**征帆萬里到江湖。鄉心縹緲思黃鶴，**用地。**祖德風流話赤烏。**用姓。**問俗駐車從父老，尋山看屐共生徒。君家自有丹青筆，衰白追陪入畫圖。**

生公石畔廣場開，短簿祠荒閉綠苔。生公石、短薄祠，見後。**山榼偶攜群吏散，布帆無恙故人來。爭傳五月登高會，應改三江作賦臺。自是野王思故里，可知先賞陸機才。**西獻先世本藉蘇州，友聖時居松江，故以陸機為比。

一馬雙童出野塘，論文蕭寺坐匡床。花移堠鼓青油舫，月映行廚白石廊。漫叟短歌傷老大，散人長揖恕清狂。漫叟，公自謂。散人，指友聖。**酒餘朋舊堪追數，落落申生與沈郎。**原注：申生，鳧盟也。申涵光，字鳧盟，原字鳧孟，又號聰山，永年人。端愍公佳胤子也。

西巘顧侍御招同沈山人友聖虎丘夜集作圖紀勝因賦長句

漢陽仙人來黃鵠，朝發三巴五湖宿。春深潮滿闔閭城，剪得晴川半篙綠。錦涇催動木蘭橈，《吳地記》：「錦帆涇在府城葑門，吳王夫差行舟處。」**恣討名山縱心目。判牘揮毫撥若雲，支笻屏騎從惟鹿。蒼丘虎氣鬱騰驤，**《吳越春秋》：「闔閭葬以扁諸、魚腸劍各三千為殉。越三日，金精結而為白虎踞其上，故名。」**一片盤陀徑廣場。**顧湄《虎丘志》：「千人坐，蓋神僧竺道生講經處。大石盤陀徑畝，高下平衍，可坐千人。唐李陽冰篆書生公講臺四字，分刻四石，今失其一。」**平座千人填語笑，危欄百尺沸絲簧。夫差石上杯浮月，歐冶池邊劍拂霜。**王禹偁《劍池銘並序》：「虎丘劍池，泉石之奇者也。《吳地志》引秦皇之事以為詭說，考諸舊史，則無聞焉。矧儒家者流不可語怪，因為銘以辨之。」**花雨講臺孤塔迥，風流捨宅六朝荒。**《虎丘志》：「晉王珣嘗據為別墅，山下因有短薄祠。顏真卿刻清遠道士詩，因而繼作：『登壇仰生一，捨宅歎珣瑉。』」**曾來此地探奇蹟，薄曉迎流刺舟入。攜手何人沈與吳，詞客青衫我頭白。脫略才知興會真，冥搜務取煙霞適。**皮日休《和清遠道士詩》：「荊杞雖云梗，煙霞尚容竄。」**火照靈湫暑月寒，**沈周《石田集・千人石獨步》詩：「其腳插靈湫，敷霞面深紫。僧窗或映火，總在珠網裏。」**鐘埋苦霧陰厓黑。**葉適《虎丘》詩：「劃開陰厓十丈懸，墨題熙豐尚新濕。」**魯公擘窠字如斗，忠孝輪囷鬼神走。蘚剝苔侵耿不磨，手捫沉吟立來久。**《虎丘志》：「劍池，兩崖劃開，中涵石泉，深不可測。相傳秦皇發闔閭墓，鑿山求劍，無所得，其鑿處，遂成深澗。顏真卿書虎丘劍池四字，石刻猶存。」**重燒官燭奏鵾弦，今夕歡**〔註 15〕**遊逢快友。後約須聽笠澤鶯，臨分忍折閶門柳。七里山塘五月天，玉絲金管自年年。江村茶熟橋成市，溪館花開樹滿船。賀老一歌嘗月下，泰孃雙槳即門前。泥車瓦馬兒童戲，竹幾蕉團佑官眼。萬事韶華有凋替，煙蕪漸失層巒翠。鼠竄迴廊僧舍空，鴉啼廢井漁扉閉。赤巘黃驄佳氣浮，姑蘇臺外春風細。令出天清鸛鶴高，詩成日落溪山麗。筍屐籃輿逐後塵，**《據梧齋麈談》：「今之竹轎，宋謂之兜子。《宋史》：『太平興國七年，李昉言工商庶人聽乘車，兜子不得過二人。』唐亦曰兜子，或謂之擔子。《天寶遺〔註 16〕事》：『申王每醉，令宮妓將綵線結一兜子，舁歸寢室，號醉輿。』而《唐會要》載：『開成五年，詔朝官乘驛馬。不合更乘擔子。』《晉書．陶潛傳》：「向乘籃輿，亦足自適。」即此。《公羊傳》：『筍將而來。』亦籃輿也。曾見一王弘送酒圖，竟繪淵明坐大竹筐中，為之失笑。」**碧油簾舫夜留賓。棲遲我已傷頹老，歷落君偏重散人。好把丹青垂勝事，可憑詩卷息閒身。襄陽寺壁摹羊祜，句曲三圖補許詢。妙手生綃經想像，兔毫點出雙瞳王。抱膝看雲見礧砢，揞頤藉草耽疎放。半衲誰堪竺道生，一樽足擬陶元亮。絹素流傳天壤存，他年相見欣無恙。黃鶴高飛玉笛殘，舊遊我亦夢湘沅。峭帆此去應千里，郢樹參差響急灘。飲君酒，送君還，王程長作畫圖看。攜將老筆龍眠輩，寫盡江南江北山。**

夜遊虎丘次顧西獻侍御韻

試劍石

石破天驚出匣時，中宵氣共斗牛期。魚腸葬後應飛去，神物沉埋未足奇。

王珣故宅

捨宅風流尚可追，王郎別墅幾人知。即今誰令桓公喜，正是山花欲笑時。

〔註 15〕「歡」，底本誤作「觀」，據眉批「今夕歡遊」改。
〔註 16〕「遺」，底本無，據楊學沆補。

千人石

碧樹朱闌白足僧，相攜劉尹與張憑。廣場月出貪趺坐，天半風搖講院燈。

顏書石刻

魯公戈法勝吳鉤，決石錐沙莫與儔。火照斷碑山鬼出，劍潭月落影悠悠。

劍池

百尺靈湫風雨氣，星星照出魚腸字。轆轤夜半語空中，無人解識興亡意。

可中亭

白石參來共此心，一亭矯立碧潭深。松間微月窺人澹，似識高賢屐齒臨。

悟石軒

築居縹緲比良常，有客逢僧話石廊。僧佛共參唯此石，白蓮花發定中香。

後山月黑不見

晝燭燒來入翠微，更邀微月映清輝。欲窮千里登臨眼，笑約重遊興不違。

茸城客樓大風曉寒吟眺以示友聖九日玉符諸子楊瑄，字玉符，華亭人。

偶作扁舟興，偏逢旅夜窮。鴉啼殘夢樹，客話曉樓風。月落三江外，城荒萬馬中。空持一樽酒，歌哭與誰同。

遇宋子建話故友有感故友，謂子建兄讓木也。子建，名存標；讓木，名徵璧。華亭人。《文集》：「子建以明經高隱著書，嘗擬唐人數百家，未就而卒。讓木累不得志於計偕，凡六上始收。不幸遂遭末造，優生傷亂，踰十年始出。既已簪筆侍從，又不獲已，從事於戎馬鉦鼓之間。主者差其勞勩，奏授一郡，崎嶇嶺海，燠休其遺民，刻廉自苦，七年不得調。」

對酒徐君劍，披襟宋玉秋。蕭條當晚歲，生死隔炎州。萬里書難到，三山夢可求。原注：子建學仙。傷心南去雁，老淚只交流。

樓聞晚角

霜角麗譙聞，天邊橫海軍。旗翻當落木，馬動切寒雲。風急城烏亂，江昏野燒分。何年鼓鼙息，倚枕向斜曛。

白燕吟並序

雲間白燕菴，袁海叟丙舍在焉。吾友單狷菴隱居其旁。袁海叟名凱，字景文，以《白燕詩》得名，後人因以名其菴。單狷菴名恂，崇禎庚午舉人，有《竹香庵集》。自云：「余舊築枕水，名胥浦，見海叟集有『枯蒿茫茫雪初集』一章，又題曰《白燕菴》，曰：信美清秋日，言尋白燕菴。詩魂千載冷，香瓣許誰參。四牖稻紋散，空池竹氣涵。攜尊重問古，溪樹定霜酣。」鴻飛冥冥，為弋者所篡，故作此吟以贈之。余年二十餘，遇狷菴於陳徵君西佘山館，《竹香庵集》有《吳太史奉詔歸娶眉翁屬諸子同賦二律》，狷菴警句云：「鏡邊玉筍人初立，屏底金蓮燭乍移。」又云：「梅粧並倩仙郎畫，元是春風第一花。」殆即其時。有歌者在席。迴環昔夢，因及其事。狷菴解組歸田，遭逢多故，視海叟之西臺謝病，倒騎烏犍牛，以智僅免者，均有牢落之感，《松江府志》：「景文為御史，上嘗命戮一人，太子懇釋之。上問：『孰是？』景文對曰：『陛下法之正，太子心之慈。』上以為持兩端，放逐，遂佯狂自晦。上尋使人偵之，見其例騎烏犍牛，食不潔，乃釋不誅。」俾讀者前後相觀，非獨因物比興也。按：狷菴以庚辰進士授麻城令，其遭逢多故，未詳。

白燕菴頭晚照紅，摧頹毛羽訴西風。雖經社日重來到，終怯雕梁故壘空。當年掠地爭飛俊，垂楊拂處簾櫳映。徵君席上點微波，雙棲有約凝粧靚。趙家姊妹鬪嬋娟，軟語輕身鬢影偏。錯信董君他日寵，昭陽舞袖出尊前。《竹香菴集》有《眉翁招飲紙窗竹屋聽尤姬絃索詩》。長安穠杏翩躚好，穿花掐蝶春風巧。楚雨孤城儔侶稀，歸心一片江南草。〔註17〕縞素還家念主人，瓊樓珠箔已成塵。雪衣力盡藍田土，玉骨神傷漢苑春。銜泥從此依林木，窺簷詎肯樊籠辱。高舉知無鴻鵠心，微生幸少烏鳶肉。探卵兒郎物命殘，朱絲繫足柘弓彈。〔註18〕傷心早已巢君屋，猶作徘徊怪鳥看。漫留指爪空回顧，差池下上秦淮路。紫頷關山夢乍歸，烏衣門巷雛誰哺。頭白天涯脫網羅，向人張口為愁多。啁啾莫向斜陽語，為唱袁生一曲歌。

〔註17〕眉批：長安二句，謂單成進士。楚雨二句，謂罷麻城任歸也。

〔註18〕眉批：詳此，則狷菴亦珠連海上之獄。是獄，松江守張羽明圖超陞，戮無罪金仲美等八十餘人。

贈松江郡侯張升衢，原注：從江寧遷任。〇名雲路，冀州舉人，由江寧管糧同知陞。

石城門外水東流，簫鼓千人最上頭。二陸鄉園江畔樹，三張辭賦郡西樓。油幢置酒尊鱸夜，畫舫鉤簾稻蟹秋。聞道青溪行部近，兒童欣喜使君遊。松之青浦，亦號青溪，故以江寧青溪例之。

贈松郡副守涪陵陳三石原注：官督漕。〇三石名計長，時任松江府督糧同知。

獨上高城回首難，楊雄老去滯微官。湖天搖落雲舒卷，巫峽蕭森路折盤。廿載兵戈違故里，《文集》：「李雨然起兵擊獻賊，謀以妻子託三石。李公死於兵，李氏弱息賴以存。」按：李雨然，名乾德，崇禎辛未進士，任偏沅巡撫，總制兩川，為賊劉文秀所敗，投水死。詩蓋指其事。**千村輸輓向長安。京江原是三巴水，莫作郫筒萬里看。**

贈松郡司李內江王擔四擔四名于蕃，先世楚麻城人。明初，始祖興秀避紅巾亂入蜀，占籍成都之內江。擔四先司李蘇州，未及任，丁父艱。服滿，補選松江。

十月江天曉放衙，葺城寒發錦城花。金隄更植先人柳，玉壘重看使者車。原注：父侍御，治京口湖隄。〇《文集》：「侍御名范，字君鑑，一字心矩，自號慕吉。崇禎辛未進士，任丹陽知縣。條練河水利三事：一曰築湖埂，二曰備石插，三曰復孟河。脩河隄之已壞者一千一百七十餘丈。又開九曲、麥溪、香草、簡橋、越瀆諸支河。是年亢旱，練湖亦涸。不獲已，濬河以導江，江流甚細，賴諸牐就而水有所停，漕僅濟。在事六載，召見，得御史，按兩浙。尋奉母諱以歸。」**庾嶺霜柑書憶弟，**第名於宣，任粵之三水令。**曲阿春釀夢思家。**《文集》：「張獻忠破夔門，侍御方歸知蜀必不守，決策避地，崎嶇滇黔蠻徼中。提百口入吳，居丹陽十六年而沒。」**詩成別寫鵝溪絹，廳壁風篁醉墨斜。**〔註19〕

贈彭郡丞益甫名可謙，遼東杏山貢。康熙元年松江海防同知。

樓船落日紫貂輕，坐嘯胡床雁影橫。雨過笛生黃歇浦，花開夢遶發干城。〔註20〕原注：舊堂邑令。**龍蛇絹素爭搖筆，**原注：善書。**松杏山河已息兵。**原注：杏山人。**慷慨與君談舊事，夜深欣共酒盃傾。**

〔註19〕眉批：原注：善寫竹。

〔註20〕眉批：《史記．衛青傳》：「少子登封發干侯。」發干故城在東昌府堂邑縣西南。

贈松江別駕日照安肇開

秋盡西風髩影蒼，伏生經術蓋公堂。雞聲日出秦祠遠，鶴淚江空禹蹟荒。二水淄澠杯酒合，《一統志》:「淄水在青州府城西五十里，源出萊蕪縣原山，流遶臨菑，至壽光縣入濟水。澠水出青州府臨淄縣西申門之申池，即《左傳》所謂齊懿公遊於申池者也。」三山樓觀畫圖裝。歸來好啖安期棗，不夜城頭是故鄉。〔註 21〕

十月下澣偕九日過雲間公讌閬石蒼水齋中同文饒諸子董閬石，名含，順治乙未進士。著有《藝葵詩集》。其弟蒼水，名愈，順治庚子舉人，有《浮湘》、《度嶺》諸稿。

百里溪山訪舊遊，南皮賓客盛風流。文章座上驚黃絹，名字人間愧白頭。董相園開三徑夜，陸生臺在九峰秋。酒酣莫話當年事，門外滄江起暮愁。

霜落南樓笑語清，無端街鼓逼嚴城。三江風月樽前醉，一郡荊榛笛裏聲。花滿應徐陪上讌，歌殘嵇阮隔平生。歸來枕底天涯夢，喔喔荒雞已五更。

九峰草堂歌並敘

九峰草堂者，青溪諸乾進士所構也。諸乾一，名嗣郢，青浦人。順治辛丑進士。乾一取第後，未仕，著書九峰山下。每峰皆有卜築，而神山為最。《松江府志》:「細林山在盧山南，舊名神山。唐開、寶間，易名細林山。」明初，彭素雲仙翁修真此山，徵書至而蛻去，丹井尚存，金蛇著異，故名神鼉峰焉。〔註 22〕《秋水集》:「神鼉仙館之西潭，彭真人素雲沖舉於此，今尚有衣冠葬處。」又云:「以山影如鼉，故以名峰。」少參陸蘭陔誅茅山麓，而其旁張王屋先生舊墅，有孫漢度能繼家風。余詩中所援陸瑁、張融，蓋指兩人也。佘山為陳徵君眉公隱處，吾友董得仲以詩文為此峰主人。見後。乾一葺徵君

〔註 21〕 眉批：此送歸語，時必已罷任。

〔註 22〕 眉批：董含《三岡識略》:「細林山彭宏文，號素雲，法名通微，河南汝陽人。四歲，一黃冠食以大桃而有悟。及長，傳太和真人練氣棲神之術，徧遊中原。至雲間，擇居於此。明太祖遣中使宣召，值其羽化。命啟龕視之，正坐不倚，長爪繞身。特賜號明真子。山頂有仙冢及丹井，相傳其爪甲隨風而化，變為金蛇，長三四寸，兒童捕置器中。有封識宛然，倏去不見者。他處所然。」

廢屋置祠，而橫云為李氏園，《秋水集》：「橫雲峰、雪堂，為楊鐵崖遊憩之處。黃大癡歸雲閣故址尚存。左畔小山名赤壁。」相望則天馬峰有鐵厓舊墓，《秋水集》：「天馬山，一名干將。」機山則二陸故宅也。俱詳見後詩。乾一拉余同遊，坐客有許九日、沈友聖、倪思曼及故人徐、陳二子。故人徐、陳，謂徐九一汧、陳臥子子龍也。二子：勿齋子昭法，大樽子闇公。而小司空張公尋攜尊至，據《今世說》，此為滬上張宏軒。凡乞花場、種藕塘、仙人、棋枰、庫將軍、兵書、鐵鎖，並玉屏、石床、龍洞、虎塔，皆一時杖屨所登歷，故敘次及之，其詳在《九峰志》中。陸蘭陔，名振芬，一字蘭俟，號陔菴，松江人。倪思曼名暹，青浦人。有《雪軒近稿》。

九峰草堂神鼉峰，丹崕啟自彭仙翁。終南曳杖來採藥，眼看江上飛虬龍。紫泥欲下早蟬蛻，掉頭不肯隨東封。金蛇三寸戲沙礫，玉棺萬古懸虛空。仙井曾經鬼神鑿，九還洗出桃花紅。霓旌羽節往來過，月明鸞鶴吟天風。九峰主人青溪曲，上清謫受金門祿。一鞭槐市撼鳴珂，脫卻朝衫友麋鹿。地近寧移許掾家，身輕未辟留侯穀。《秋水集》：「乾一好道時，初從茅山歸。」東軒主人《述異記》：「乾一晚年無疾化去，忽寓書崑山葉訒菴，寄仙茅三兩，云：『此余山中靈藥，謹以相贈。』訒菴發所寄及當歸也。書至都門，未知其已卒。明年，訒菴卒於京。」層閣嶔嶔俯碧潭，迴廊窈窕穿修竹。同志相期四五人，幽棲幾處依林麓。陸瑁溪堂薄宦成，張融岸屋先人築。曹唐道者伴吹笙，注罷南華理松菊。原注：曹道士畊雲同隱。葉落閒堦閬苑鍾，薰香小史清如玉。主人詩酒真人豪，好將縱跡從漁樵。痛飲恕人容水部，原注：乾一善飲，而余口不識桮勺。長吟懷古繼龍標。名高仕宦從教懶，金盡妻孥任見嘲。是處亭臺添布置，到來賓客共逍遙。精藍每與支公會，原注：支公，指大徧和尚。快友還將董相招。按：原注：得仲。〔註23〕我輩漫應誇隱遯。此君猶復困蓬蒿，小園涉趣知能賦。中歲離愁擬續騷，謂得仲以浮湘名其詩稿也。右手酒杯澆塊壘，雙眸書卷辨秋毫。原注：得仲目疾復明。憶昔溪山正全盛，徵君比屋開三徑。筍屐籃輿鶯燕忙，酒旗歌板花枝映。處士詩成猿鳥知，尚書畫就煙巒潤。客過常逢太守車，書來每接高僧訊。李士名園士女遊，徐公別墅琴尊興。原注：文貞公別業在西佘。禊飲飲觴妙妓絃，餅師粔敉山翁印。原注：眉公好說餅，市者以為名。

〔註23〕眉批：得仲名黃，一字律始。青浦人。有《高詠樓集》。

西風急浪五湖天，四月江村響杜鵑。仙客棋枰拋浩劫，道人扃鐍隱殘編。乞花何處花如錦，種藕曾無藕似船。鐵笛已稀天馬近，玉屏雖在石床鐫。豢龍洞暗荒祠雨，講虎經銷妙塔年。九峰主人三歎息，赤烏臣主真相得。儒將雍容羽扇風，歌鍾棨戟王侯宅。勳業將衰文字興，江山秀弱機雲出。寶玉空埋劍影寒，蘆花一片江湖白。《秋水集》:「小崑山即機、雲故宅，今新祠七君子。」英雄已往餘氣在，後來往往生遺佚。青史人間歲月遒，老鐵歌殘歌白石。原注：眉公自稱白石山人。《秋水集》:「頑仙廬為陳徵君故廬，今已盡毀，乾一重葺神清之室祀之。」我聽君談意悽哽，停樽不禦青燈耿。相看徐孺與陳郎，原注：闇公，大樽之子。○《百城煙水》:「徐枋，字昭法。崇禎壬午舉人。父少詹事汧，乙酉徇難，枋隱於上沙，顏其堂曰磵上草堂，齋曰俟齊，晚即以自號，又號秦餘山人。足跡不入城市。窮餓以死。山陰諸生戴易賣字得錢，葬之，兩人初不相知也。易字南枝，時年八十餘。」無家二子同哀郢。原注：即徐、陳二子也。感舊思今涕淚多，荒雞喔喔催人寢。九峰九峰空巑岏，朝來重上仙翁壇。浮生喟歎誠無端，拂衣長嘯投漁竿，煙波一葉愁風湍。願君授我長生訣，攜向峰頭萬仞看。

九峰詩

鳳凰山《九峰志》:「山踞九峰之首，延頸舒翼，宛若鳳翥。」

碧樹丹山千仞岡，夫差親獵雉媒場。五茸風動琅玕實，三泖雲流沆瀣漿。《府志》:「三泖名圓泖、大泖、長泖。」鳥聽和鳴巢翡翠，花舒錦翼照文章。西施醉唱秦樓曲，天半吹蕭引鳳凰。

厙公山

厙公石磴掩莓苔，千載陰符戰骨哀。鐵鏁任從田父識，玉書休為道人開。《九峰志》:「山埋黃石《陰符經》。」三分舊數江東望，二俊終非馬上才。《九峰志》:「二俊祠在小崑山，祀機、雲，用張華『平吳之役，利獲二俊』語。」恨殺圮橋多授受，鬬他劉項至今來。

神山《九峰志》:「神山，又名辰山，今曰細林山。」

紫蓋青童白鹿巾，細林仙館鶴書頻。洗來丹井千年藥，蛻去靈蛇五色鱗。皆指彭素雲事。洞起春雲招勝侶，潭空秋月證前身。《九峰志》:「西潭在神黿仙館西，彭真人沖舉處。」赤松早見留侯志，何況商顏避世人。

佘山《九峰志》:「昔有佘仙脩道於此。」

溪堂剪燭話徵君，通隱升平半席分。茶筍香來朝命酒，竹梧陰滿夜論文。《九峰志》:「陳仲醇結茅小崑山之陽，祀二陸，乞四方名花，廣植堂皇之前，為二先生春秋蘋藻，名乞花場。」故此有竹梧句。**知交倒屣傾黃閣，妻子誅茅住白雲。處士盛名收不盡，至今山屬佘將軍。**〔註24〕

薛山《九峰志》:「薛公名道約，隱居於此山，以公得名，今亦稱玉屏山。」

薛公高臥始何年，學士傳家有墓田。枉自布衣登侍從，長將雲壑讓神仙。坐來石榻蒼苔冷，採得溪毛碧藕鮮。最愛玉屏山下路，月明橋畔五湖船。

機山《九峰志》:「山以陸機名，下有村曰平原，即二陸讀書處。」

蒹葭滿目雁何依，內史村邊弔陸機。豪士十年貪隱遯，通侯三世累輕肥。江山麗藻歸文賦，京洛浮沉負釣磯。白袷未還青蓋遠，辨亡書在故園非。

橫雲山《九峰志》:「山以陸雲得名。上有白龍洞，相傳下通澱湖，每風雨之夕，有龍出入洞中。」

橫雲插漢領諸峰，雨過泉飛亂壑松。赤壁豈經新戰伐，橫雲東側小山，亦名赤壁。**丹楓須記舊遊蹤。祠荒故相江村鼓，客散名園蘭若鍾。莫信紊龍雲不去，此山雲只為人龍。**原注：山有龍母祠，又為陸雲故宅。

天馬山《九峰志》:「一名干山，相傳干將鑄劍於此。山頂雙魚石，因風雨化去。」

龍媒天馬出崑崙，青海長留汗血痕。此地干將騰劍氣，何來逸足鎖雲根。石鯨潭影秋風動，原注：山有二石魚飛去。**鐵笛江聲夜雨昏。**原注：鐵厓葬處。《九峰志》:「山有三高士墓，為楊維楨、陸居仁、錢惟善。」**芻秣可辭銜勒免，空山長放主人恩。**

小崑山《九峰志》:「二陸產於此，人比之崑岡出玉，故名。」

積玉崑岡絕代無，讀書臺上賦吳都。君臣割據空祠廟，家國經營入畫圖。勢去河橋悲士馬，詩成山館憶蓴鱸。傷心白壁投何處，汗簡淒涼陸大夫。

〔註24〕眉批：《不易草堂日記》:「仲醇名動朝野，士大夫來吳會者，先訪眉公，直指徒行至其門。朝廷有疑事，大臣手書諮，尤見禮儀於太倉相王文肅公。」

過諸乾一細林山館

興極期偏誤，名山識旅愁。橋痕穿谷口，亭影壓溪頭。霞爛丹山鼎，松鳴白石樓。居然華燭夜，先為一峰留。

神山夜宿贈諸乾一

高士能調鶴，仙人得臥龍。穿雲三徑杖，聽月五聲鐘。管樂名堪亞，彭佺道自濃。獨來天際住，嘯詠赤城松。

細林夜集送別倩扶女郎倩扶，見《今世說》。〔註 25〕

遠翠入嚬眉，輕寒袖半垂。花生神女廟，月落影娥池。深竹微風度，晴沙細履移。回看下山路，紅燭為誰遲。

天馬山過鐵厓墓有感

天馬龍為友，雲山鳥自飛。定愁黃紙召，獨羨白衣歸。長卷心同苦，狂歌調已非。悲來吹鐵笛，莫笑和人稀。

陳徵君西佘山祠

通隱居成市，風流白石仙。地高卿相上，身遠亂離前。客記茶龕夜，僧追筆冢年。故人重下拜，酹酒向江天。

過徐文在西佘山莊詳詩意，當是徐文貞。或有文在，其人亦必徐相後裔。

已棄藍田第，還來灞水濱。煙開孤樹迥，霜淨一峰真。路曲山迎杖，廊空月就人。始知蕭相計，留此待沉淪。

橫雲

青嶂千金鑿，丹樓百尺高。空山開化跡，異代接賢豪。原注：李氏園亭廢後，近為諸乾一改築。〇《輟耕錄》：「松江之橫雲山，古冢纍纍然，世傳以為多晉陸氏所藏。」身世供危眺，妻孥付濁醪。雙眸雲背豁，飛鳥敢吾逃。

〔註 25〕眉批：《今世說》：「神山之會，梅村在座，遣覓女郎倩扶不得。夜分，滬上張宏軒刺史來赴，投刺後，吳命以己車迎入。使者傳覆，必須兩車，人頗訝之。及至，則挾一衣冠少年，光豔暗射，人各卻步，不敢詢姓名。及移燭燭之，則倩扶也。一坐譁然。」按：宏軒名錫懌。

佘山遇姚翁出所畫花鳥見贈

七十忘機叟，空山羨獨行。只今來白石，當日住青城。一斗開顏笑，千花洗筆成。那知牙齒落，忽發浩歌聲。

贈青溪蔡羽明

家傍山城住，前賢定可追。一經傳漢相，八法繼秦碑。仙是痲姑降，才非唐舉知。逃名因賣藥，不愧鹿門期。

吳梅村詩箋卷十一終

吳梅村詩箋　卷第十二

鶴市迂亭程穆衡　輯

古近體詩七十八首起丙午迄未年作

雜感

聞說朝廷罷上都，順治十年，即以遼東為遼陽府，內設遼陽縣。**中原民困尚難蘇。雪深六月天圍塞，雨漲千村地入湖。**順治丁亥、辛卯，癸巳及康熙甲辰、乙巳，郡國皆大雨水。**瀚海波濤飛戰艦，**烏喇雞陵，因造船於此，其地亦名船廠，其江即松花江，合灰扒、混同二江入海。國初，徙直省流人數千戶居此，修造戰鑑，雙帆樓櫓，與京口戰船相類。又，寧夏西北岸行五百餘里，亦有船站。自船站登舟，從黃河上源順流直抵湖灘河朔。**禁城宮闕起浮屠。**景山白塔，順治間傾圮，重建。康熙丁未雷震，又圮，重脩。**關山到處愁徵調，願賜三軍所過租。**

籥鼓中流進奉船，司空停索導行錢。八蠶名繭盤花就，千繡奇文舞鳳旋。《堅瓠集》:「順治初，設南北織造兩局，中空，忽有飛颺白絲，人皆云此天絲也。時局中創滿地風雲錦新樣。胡溯翁有句云:『風雲滿地呈新樣，素縷遙空作雪飛。天恐東南杼柚盡，故教織女亦抛絲。』」**袴褶射雕沙磧塞，筐箱市馬玉門邊。秋風砧杵催刀尺，江左無衣已七年。**

居庸千尺薊門低，八部雲屯散馬蹄。《隨輦集》:「張家口外，皆國家裔牧之場。其官牧餘地，分授八旗故牧，各據一場，每夏加遣人員督率之。」**日表土中通極北，**《據梧齋塵談》:「今之曆法，豫刻太陽出入晝夜刻分，自土中通於極北諸蒙古為圖，其節氣時數亦然。然日之所照，必其地極遠，出入乃異。今所列中國止一圖，蒙古不過河南地及西域耳。哈密以東，古監州、豐州地即屬中國，乃有四圖，不應外裔反大於諸夏也。又：崇禎十四年，李天經既定新曆，其十二月進言大統曆置閏，但論節，無中氣，新法尤視合朔後先。今所進十五年新曆，其十月、十二月中氣適交次月合朔時刻之前，所以月內雖無中氣，而實非閏月。蓋氣在朔前，則此氣尚屬前月之晦也。至十六年第二月止有驚蟄一節，而春分中氣交第三月合朔之後，則第二月為閏正月，第三月為二月無疑。此見《明史・曆志》，知西法固有閏正月也。推之閏十二月應亦同。何以經今百二十餘年，僅康熙庚寅閏正月，其餘並無閏正月與閏十二月也？夫古人歸餘於終閏月，皆置歲末，今縱未欲法古，而必移去歲末歲首之閏，知節氣之不應時者多矣。」**河源天上**〔註 1〕**安西上。**《宋史・河渠志・論》:「至元二十七年，命蒲察篤實西窮河源，出西潘朵甘思南鄙。」高士奇《清吟堂集》:「本朝視河，從塞外至東勝州，經君子濟，折而南，經清水堡之東，則出套，再入中原。」**金城將吏耕黃犢，玉壘山川祭碧雞。**西定甘、涼，南平滇、蜀。**世會適逢須粉飾，十年辛苦厭徵鼙。**

急峽天風捲怒濤，穿雲棧石度秋毫。《蜀道驛程記》:「分水嶺以西，水入嘉陵江處。南山之巔為朝天關，舟過西峽，各高數十丈，削立如闕門。石壁上有巨洞，云是獻賊所鑿，可容萬夫。壁下近水多石孔，昔人懸崕架棧於此。」**雞豚絕壁人煙少，珠玉空江鬼哭高。**《綏寇紀略》:「賊以法移錦江而涸其流，穿數仞，實以黃金瑤寶，累億萬，殺人夫，下土石以填之，然後決隄放流，名曰錮金。」**縱火千村驅草木，齎糧百日棄弓刀。**《三藩紀事本末》:「己亥，譚弘、譚詣殺譚文來降。未幾，取馬湖、敘州，獻孽之擾蜀者垂盡。辛丑，三省會勦，王師駐萬縣，賊棄夔州。壬寅正月元旦，大軍銜枚進奪羊耳關，賊遁。癸卯，復犯巫山，大軍與鏖戰，而遣兵密斫其營，賊大潰，劉二虎投繯死，追郝搖旗、袁宗弟，獲之，蜀地悉平。」拜鵑山人《聞見實錄》:「成都被獻賊所屠，人煙斷絕，千里內冢中白骨亦無一存。人類既盡，孑遺無可為食，於地中掘枯骨靡之，以餬口。」**綿州卻報傳烽緊，峒戶溪丁轉戰勞。**

武安席上見雙鬟，血浪青城陷賊還。只為君親來故國，不因女子下雄關。取兵遼海哥舒翰，得婦江南謝阿蠻。快馬健兒無限恨，天涯紅粉定燕山。此章惟刺吳三桂。

〔註 1〕「上」，底本誤作「接」，據眉批「河源天上」改。

萬里從王擁節旄，通侯青史姓名高。禁垣遺直看封事，絕徼孤忠誓佩刀。元祐黨碑藏北寺，辟疆山寺記東皋。《吳郡志》:「辟疆園，自西晉以來傳之。池館林泉之勝，號吳中第一。辟疆姓顧氏，晉、唐人題呼甚多，今莫知遺蹟所在。」按:《松陵集》陸龜蒙詩:「吳之辟疆園，在昔勝概敵〔註 2〕。不知清景在，盡付任君宅。」注謂任晦園，今任園。亦不可考。歸來耕石堂前夢，書畫平生結聚勞。末章則哭瞿稼軒。《詩話》:「余詩哭稼軒，所云『通侯青史姓名高』者，蓋稼軒用翼戴公，以留守大學士封臨桂伯也。」耕石堂，見前有《東皋草堂詩》注內。

送沈友聖漢川哭友詩並敘

漢川顧西巘侍御與雲間沈山人友聖為布衣交，使吳，深自折節。友聖長揖就坐，箕踞狂嘯，無所不敢當。所居田坳蓬蔚，衡門兩版。侍御出郊枉訪，停車話舊，一郡皆驚。西巘亡，友聖徒步三千里哭之，糧盡道塞，直前不顧。予與友聖交厚，侍御亦以友聖之故厚予。嘗三人虎丘夜飲，其鄭重之意，形諸圖畫，見於歌詩。漢川之行，惜余不能從也，爰作詩寓其悲焉。

士有一知己，無須更不平。世翻嫌鮑叔，人竊罵侯生。置飲忘形踞，停驂廢禮迎。柴門車轍在，感舊淚縱橫。

得信俄狂走，千山一哭中。棄家芒屩雪，為位草亭風。雨水江聲合，三生友道空。秖留黃鶴夢，相見話詩翁。

貧賤誰曾託，相逢許此身。論文青眼客，漬酒白衣人。丘壟松楸冷，江山薤露新。一杯傾漢水，不肯負春申。

徒步愁糧盡，傷心是各天。雲埋大別樹，雪暗小孤船。死友今朝見，狂名到處傳。范張千里約，重補入晴川。

丁未三月廿四日從包山後過湖宿福源精舍

福源寺，見前《遊包山記》。福源蒼松夾道，經一里，深篁密竹中，聞流水濺濺然。入門，羅漢松一林，蒼古奇特。右廂漸圮，殿後廢地已建傑閣，莊嚴殊麗。

千林已暝色，一峰猶夕陽。拾級身漸高，樵徑何微茫。回看斷山口，樹杪浮湖光。松子向前落，道人開石房。橘柤養心性，取足鬚眉蒼。清

〔註 2〕「敵」，底本作空格，據陸龜蒙《奉和襲美二遊詩》補。

磬時一聲，流水穿深篁。我生亦何幸，暫憩支公床。客夢入翠微，人事良可忘。

廿五日偕穆范先孫浣心葉予聞允文遊石公山盤龍石樑寂光歸雲諸勝〔註3〕《包山遊記》:「石公之奇，山之趾，怪石林立者以千百數，最著者曰盤龍洞，曰石樑，曰天門，曰千人石，曰石屋。山之巔，大石嵯峨者以千百數，最著者曰歸雲洞，曰寂光洞，曰雲梯，曰聯雲嶂，曰一線天。盤龍洞相傳有龍浴其中，空洞盤曲，石上猶存鱗甲形。石樑以天台取象，兩巨石對立，中橫一梁，長五尺，闊尺餘，狀若魚背，遊者舉震掉焉。寂光洞視歸雲稍隘，而內有石如雲之下垂。」按:《遂初堂集·遊記》,「寂光」,作「夕光」,云「西面觀落照最宜，故名。」歸雲，見前。

大道無端倪，真宰有融結。茲山在〔註4〕**天壤，靈異畜不泄。萬竅凌虛無，一柱枝毫末。疑豈愚公移，愁為巨靈拔。劉根作堂奧，**《洞庭山志》:「毛公壇，漢劉根得道處。根既成仙，身生綠毛，人或見之，故名。今有石壇、丹井，在神景觀旁。」皮日休詩:「劉根昔成道，茲塢四百年。毶毶被其體，號為綠毛仙。」《遂初堂集》:「毛公壇為劉根鍊藥處，道觀久廢，故基為里豪墓矣。惟空壇獨存。登之，見眾山如屏，一湖如杯。丹井二，清泉甚湛然。」按：諸說皆以劉根為毛公，唯陸廣微《吳地記》曰:「靈威丈人姓毛名萇，號曰毛公。今洞庭有毛公宅、石室，並壇存焉。」**柳毅司扃鑰。**《山志》:「洞庭東山有柳毅井，吳城住宅有劉毅橋，鄉人以水仙神立祠二處。」**誰啟仙人闆，繫我漁父枻。刻鏤洪濛雲，雕搜大荒雪。或人而痀瘺，或馬而蹄齧。或負藏壑舟，或截專車節。或象神鼎鑄，或類昆吾切。地肺包丁解，月窟工倕伐。石囷封餱糧，天廚甃涓潔。重隒累瓿甑，短柱增櫨棁。瓜瓤觚稜剖，木皮槎枒裂。皚皚黃河冰，炎炎崑岡爇。崯岈舞辟邪，琰玥張饕餮。斗起聳雲關，一道通筈筶**〔註5〕**。碧藕琭瓏根，文螺宛委穴。丹梯躡而上，欝欝虛皇闕。突兀撐青旻，插地屏障列。一身生羽翰，百尺跨虹蜺。斷磵吟楓柟，颯爽侵毛髮。側窺滿目影，了了澄潭澈。雞聲出煙井，乃與人境接。回思頃所歷，過眼纔一瞥。秦王及漢武，好大同蠓蠛。齊諧不能志，炙輠不能說。酈桑二小儒，**

〔註3〕眉批:《葉氏譜》:「予聞名有馨，號筈菴。松郡庠生，乙酉拔貢。有《咸悅堂詩文集》。允文名兆昌，住洞庭中巷隘。譜謂之中巷派。」

〔註4〕「在」，底本原缺，據眉批「茲山在天壤，脫一『在』字」補。

〔註5〕「筈」，底本誤作「筶」，據眉批「筶筈從舌，非舌」改。

注書事抄撮。陋襲李斯碑，闕補周王碣。關仝亦妙手，惜未適吳越。嵩華雖云高，無以鬭巧拙。時俗趍資媚，煙巒漫塗抹。妄使傖父輩，笑我驕螘垤。京江吸金焦，漢水注大別。流峙合而滙，奇氣乃一發。睥睨五嶽間，誰與分優劣。前一段形容其奇，此一段言比擬不能盡也。扶枝一村翁，眼看話日月。昔逢猶兒童，今見已耄耋。昨聞縣帖下，搜索到魚鱉。訝彼白鼉逃，無乃青草竭。卻留幽境在，似為肥遯設。當年綺里季，卜居采薇蕨。〔註6〕皓首走漢庭，恨未與世絕。若隨靈威去，此處攬藤葛。子房知難致，欲薦且捫舌。浮生每連蜷，塵界盡空闊。謀免妻孥愁，計取山水悅。此一段承上，言欲肥遯於此山，有用里村，故此以綺里季為語端。入春桃李過，韶景聽鳴鴂。籃輿累親舊，同載有二葉。予聞、允文。穆生老而健，苑生。孫郎才且傑。浣心。彼忘筋力勞，我愛賓朋挈。過湖曳輕帆，入寺憩深樾。老僧諧語笑，妙理攻麯櫱。曉起陳槃餐，飽食非饠糲。桑畦路宛宛，筍屩行兀兀。快意在此遊，失記遺七八。平湖鋪若囷，磐石幾人歠。蹲踞當其旁，拒戶相支遏。黝黑聲訇稜，欲進遭嗔喝。《遊記》:「一石如砥，下薄湖潯，方廣數十丈，或望月，或垂釣，皆絕勝，名千人石。石屋下潔如甃，上平若削，中容遊者數百人，然水滿，不能時至。」側肩僅容趾，腹背供磨軋。下踹蘚磴牢，上覷崩崖豁。攀躋差毫釐，失足憂一蹶。《遊記》:「一線天，石壁夾峙，入其中，天渺如一線，攀緣而上，傾側欲墮，戰慄無人色。既得上，始慶脫於險也。」前奇慕先過，後險欣乍脫。歌呼雜韶穉，嘻笑視履襪。君看長安道，高步多蹉跌。散誕來江湖，蒲伏羞干謁。頭因石丈低，腰向山靈折。此一段正敘遊山。四月將已近，天時旱炎熱。揮汗何沾濡，驚颼俄凜冽。歸來北窗枕，響入山溜徹。不寐話夜涼，連床擁裘褐。晚歲艱出門，端居意騷屑。閒蹤習羈旅，還興貪放達。跌蕩馮夷宮，遊戲天吳窟。將毋神鬼怒，亟遣風雨奪。勝事滿現前，得失歸勇怯。衰老偕故人，幸喜茲遊決。此一段敘山歸遇雨。它年子胥濤，百里聞叱咄。鱣鮪隨風雷，頸鑠金牛掣。《入幕閒談》:「永嘉中，李湯為楚州刺史，有漁人鉤為物所掣，湯命引

〔註6〕眉批：汪道昆《太函集·遊洞庭山記》:「去法喜菴，過綺里，指為綺里記故居。余西入里巷，問黃公泉。出里，則長松千章，相對夾道，花山道也。」
《〈三國志·諸葛瑾傳〉注》引《江表傳》云:「先是，公安有靈鼉鳴，童謠曰：『白鼉鳴，龜背平。南郡城中可長生，守死不去義無成。』及恪被誅，瑾次子融聞兵至，刮金印龜服之而死。」青草湖亦在南郡，此二句蓋指時事。

鎖。一獸如青猿，雪牙金爪，闖然上岸，高五丈許，開目若電。眾走，徐引鎖入水。」**鮫人拭床幾，神女洗環玦。硠磕打空灘，澎湃濺飛沫。噌吰無射鐘，嘹亮蕤賓鐵。孤客為徬徨，嫠婦為悽咽。那知捩柁下，我輩行車轍。再拜告石公，相逢慰饑渴。既從人間世，忍再洪波沒。志怪作大言，嗜奇私神物。肯學楊焉鐫，願受壺**〔註 7〕**公訣。縮之入懷袖，弄之置盆缽。栽松龍氣上，畜水雲根活。長留文士玩，勿被山君竊。**此一段餘波，言塵劫無盡，荒怪何常。**常聞岣嶁峰，科斗尊往牒。剝蝕存盤螭，捫索嗟完缺。**按：今所傳《南宮從岣嶁神書》，蓋出方士偽託，如《太清服食經》、《土宿昆元真君造化指南》之類，不足信。**此山通巴陵，下有神禹札。**梁四公傳：洞庭穴有四枝：一通洞庭湖西岸，一通蜀道青衣江北岸，一通羅浮兩山間穴谿，一通枯桑島東穴。**後代文字衰，致起龍蛇孽。我有琅玕管，上灑湘娥血。濯足臨滄浪，浩思吟不輟。未堪追陽冰，猶足誇李渤。隱從煙霞閉，出供時世閱。刻之藏書巖，千載應不滅。**結言作詩。

查灣過友人飯

碧蝶峰下去，宛轉得山家。橘市人沽釀，桑村客焙茶。溪橋逢樹轉，石路逐灘斜。莫負籃輿興，天桃已著花。

胥王廟

《姑蘇志》：「胥山在太湖口。」《寰宇記》云：「吳王殺子胥，投之於江，吳人立祀於此，故名。」

伍相丹青像，鬚眉見老臣。三江籌楚越，一劍答君親。雲壑理忠憤，風濤訴苦辛。平生家國恨，偏遇故鄉人。

查灣西望

查灣，在查山下。《姑蘇志》：「玉遮山在陽山之一南，橫列如屏，今但呼為遮山。舊志為查山。」

屢折纔成望，山窗插石根。濕雲低染徑，老樹半侵門。溝直看疑岸，沙橫欲抱村。湖光猶在眼，燈火動黃昏。

拜王文恪公墓

《弇州吏料》：「文恪公名鏊，字濟之，號守溪。應天試、會試俱第一，成化己未廷試第三人。正德中，遷吏右侍。九卿伏闕請誅劉瑾，召至左順門詰所由，公以危言繼尚書韓文後，事幾濟而變，瑾不知也。公遂進戶尚，兼文淵閣大學士。

〔註 7〕「壺」，底本誤作「壼」，據楊學沆本改。

會公救故尚書文大夏、都御史一清，請成廢后吳氏喪，與瑾忤，乃堅請歸。凡兩典鄉會試，程文為本朝冠。卒年七十五，贈太傅。」

舊德豐碑冷，湖天敞寂寥。勳名高故相，經術重前朝。致主唯堯舜，憂時在豎刁。百年人世改，野唱起漁樵。

沙嶺《姑蘇志》：「在西洞庭之北，一名長沙山。」

亂峰當面立，反憩得平丘。坐臥此云適，歌呼不自由。支頤蒼鹿過，坦腹白雲留。笑指鳥飛處，有人來上頭。

飯石峰飯石峰，在甑山旁。《姑蘇志》：「陽抱山西北竹青塘，又北曰雞籠山，又北曰甑山，山巔有七竅，如瓦甑，故名。」

半空鳴杵臼，狼籍甑山旁。莫救黔黎餓，誰開白帝倉。養芝香作粒，煮石露為漿。飯顆相逢瘦，詩翁詎飽嘗。

沈文長雨過福源寺並序

余以己亥春遊石公山，宿文長山館。丁未復至，石公水涸，抉奇呈異，遠過舊遊。將登歷而風雨驟至，竟親面失之，殊不及我故人之高談蕭寺，追敘夙昔也。

昔年訪沈子，石公山沒歸雲址。今年遇沈公，石公水落盤龍宮。沈公家在石公側，白頭三見山根出。而我分攜將九載，相看總老溪山改。石公在望風雨作，探得靈奇復蕭索。沈公蠟屐曉街泥，握手精藍話疇昨。石公沈公且別去，明日回頭望山樹。

同許九日顧伊人洞庭山館聽雨

曉閣登臨意渺然，蘆花蕭瑟五湖天。雲深古洞藏書卷，木落空山奏管絃。魚市有租堪載酒，橘官無俸且高眠。莫愁一夜西窗雨，笠澤煙波好放船。

遊石公歸是夜驟雨明晨微霽同諸君天王寺看牡丹《大秘山房集·遊洞庭記》：「天王寺，故吳王桃花塢也。」

煙嵐澹方霽，沙暖得徐步。訪寺苔徑微，遠近人語誤。道半逢一泉，曲折隨所赴。觸石松頂飛，其白或如鷺。尋源入杳冥，壑絕橋屢渡。《遂初堂集》：「崦上三里，至天王寺之前，有曲澗。臨澗一菴，甚幽雅。寺有葛洪井，梁時古柏，往時遶寺，長松千株，皆不存。」中有二比丘，種桃白雲護。花將舞而笑，石則落猶怒。澆之以杯酒，娟然若回顧。此處疑仙源，快意兼緇素。苦辭山地薄，縣官責常賦。蔬果雖已榮，龍象如欲訴。學道與養生，得失從時務。吾徒筋力衰，萬事俱遲暮。太息因歸來，鐘聲發清悟。錢《箋》竟不及牡丹，何也？

揖山樓

名山誰逢迎，遇人若俯仰。心目無端倪，默然與之往。幽泉互相答，飛鳥入空想。傑閣生其間，櫺軒爭一爽。嘉樹為我圓，坐久惜餘賞。暝靄忽而合，明月出孤掌。彈琴坐其中，萬籟避清響。良夜此會難，佳處莫能獎。

柳毅井原注：其地即橘社。〔註 8〕

仙井鹿盧音，原泉瀉橘林。寒添玉女恨，清見柳郎心。短綆書難到，雙魚信豈沉。波瀾長不起，千尺為情深。

雞山原注：夫差養鬪雞處。〇《吳池記》：「雞陂，闔閭置，豆園在陂東。」

飲啄丹山小，長鳴澤畔雲。錦冠虛恃氣，金距耿超群。斂翅雌猶守，專場勝未分。西施眠正熟，啼報越來軍。

廄里原注：在武山，吳王養馬處。〇《吳地記》：「豨墳東二里有豆園，吳王養馬於此。」

夫差芻秣地，遺跡五湖傳。柳葉青絲綠，桃花赤汗韉。原注：武山桃花為東洞庭一勝。降王羞執轡，豔妾笑垂鞭。老驥哀鳴甚，西風死骨捐。

武山原注：本名虎山，夫差於其地養虎。李唐諱〔註 9〕虎為武，至今仍之。《姑蘇志》：「武山在東洞庭之東。」

霸略誇擒縱，君王置虎牢。至今從震澤，疑是射成皋。土俗無機穿，山風少怒號。千秋遺患處，誰始剪蓬蒿。

〔註 8〕眉批：俱見《洞庭君傳》。

〔註 9〕「諱」，底本作「韓」，據楊學沆本改。

莫釐峰《姑蘇志》:「相傳莫釐峰將軍所居，一名胥母山。以其在洞庭之東，稱東洞庭。其山周迴八十里，視西洞庭差小，而岡巒起伏，廬聚物產，大略相同。所不同者，西石清而潤，東石黃而燥；西宜梨，東宜枇杷；西有兔無雉，東有雉無兔。」

始信一生誤，未來天際看。亂峰經數轉，遠水忽千盤。獨立久方定，孤懷驟已寬。亦知歸徑晚，老續此遊難。

登東山雨花臺

白雲去何處，我步入雲根。一水圍山閣，千花夾寺門。日翻深谷景，煙抹遠天痕。變滅分晴晦，悠然道已存。

仙掌樓留別眾友吳曝《錦溪小集》:「仙掌樓，洞庭東山劉氏之產。」

杯酒鏡湖平，持來送客行。可憐高會處，偏起故鄉情。煙鳥窗中滅，風帆樹杪生。遙看沙渡口，明日是離程。

過洞庭東山朱氏畫樓有感並序

東洞庭以山後為尤勝，有碧山里，朱君築樓，教其家姬。按:朱碧山，名華玉，元人也。得仙授冶金術，不施烘汗。時虞、揭二公各嘗令碧山製銀槎杯為壽。本朝孫北海家向藏其一，朱竹垞為詩紀其事。覈其時世，疑非此人，或里名偶同，或慕襲其號，不可考。君每歸自湖中，不半里，令從者踞然船屋，作鐵笛數弄，家人聞之皆出。樓西有赤闌干數丈餘，諸姬十二人，艷粧凝睇，指點歸舟於煙波杳靄間。既至，即〔註10〕洞簫鈿鼓諧笑竝作，見者疑初不類人世也。《文集》:「洞庭最稱翁氏、朱氏，有兩樓。席氏尊彝圖卷不及翁，湖山歌舞不及朱，而特以潔勝。」君以布衣畜伎，晚而有指索其所愛者，以是不樂，遣去，無何竟卒。余偶以春日過其里，雖簾幙凝塵，而湖山晴美，樓頭有紅杏一株，傍簷欲笑。客為余言，君生平愛花，病困，猶扶而瀝酒，再拜致別。諸伎中有紫云者，為感其意，至今守志不嫁。嗟乎！由此足以得君之為人矣。為題五言詩於壁上。盡說凝眸望，東風徙倚身。如何踏歌處，不見看花人。舊曲拋紅豆，新愁長白蘋。傷心關盼盼〔註11〕，又是一年春。

〔註10〕「即」，底本誤作「節」，據楊學沆本改。
〔註11〕「盼盼」，底本誤作「眄眄」，據楊學沆本改。

留洞庭二十日歸自水東小港

漸覺湖天改，扁舟曲曲行。野橋誰繫姓，村樹亦知名。晚市魚蝦賤，煙汀菰米生。偶蓬空闊處，重起舊灘聲。

鹽官僧香海問詩於梅村時村梅大發以詩謝之

但訪梅花去，今見梅花去。何必為村翁，重尋灌園處。種梅三十年，遶屋已千樹。饑摘花蕊餐，倦抱花影睡。枯坐無一言，自謂得花意。師今遠來遊，恰與春光遇。索我囊中詩，搔首不能對。寄語謝故人，幽香養衰廢。溪頭三尺水，好洗梅魂句。

送聖符弟之任蘄水丞聖符名世睿。

隨牒為人佐，全家漢水東。放衙廳壁冷，趨府戟門雄。屈宋風塵下，江山醒醉中。丈夫從薄祿，莫作故園窮。

四十未專城，除書負姓名。才高方薦達，地僻鮮逢迎。夏簟琴床淨，春泉茗椀清。公餘臨墨沼，洗筆劃圖成。原注：蘄有陸羽泉、右軍洗筆池。聖符善畫。○《一統志》：「陸羽泉在蘄水之鳳棲山下。《茶經》謂天下第三泉。」蘄簟，見韓詩。

西上今吾弟，分攜北固樓。最高搔白首，何處望黃州。故舊忻無恙，煙波感昔遊。蘄春有香草，相寄慰離愁。原注：兼柬畢協公侍御。○結句謂蘄水出蘭與艾也。

訪俗曾經亂，車過大澤鄉。殘民談勝廣，舊國記江黃。《史記・陳涉世家》：「屯大澤鄉。」徐廣注：「在沛郡蘄縣。」廿載流移復，三湘轉運長。正逢休息後，溫詔重循良。吳翊《樂園集》：「余從祖聖符，宦沒蘄黃，制府於公護邺甚厚。」聖符蓋終於新丞任。

過吳江有感

落日松陵道，堤長欲抱城。塔盤湖勢動，橋引月痕生。市靜人逃賦，江寬客避兵。廿年交舊散，把酒歎浮名。

戊申上巳過吳興家園次太守招飲郡圃之愛山臺坐客十人同脩禊事余分韻得苔字吳園次，名綺，揚州人。能文章，工度曲。由選貢生以部曹出為湖州知府。

六堂客西禊飲臺，〔註12〕**亂山高會嘯歌開。塔懸津樹雨中出，鐘送浦帆天際來。同輩酒狂眠怪石，前賢墨妙洗蒼苔。**湖州有墨妙亭。**右軍勝集今誰繼，仗有吾家季重才。**

立夏日陪園次郡伯過孫山人太白亭落成置酒分韻得人字《廣輿記》：「太白山人墓在湖州府城南道場山。」《文集》：「山人不知何許人，自謂孫姓。名一元，字太初，或云安化王之苗裔。出關，蹤跡遍衡、湘、泰、岱間。既而買田吳興。為人渥顏飄鬚，攜鐵笛鶴瓢以自隨。詩與李獻吉、何仲默、鄭吾夫齊名。晚乃與長興吳琉、紹興守安仁劉麟、按察使建業龍霓、御史吳興陸崑為苕溪五隱。太初絕婚宦，晚娶於湖之張氏，無子，年三十七以沒。病革，屬劉公以誌銘，曰：『必葬我道場山之麓。』會鄭善夫亦來唁，偕苕溪四隱者封哭而去。康熙七年，太守吳綺乃構山人太白亭。」按：湖州六客堂亦園次建，祀太守王逸少、謝安石、柳文暢、杜牧之、孫莘老、陳筠塘，又合舊峴山所祀三賢守：顏魯公、蘇東坡、王龜齡為九賢祠於峴山。又修山人墓為太白亭。

春盡山空鶴唳頻，〔註13〕**亂雲歸處鎖松筠。**《文集》：「墓邊長松數千株，有殘碑三尺，沒草中。」**江湖有道容奇士，關隴無家出俊人。**寘鐇亂後，安化國廢。**招隱起亭吟社客，散仙留冢醉眠身。一瓢零落殘詩在，**《文集》：「太初嘗大醉，取幅巾掛樹，抽碧玉導刻松身作『嚴光徐穉陶潛』數字。已而就其根熟睡，抵黃昏乃起。」又曰：「歸雲菴，太初所掛瓢處。善夫以是名其堂。」**誰伴先生理釣緡。**

贈家園次湖州守五十韻

清切推華省，風流擅廣陵。俊從江左造，賢比濟南征。經學三公薦，文章兩府稱。北門供奉吏，西掖秘書丞。月俸鴉領鈔，《稗史類編》：「鈔之外為欄花紋，四周亦或為鴉翎紋也。」**春衣鳳尾綾。**《拾遺記》：「周昭王以青鳳之尾為裘二：一曰燠質，一曰暄肌。」**賜酺班上膳，從獵賦奇鷹。粉署勞偏著，仙曹跡屢陞。赤囊條每對，黃紙詔親承。**言其官京朝之清華。**乞外名都重，**

〔註12〕眉批：六堂客，見郡志。宋時祀劉孝叔等六人。後廢。

〔註13〕眉批：《眉公筆記》：「太白山人厲南屏時，一鶴自隨。許九杞為買鶴田，歲中輸糧，於萬峰深處納券，曰鶴田。故此詩首句及之。」

分符寵命仍。爭傳何水部，新拜柳吳興。城闕晨鐘動，旌旗瑞靄凝。射堂青嶂合，訟閣絳雲蒸。教出漁租減，詩成紙價增。〔註 14〕笙歌前隊引，賓客後車乘。石戶樵輸栗，〔註 15〕銀塘女採菱。水嬉鉤卷幔，社飲鼓分堋。急雨溪喧碓，斜陽岸晒罾。出守湖州之佳麗。宗盟高季札，史局慨吳兢。官退囊頻澀，年侵鏡漸憎。鹿皮朝擁卷，松火夜挑燈。舊業凋林薄，殘身瘦石棱。彈琴伐木澗，荷鍤種瓜塍。撥刺魚窺網，偷晴鳥避矰。已耽畊稼隱，幾受黨碑懲。此先自敘近況。寥落依兄弟，艱難仗友朋。殷勤書一紙，離別思千層。逸爵斟佳醖，綈袍製異繒。蠶忙供杼柚，茶熟裹緘縢。族姓叨三謝，詞場繼二應。敢宜陪魯衛，賦僅半鄒滕。謙抑君何過，慚惶我曷勝。長緘招鄭重，短策跂飛騰。次述園次相招，贈遺之豐，書辭之厚。好士公投轄，尋山客擔簦。竹溪春滄蕩，梅隴雪崚嶒。孤館披襟坐，危欄送目憑。嵐光浮翠黛，塔勢界金繩。為政崔元亮，相逢皇甫曾。〔註 16〕蘭橈輕共載，蠟屐響同登。笛冷荒臺伎，鐘沉廢寺僧。趙碑娟露滴，顏壁壯雲崩。衰至容吾放，狂來取自矜。雄談茗是戰，良會酒如澠。次述公至湖州登臨談讌之樂。楚澤投劉表，江樓謁庾冰。故交當路遍，前席幾人曾。妄把歡遊數，癡將好夢憑。懷人吟力健，觀物道心澄。雅意通毫素，閒愁託剡藤。折花貽杜牧，採菊寄王弘。瑣屑陳編蠹，欹斜醉墨蠅。非云聊以報，捨此亦何能。末敘別後相憶寄詩。

得友人札詢近況詩以答之

溪堂六月火雲愁，支枕閒窗話貴遊。王令文章今日進，丘公仕宦早年休。道衰薄俗甘樓遁，才退殘書勉勘讎。京雒故人聞健飯，黃塵騎馬夾城頭。

短歌贈王子彥也。

王郎頭白何所為，罷官嶺表歸來遲。衣囊已遭盜賊笑，襆被尚少親朋知。我書與君堪歎息，不如長作五羊客。君言垂老命如絲，縱不歸人

〔註 14〕眉批：《本事詩》注：園次少讀書康山之麓，既而待詔金馬，奉勅填詞，人多目為江都才子。

〔註 15〕眉批：石戶在湖州卞山。蘇詩：「我來叩石戶，飛鼠翻白鴉。」

〔註 16〕眉批：崔元亭，字晦叔。曾為湖州刺史。見《新唐書》本傳。皇甫曾有《烏程水樓留別》詩，見集中。開林按：「亭」當作「亮」。

且歸骨。入門別懷未及話，石壕夜半呼倉猝。胠篋從他慢攫金，告緡憐我非懷壁。田園斥盡敝裘難，苦乏家錢典圖籍。愛子摧殘付託空，萬卷飄零復奚惜。子彥家萬卷樓，見前。吁嗟乎！十上長安不見收，千山遠宦終何益。君不見鬱孤臺臨數百尺，惡灘過處森刀戟。歷遍風波到故鄉，此中別有盤渦石。子彥少子庠生某，為吳昌時婿。昌時法死，家被籍。次女嫁某宦子，中冓之言，言之醜也，歸其獄於子彥之子，坐褫杖，且遷怒於子彥矣。子彥坐此失意，故云「愛子催殘」及「別有磐渦石」也。我聞諸穆南谷云。

贈同年嘉定王進士內三黃與堅《如松堂集·貞憲先生墓誌》：「王泰際，字內三。自號硯存，嘉定縣人。崇禎辛未進士。鼎革後，奉母鄉居三十年。沒後，邑中紳士採行實，私諡之曰貞憲先生。長子輯汝，字公對，崇禎己卯舉人；次子字翰臣，順治辛卯舉人，後改名相；季子梓。」

槎浦岡頭自種田，槎浦，即查浦，見《嘉定縣志》。居然生活勝焦先。赤松採藥深山隱，白鶴談經古寺禪。按：《嘉定縣志》：「南翔講寺在縣南二十四里。梁天監間，里人掘地，得石徑丈，常有二鶴飛集其上。僧得齊即其地作精舍，每鶴至止，必獲檀施。後鶴去不反，僧方悵然，俄見石上詩有『白寓南翔去不歸』句，因以名寺。」孺仲清名交宦絕，彥方高行里閭傳。黃《志》：「當湖陸清獻公為邑令，欲求一見不可得，擬之龐德公、陶靖節焉。」曲江細柳新蒲綠，回首銅龍對策年。

翠竹黃花一草堂，柴門月出課耕桑。蘇林投老思遺事，譙秀辭徵住故鄉。強飯卻扶芒屨健，按：扶者，扶掖之人。漢、晉之制，敬禮耆舊老臣皆給扶，非虛字也。高歌脫帽酒杯狂。莫嗟過眼年光易，徵調初嚴已十霜。

先生吟社夜留賓，紫蟹黃雞甕面春。萬事夢中稱幸叟，一家榜下出閒人。原注：內三及二子皆科第而不仕。君房門地多遷改，叔度才名固絕倫。原注：指上谷、江夏。上谷，侯廣成峒曾、雍瞻岐曾昆仲。江夏，黃蘊生淳耀、偉公淵耀昆仲也。《堯峰文鈔·侯研德墓誌》：「峒曾官左通政，明亡，以城陷不屈死。岐曾，太學生，亦坐事死。先生考也。侯氏禍患踵至，死喪狼籍，株連鉤引者尤眾。先生兄弟合群從僅六人，仲兄前夭，兩從兄從其父死，伯兄又挾從弟亡命。」黃《志》：「內三與陶菴善，陶菴嘗與書曰：『吾輩不能埋名而潛身，必可得冠婚喪祭深衣幅巾行禮，終身稱前進士，不亦可乎？』後陶菴殉節，而內三終身如其言。」青史舊交餘我在，北窗猶得聽烏巾。

晚歲風流孰似君，烏衣子弟總能文。內三季子梓，字孝移。梓子恪，字愚於，康熙戊戌進士。皆有詩集。**青箱世業高門在，白髮遺經半席分。正禮雙龍方矯角，釋奴千里又空群。外家流輩非容易，肯信袁宗有右軍。**

魯謙菴使君以雲間山人陸天乙《圖繪寶鑑》：「陸灝，字平遠，華亭人。山水淹潤有致，生秀之趣，快人心目。」**所盡虞山圖索歌得二十七韻**魯謙菴，名超，紹興人。庚子順天副榜，為蘇州別駕，累任至右通政使，廣東、江蘇布政使。長子國華，累任安徽按察使，入為鴻臚太僕寺卿。次子國書，戶部司務。子弘瑜，句容知縣。

江南好古推海虞，大癡書卷張顛書。《輟畊錄》：「黃子久，名望，自號大癡，又號公竹西道人，又號一峰。本陸姓，世居常熟，繼永嘉黃氏，畫山水，宗董、巨。」唐張旭任常熟尉，今有草聖祠。**士女嬉遊衣食足，丹青價重高璠璵。不知何事今蕭索，異聞只說姑蘇樂。西施案舞出層臺，瑟瑟珍珠半空落。聞道王孫愛畫圖，購求不惜千金諾。此地空餘好事家，扁舟載入他人橐。玉軸牙籤痛惜深，丹崖翠壁精華弱。魯侯魯侯何太奇，此卷留得無人知。一官三載今上計，粉本溪山坐臥持。九峰主人寫名勝，百年絹素猶蒼潤。云是探微後代孫，**謝赫《古畫品錄》：「陸探微，宋明帝時吳人。事絕言象，包前孕後，古今獨立，非所能稱讚。」**飄殘兵火遺名姓。我也菰蘆擁被眠，舊遊屈指嗟衰病。忽聽柴門枉尺緘，披圖重起籃輿興。烏目煙巒妙蜿蜒，**《虞山志》：「烏目山有烏目澗，在頂山南。今俗指西門山麓一阜為烏目，謬也。」**西風拂水響濺濺。**《虞山志》：「報國院之左曰拂水菴。拂水者，雨後瀑盛，兩崖束之，南風入焉，乘勢倒捲，微若噴珠，盛如飛練，故名。」**使君自是神仙尉，老我堪依漁釣船。招真治畔飛黃鵠，**《虞山志》：「致道觀，梁天監二年，天師張道裕居此。初名招真治。其碑文，據《藝文類敘》稱簡文作，而舊志皆云昭〔註17〕明太子。」**七檜盤根走麋鹿。**《虞山志》：「致道觀中寥陽殿前虛皇壇旁列七星檜，張道裕以神力移來，今尚存其三。」**寫就青山當酒錢，醉歌何必諧絲竹。魯侯笑我太顛狂，不羨金張誇顧陸。登臨落日援吟毫，太息當年賢與豪。請為陸生添數筆，絳雲樓榭舊東皋。**以錢、瞿二人結，應江南好古。

京江送遠圖歌並序

《京江送遠圖歌》者，石田沈先生周為吾高祖遯菴公之官敘州作也。

〔註17〕「昭」，底本作「招」，據楊學沆本改。

《吳中先賢傳》：「沈周，字啟南，長洲人。祖孟淵，世父貞吉，父恒吉，皆高隱。周學於陳五經，得前輩指授。郡守以賢良薦，筮得《遯》之九五，乃決計高尚，耕讀於相城之有竹莊。丹青類北苑、巨然，書類山谷，詩類香山。內行淳實，稱誠篤君子。」**圖成於弘治五年辛亥之三月，京兆祝公希哲允明為之敘。**《吳中先賢傳》：「祝允明，字希哲，長洲人。生而枝指，自稱號枝山，又稱枝指生。工古文詞，書法尤超妙，索者接踵，或輦金至門，輒辭弗應。當窘時，黠者持少錢米乞之，輒與〔註 18〕。已小饒，更自貴也。時時醉臥伎館中，口多戲謔，然絕不言人過。」**後一百七十有八年，**是為戊申。**公之四世孫偉業謹案：京兆敘而書之曰：公諱愈，字惟謙，一字遯菴。成化乙未進士，授南京刑部主事，進郎中。清慎明敏，號稱職，先後九載。南司寇用弘治三年詔書，得薦其屬，將待以不次，疏未達而命守敘州。為守既常調，敘又險且遠，公獨不以為望。南中諸大僚為文以寵其行，太僕寺丞文公宗儒林既已自為文，又遍乞名人之什以贈。**《吳中先賢傳》：「文林，字宗儒。成化壬辰進士。父洪，字公大。先出湖廣武冑。洪始占籍長洲，棄武就學，苦〔註 19〕志刻力，治《易》遽甚，從遊者往往得高第。洪屢舉屢北，後子林領鄉薦，偕會試。子成進士，洪以副榜授漂水教諭，林始知溫之永嘉，後改北平之，二縣稱之治。尤善發奸摘伏，陞南太僕丞。建言時政十四事，當道奏為例。病歸數年，溫人思之，用薦守溫。未幾，卒官。林學該博，雖堪輿卜筮，皆通其說，尤精《易》數。平生以經濟自負。弟森，字宗嚴。成化丁未進士，以鄆城知縣陞御史。」**文公之子待詔徵仲璧，即公壻也。石田為文公執友，待詔親從之受畫法。京兆之交在文氏父子間，故石田為作長卷，題以短歌，而京兆敘之。長卷中平橋廣坡，桃柳雜植，有三嶂出其上，離舟揮袂，送者四五人，點染景物皆生動。短歌有「荔支初紅五馬到，江山亦為人增奇」之句，其風致可想見焉。京兆文典雅有法度，小楷倣鍾太傅體，尤其生平不多得。詩自都玄敬以下十有五人，**《吳中先賢傳》：「都穆，字玄敬。居吳縣之南壕，人稱都南壕。仕至大僕少卿。歸老之日，齋居蕭然，或至乏食，輒笑曰：『天壤間當不令都生餓死。』所著《聽雨紀談》及《鐵鋼珊瑚》，其考証，人謂勝《金石錄》。」**朱性甫存理、**《吳中先賢傳》：「朱存理，字性甫，長洲人。與朱凱字堯民者皆不仕，又不隨俗為廛井之事，日挾冊呻吟，求昔人理言遺事而識之。汲古多藏，人稱兩朱先生，為吳中文獻。所著亦有《鐵綱珊瑚》。」**劉協中嘉續，**《吳中先賢傳》：「劉昌博學多

〔註 18〕「與」，底本作「於」，據楊學沆本改。
〔註 19〕「苦」，底本誤作「若」，據楊學沆本改。

聞，豐於文詞。弱冠中鄉試第一，會試第二，授南京工部主事，預纂修秘閣。出為河南按察副使，董學政。卒官廣東左參政。子嘉絧，少稟家學，亦工詩文，惜早夭不傳。」《列朝詩集》:「嘉絧豐儀如玉，年數歲，據小幾習書，選古詩，儼如成人。十五喪父，盡讀其遺書。嘗著《弔范墓文》，讀者棘吻不能句。年二十四卒。」尤以詞翰著名者也。先朝自成化〔註20〕以來，一郡方雅之族，莫過文氏，而吾宗用世講相輝映。當敘州還自蜀，參政河南，而文太僕丞出為溫州守。待詔以詩文書畫妙天下，晚出而與石田齊名，其於外家甥舅中表多有往還手蹟。偉業六七歲時，見吾祖封詹事竹臺公名議。所藏數十紙，今大半散失，猶有存者。此卷比之他袠，日月為最久，衰門凋替，不知落於何人，乃劫灰之餘，得諸某氏質庫中，若有神物擁護，以表章其先德，不綦幸乎！吾吳氏自四世祖儀部冰蘗公以乙科起家參政，再世滋大，父子皆八十，有重德，其行略具《吳中先賢傳》中。《婁東耆舊傳》:「吳凱，字相虞，崑山籍。父公式，早亡，遺腹生公，能力學養母。幼時里胥見役，即詣縣自陳，有母不能遠離，竊有志於學。時縣令為芮子翔，異其言，立遣就學。後充貢京師，中順天鄉試。宣德中，授刑部廣東司主事，改行在雲南司，再改禮部主客司，以母老乞歸。公精敏有治劇材，平生以禮自律，一言行不苟，風儀峻整，人望而畏之。家居四十年，非公事不至公府。葉文莊公盛尤重之，嘗曰：鄉里作官，前輩當法吳丈，後輩當法蘊章。謂孫瓊也。」參政見前《清風使節》詩。偉業無似，不能闡揚萬一，庶幾邀不朽於昔賢之名蹟，而藉手當世諸君子共圖其傳。是歌之作，見者其有以教之也。

京江流水清如玉，楊柳千條萬條綠。畫舫勞勞送客亭，勾吳人去官巴蜀。巴蜀東南雙道開，夷牢山下居民屋。諸葛城懸斷棧邊，李冰路鑿顛崕腹。不知置郡始何年，即敘西戎啟荒服。吾祖先朝事孝宗，清郎遠作蠻方牧。家世流傳餞別圖，知交姓氏摩挲讀。先達鄉邦重文沈，太僕絲蘿共華省。徵仲當時尚少年，後來詞翰臻能品。師承父執石田翁，婉致姻親書畫請。相城高臥灑雲煙，話到相知因笑肯。太守嚴程五馬裝，山人尺素雙江景。草色官橋從騎行，花時祖帳離樽飲。碧樹遙遙別袂情，青山疊疊征帆影。首簡能書枝指生，揮毫定值殘酲醒。狂草平生見盡多，愛看楷法藏鋒緊。徵仲關心畫後題，石田句把前賢引。杜老曾遊擘荔支，涪翁有味嘗苦筍。原注：唐戎州，宋紹聖四年改，始為敘。杜子美《客遊》詩有「輕

〔註20〕「化」，楊學沆本作「弘」。

紅擘荔支」之〔註21〕句。黃山谷貶官，作《筍賦》，言苦而有味，官況似之。故石田短歌引此相贈。此地居然風土佳，丈人仕宦堪高枕。嗚呼！孝宗之世真成康，相逢骨肉遊羲皇。瞿塘劍閣失險阻，出門萬里皆康莊。雖為邊郡二千石，經過黑水臨青羌。旄牛徼外無傳堠，鐵鎖江頭弗置防。去國豈愁親故遠，還家詎使鬢毛蒼。吾吳儒雅傾當代，石田既沒風流在。待詔聲華晚更遒，枝山放達長無害。歲月悠悠習俗非，江鄉禮數歸時態。縱有丹青老輩存，故家興會知難再。京口千帆估客船，金焦依舊青如黛。巫峽巫山慘澹風，此州迢遞浮雲礙。正使何人送別離，登高腸斷烏蠻塞。衰白嗟餘老秘書，先人名德從頭載。廢楮殘縑發浩歌，一天詩思江山外。

題劉伴阮凌煙閣圖並序

唐閻立本《十八學士圖》，相傳在兵科直房中。余官史局，慈谿馮大司馬鄴仙見前。時掌兵都垣，嘗同直禁中，出而觀之，吏啟篋，未及展，而馮以上命宣召，遽扃鐍而去，遂不果。《太岳集》：「閻立本畫《十八學士圖》一卷，于志寧贊，沈存中跋，惜楮剝落。其畫法與近時所傳全不同，當是真蹟。卷藏山西蒲州監生魏希古家。嘉靖癸卯、壬辰間，希古攜以遊京師，京山侯崔都尉以二百金購之，不與。是時邊患孔亟，希古因條陳邊事，並此卷封進，意圖進用。疏入，不省，以其疏並卷俱發兵科。此卷遂留藏科房。」《玉堂薈記》：「殿試次日，詞林詣兵科一飦。觀唐人《十八學士圖》，相傳為故事。」今相去三十年，六科廊燬於兵，此圖不可問矣。十八人：杜如晦，房玄齡，虞世南，褚亮，姚思廉，李玄道，蔡允恭，薛元敬，顏相時，蘇勗，于志寧，蘇世長，薛收，李守素，陸德明，孔穎達，蓋文達，許敬宗，張寧。《方洲集》：「唐人榮十八學士，號為登瀛，非其人自擬神仙也。學士以論思為職，雖日給珍膳，亦更番有時，未必群酗燕喪如晉人也。畫者殉名失實，真以神仙放浪模之，唯恐不盡，良可笑。」按：王氏《畫苑》，王弇州輯《書苑》、《畫苑》，又彙各家類書為《彙苑》。立本畫十八學士，又畫凌煙二十四功臣，故兩圖竝行。凌煙圖不著，著其所由失。汴梁劉君伴阮，天才超詣，書畫尤其所長，自鍾、王以下，八分行草摹之，無不酷似；山水雅擅諸家，又出新意以繪人物，《續圖繪寶鑑》：「劉阮，字伴阮，河南人。善人物山水、寫意花鳥。書工行篆，尤精龍水。入內府供事，官至部郎。」如所作《凌煙功成〔註22〕

〔註21〕「之」，底本作「荔」，據楊學沆本改。
〔註22〕「成」，楊學沆本無，疑衍。

臣圖》，氣象髣髴，衣裝瓌異，雖立本復出，無以過焉。伴阮遊於方伯三韓佟公之門，佟國綱，滿洲鑲黃旗人。父圖賴，封一等公、三等精奇尼哈番、定南將軍、都統；國綱，襲一等公，官至議政內大臣、安北將軍。暫留吾吳，恨尚未識面，間取是圖以想像其為人，意必嶔嵜磊落，有凌雲御風之氣。余因是以窺劉君之才，服方伯之知人，而深有感於余之老，不足追陪名輩也。為之歌曰：

大梁才子今劉生，客遊書畫傾公卿。江南花發遇高會，油幢置酒羅群英。開君書堂拂素壁，貞觀將相施丹青。長孫燕頷肺附戚，河間龍準天横親。鄂公衛公與英國，誰其匹者推〔註23〕秦瓊。房杜匡襄魏強諫，元僚濟濟高勳名。二十四人半豐沛，君王帶礪山河盟。二十四人：長孫無忌，趙王孝恭，杜如晦，魏徵，房玄齡，高士廉，尉遲敬德，李靖，蕭瑀，段志立，劉弘基，屈突通，殷開山，柴紹，長孫順德，張亮，侯君集，張公謹，程知節，虞世南，劉政會，唐儉，李世勣，秦叔寶。《南部新書》:「凌煙閣在西內三清殿側，畫功臣，皆北面。閣有中隔，隔內面北寫功高侯王，隔外面次第功臣。」程大昌《演繁露》:「閣中凡設三隔，內一層畫功高宰輔，外一層畫功高侯王，又外一層次第功臣。此三隔者，雖分內外，其所畫功臣，象魏貌，皆北面。恐是在三清殿側，以北面為恭耶？」千載懸毫寫生面，雙眸顧盻關神明。長弓大矢佩刀劍，元衮赤舄垂蔥珩。正視横看叫奇絕，一時車馬喧南城。余衰臥病滄江日，周錫《玄亭閒話》:「詩人言滄江不一，如太白云『凌波欲過滄江去』，少陵云『一臥滄江驚歲晚』，半山云『滄江天外落』，涪翁云『滄江晝夜虹貫日』，固不為太倉專稱也。」《舊崑山志》:「太倉北巷口有滄江風月樓，馬公振題太倉景物曰滄江八景，故稱滄江特著。」忽幸流傳入吾手。細數從前翰墨家，海內知名交八九。慘淡相看識苦心，殘編零落知何有。技窮仙佛並侯王，四十年來誰不朽。北有崔青蚓，南有陳章侯。崔也餓死值喪亂，維摩一卷兵間留。倉牙白象貝多樹，圖成還記通都求。《青箱堂集》:「崔子忠年五十，病幾廢。亡何，遭寇亂，潛避窮巷中，無以給朝夕。有憐之而不以禮者，去而不就，遂夫婦先後死。」陳生落魄走酒肆，好摹傖父屠沽流。笑償王媼錢十萬，稗官戲墨行觥籌。〔註24〕《續圖繪寶鑑》:「陳洪綬，

〔註23〕「推」，底本誤作「誰」，據眉批「是推非誰」改。

〔註24〕眉批：先是，陳章侯圖《水滸傳》三十六人像，伴阮仿之，乃為此圖。每人一頁，係以杜詩句為贊。此詩因援章侯為比。其不及陳所畫者，豈以稗說非雅，不可入詩耶？而「稗官戲墨」一句而該矣。

字章侯，諸暨人。明經，不仕。天資穎異，博學好飲，豪邁不羈。能書，善畫花鳥人物，無不精妙，中家遂成一家。奇思巧構，變幻合宜。」《靜志居詩話》：「章侯壬午入貲為國子生，遭亂，自稱老遲，亦稱悔遲，亦稱老蓮。客有求畫者，雖磬折至恭，弗與。至酒闌，召妓自索筆墨云。」**劉生三十稱詞伯，盛名緩帶通侯席。埋沒休嗤此兩生，古今多有窮途客。繁臺家在汴流平，老我相逢話鋒鏑。剩有關河出後生，枉將兵火催衰白。君不見秘書高館群儒修，歐虞褚薛題銀鉤。朔州老將解兵柄，折節愛與諸生遊。丈夫遭際好文日，布衣可以輕兜鍪。似君才藻妙行草，況工絹素追營丘。他年供奉北門詔，大官賜食千金裘。嗚呼！石渠麟閣總天上，凌煙圖罷圖瀛洲。**

李青城七十有六以自壽詩積閏平分已耋年之句索和余題一絕贈之
青城名法，字亦古，青浦人。其詩曰《頤樓九種稿》。

詞家老宿號山農，移得青城八九峰。細數餘分添甲子，黃楊千歲敵喬松。

大中丞心康韓公九月還自淮南生日為壽《新蘇州府志》：「轉世琦，本蒲州人，崇禎相國韓爌曾孫，隸旗籍。康熙元年，由順天巡撫移撫江南。再期，題蠲順治十五年以前舊賦。又三閱月，請撤蘇州駐防兵還京師。又嘗特疏請減蘇、松浮糧。政績多有可紀。居八年，以各屬逋賊被議去。」

閶闔清秋爽氣來，尚書新自上游回。八公草木登高晏，九日茱萸置酒臺。兵食從容經久計，江淮安穩濟時才。尊前好唱南山曲，笳鼓西風笑語開。

贈李膚公五十膚公名遜之，江陰人。忠毅公應昇子。年五十作自訟十則，謂為悔吝之始。〔註25〕

先德傳家歷苦辛，汗青零落剩閒身。雲山笑傲容遺叟，松菊招尋見古人。猶有田園供伏臘，豈無書卷慰沉淪。只看五月開樽晏，撥剌江魚入饌新。

〔註25〕眉批：《確菴文稿》：「當忠毅公之抗章就義，膚公方在髫齔，鵠亭之冤，久而未雪。及其壯而有為，而山移谷變矣。使膚公拘於世俗不死其親之見，而挾有為之才，乘方剛之氣，則山公之啟事必有及武侯子孫者，而膚公不願也。以此知膚公之行有本末，而自訟者之不徒也已。」

題冒辟疆名姬董白小像並引〇辟疆名襄。弘光時以明經廷對，用為司李，不就。《文集》:「辟疆舉止蘊藉，吐納風流，尋以大亂，奉其父憲副嵩少公歸隱如皋之水繪園。清贏〔註 26〕雞骨，藥爐經卷，蕭然塵外。」《揚州府志》:「水繪園在如皐縣，為文學冒一貫別業。」《小記》云:「由玉帶橋歷逸園、橫塘，又通略彴，至古洗缽池，繞寒碧堂，抵小三吾，浸月魚磯而潨然不絕者，為小浯溪。入園門，折而西，有長彴翼之。彴之杪為長堤，兩水夾鏡，堤艸皆種桃花。」《板橋雜記》:「董白，字小宛，一字青蓮。巧慧媚妍，針神、曲聖、食譜、茶經，莫不精曉。性愛閒靜，遇幽林遠，片石孤雲，則戀戀不忍捨去。至男女雜坐，歌吹喧闐，心厭色沮，意弗屑也。慕吳門山水，徙居半塘。小築河濱，竹籬茅舍。經其戶者，時聞詠詩鼓琴，皆曰：此中有人。已而扁舟遊西子湖，登黃山，禮白嶽，仍歸吳門。喪母，抱病賃居以棲，隨如皐冒辟疆過惠山，歷澄江、荊溪，抵京口，陟金山絕頂，觀大江競渡以歸。後卒為辟疆側室，事冒九年，年二十有七，以勞瘁死，冒作《影梅菴憶語》二千四百言哭之耳。」

夫笛步麗人，出賣珠之女弟；雉皐公子，類側帽之參軍。名士傾城，相逢未嫁。人諧燕婉，時遇漂搖。則有白下權家，蕪城亂帥，阮佃夫刊章置獄，見前《贈陳定生》詩。**高無賴爭地稱兵。**見《遇南廂國叟》詩。**奔送流離，纏綿疾苦；支持藥裹，慰勞羈愁。苟君家免乎，弗復相顧；寧吾身死耳，違惜其勞。**〔註 27〕**已矣夙心，終焉薄命。名留琬琰，跡寄丹青。嗚呼！鍼神繡罷，寫春蚓於烏絲；茶癖香來，滴秋花之紅露。在軼事之流傳若此，奈餘哀之惻愴如何。鏡掩鸞空，弦摧雁冷。因君長恨，發我短歌。詒以八章，聊當一嘅爾。**

射雉山頭一笑年，相思千里草芊芊。千里草，亦用姓。**偷將樂府窺名姓，親擘雲璈第幾仙。**首章但詳其姓。

珍珠無價玉無瑕，小字貪看問妾家。尋到白隄呼出見，〔註 28〕**月明殘雪映梅花。**原注：余向贈詩有「今年明月長洲白」之句，白隄即其家也。

鈿轂春郊鬬畫裙，捲簾都道不如名。白門移得絲絲柳，黃海歸來步步雲。

〔註 26〕「羸」，底本作「嬴」，據楊學沆本改。

〔註 27〕眉批：張明弼《小宛傳》:「辟疆避難，遁浙之塩官，履危九死，姬不以身先，則願以身後，寧使兵得我則釋君。」

〔註 28〕眉批：依原注，則白隄非西湖也。據《姬傳》，乃在吳門之桐橋。《姬傳》:「辟疆至吳閭。」則姬自西湖遠遊黃山、白嶽，將三年矣。

京江話舊木蘭舟，憶得郎來繫紫騮。殘酒未醒驚睡起，曲闌無語笑凝眸。〔註29〕

青絲濯濯額顏懸，巧樣新粧恰自然。入手三盤幾梳掠，便攜明鏡出花前。

念家山破定風流，郎接新詞妾唱歌。恨殺南朝阮司馬，累儂夫壻病愁多。

亂梳雲髻下粧樓，盡室倉黃過渡頭。鈿合金釵渾拋卻，高家兵馬在揚州。〔註30〕

江城細雨碧桃村，寒食東風杜宇魂。欲弔薛濤憐夢斷，墓門深更阻侯門。〔註31〕

又題董君畫扇有前引起句，故亦以稱賣珠者稱之。

過江書索扇頭詩，簡得遺香起夢思。金鏁澀來衣疊損，空箱猶記自開時。

湘君浥淚染琅玕，骨細輕勻二八年。半折秋風還入袖，任他明月自團圓。

直溪吏《州乘備採》：「直塘市，在州北三十里。塘水東西無曲折，故名。」

直溪雖鄉村，故是尚書里。短棹經其門，叫聲忽盈耳。《明史》本傳：「凌雲翼，字洋山。嘉靖二十六年進士。萬曆元年進右副都御史，巡撫江西。三遷兵部左侍郎，提督兩廣軍務。代殷正茂徵羅旁，平之，晉尚書。以病歸家居，驕居横里中。給事、御史連章劾之，詔奪官，卒。雲翼有干濟才。羅旁之役，繼正茂成功，然喜事，好殺戮，為當時所議。」按：洋山奪官事，為諸生刊布，坑儒圖也。其討檄有曰：「蠻煙峒草，十年鬼哭不休；血雨腥風，一夜遊魂畢至。狼心虎行〔註32〕，總屬冤愆；子暴孫頑，皆由鬼厲。」蘇州庠生姚希孟之筆也。乃曾幾何時，遂有如

〔註29〕眉批：《姬傳》：「抵北固，登金焦，與辟疆觀競渡於江山最勝處。」

〔註30〕眉批：《憶語》：「流離時，寧委匳具，而以書畫捆載自隨。末後盡裁裝潢，獨存紙絹，猶不得免焉。」

〔註31〕眉批：《婦人集》：「姬葬影梅菴旁，張明弼揭陽為傳，吳綺兵曹為誄，詳《影梅菴憶語》中。」

〔註32〕「行」，底本誤作「竹」，據楊學沆本改。

此詩所云者。嗚呼噓矣！**一翁被束縛，苦辭橐如洗。吏指所居堂，即貧誰信爾。呼人好作計，緩且受鞭箠。穿漏四五間，中已無窗幾。屋梁記月日，仰視殊自恥。昔也三年成，今也一朝毀。貽我風雨愁，飽汝歌呼喜。官逋依舊在，府帖重追起。旁人共唏噓，感歎良有以。東家瓦漸稀，西舍牆半圮。生涯分應盡，遲速總一理。居者今何棲，去者將安徙。明歲留空村，極目唯流水。**按：《堯峰文鈔》：「康熙六年，上詔每年開徵，夏稅定於五六月，秋糧定於九十月。戶科給事姚文然請勅部查今歲存貯與明春所徵，果否足充一季兵餉，無使良法行而復止。章下戶部，尚書王弘祚督諸司付文，得銀五百四十萬有奇，餉無虞矣。會添注尚書馬爾賽建議於朝，格緩徵之詔不行，於是有司一切催科如故。明年，復廢右左兩餉司，而王尚書亦遂得罪去。」此詩之作，正於其時，可以考治效焉。

庚戌梅信日雨過鄧尉哭剖石和尚遇大雪夜宿還元閣《文集》：「天壽聖恩祥寺，由山門拾級而登，仰見傑閣聳於虛空，剖石大和尚所構，以奉一大部藏者也。其地踞鄧尉之半，雕楹文礎，插入崖腹。」

筍輿衝雨哭參寥，宿鳥啾鳴萬象凋。北寺九成新妙塔，原注：師修報恩塔初成。《堯峰文鈔》：「報恩寺獨塔存，入國朝亦侈剎。康熙八年，金文通公歸老於家，偕其仲子侍衛君顧而歎息，延剖石璧公主之，首葺不染塵耳殿，繼興塔工，施者輻湊，欄楯俯雲，鈴鐸交風。方議肇正殿之役，會文通公及璧公相繼下世。」**南湖千頃舊長橋。雲堂過飯言猶在，**原注：去歲與師同飯山閣。**雪夜挑燈夢未消。最是曉鐘敲不寐，半天松栝影蕭蕭。**

投老相期共閉關，原注：師有招住山中之約。**影堂重到淚潺潺。身居十地莊嚴上，**原注：師初刻華藏圖。**道出三峰玄要間。**《五宗燈敘》：「臨濟在明初法運中徵，漢月出而直追從上。相承之密〔註33〕印，有玄有要，賓主歷然。」**壞衲風光青桂冷，**原注：四宜堂叢桂最盛。**殘經燈火白雲間。吾師末句分明在，雪裏梅花雨後山。**

葉君允文偕兩叔及余兄弟遊寒山深處允文見前《遊石公》詩。

投足疑無地，逢泉細聽來。松顛湖影動，峰背夕陽開。客過攜山榼，僧歸埽石臺。狂呼聲撼木，麋鹿莫驚猜。

〔註33〕「密」，底本誤作「蜜」，據楊學沆本改。

登寒山高處策杖行崕谷中

側視峰形轉，空蒼萬象陰。斷巖湖數尺，絕澗樹千尋。日透瓏瓏影，煙生杳靄心。忽逢天際廣，始覺所來深。

寒山晚眺

驟入初疑誤，沿源興不窮。穿林人漸小，攬葛道微通。湖出千松杪，鍾生萬壑中。晚來三月吐，遙指斷巖東。

翠峰寺遇友《姑蘇志》：「莫釐山有九寺，惟法海、翠峰、靈源最勝。」

臥疾峰腰寺，攲危腳步勞。松聲侵殿冷，花勢擁樓高。薄俗詩書賤，空山將吏豪。〔註34〕不堪從置酒，白髮自蕭騷。

家園次罷官吳興有感陳維崧《三芝集序》：「園次之守湖州也，擒治豪猾，不受請謁，要人不喜也。因其招接四方名流，遊讌日多，因以是中之。既罷官，僦居吳閶，刻其詞曰《林蕙堂集》，又詮次其三子詩曰《三芝集》。」詩中反覆發明罷官之由。

世路嗟誰穩，棲遲可奈何。官隨殘夢短，客比亂山多。閉閤凝香坐，行廚載酒過。卻聽漁唱向，落日有風波。

勝事難忘處，陰晴檻外峰。高臺爭見水，曲塢自栽松。失志花還放，離程鶴未從。白雲長澹澹，猶做到時容。

枉殉千金諾，空酬一飯恩。只今求國士，誰與報王孫。強悶裁詩卷，長歌向酒尊。古人高急難，歎息在夷門。

劇郡非吾好，蕭條去國身。幾年稱傲吏，此日作詩人。京雒虛名誤，江湖嬾病真。一官知己愧，所得是長貧。

送許堯文之官莆陽《婁東耆舊傳》：「許煥，字堯文。父國榮，字允尊，天啟乙丑進士，由太常博士陞工科給事中。堯文順治二年領鄉薦，丁亥成進士，授部曹，出知嘉興府，歸起補興化知府。興化，漢曰莆中，隋曰莆田。堯文初授長水知縣，既陞後，曾左遷吉州司馬。」

烏石煙巒列畫圖，《一統志》：「烏石山在興化府城內，產荔支，為莆中第一。」雙旌遙喜入名都。路經鷗嶺還龍嶺，符剖鴛湖更鯉湖。二句言初任嘉興，

〔註34〕原注：時有戍將居寺中。

再湓興化也。《一統志》:「九龍山在仙遊，山分九枝，周五里，石皆紫色，下有赤湖、蕉溪。」鴛湖，見前。《一統志》:「九鯉湖在仙遊，何氏兄弟九人於湖側，各乘一鯉去，因名。」**訪舊草堂搜萬卷，**《一統志》:「夾漈草堂在府城東北，鄭樵著書於此。」**吟詩別墅補千株。知君不淺絃歌興，別有高樓起望壺。**《一統志》:「望壺樓在舊郡治內，以望壺公山名。山在城南，形方，銳如圭，凡八面，上有盤陀石、法流泉、濯纓、沿碧溪灣、虎丘巖，號五奇。」

榕陰五馬快驂驔，親到遊洋古越南。抹麗香分魚�細，荔支漿勝橘收甘。鮫宮月映浮春嶼，蜃市煙消見夕嵐。此去褰帷〔註35〕**先問俗，上溪秋色正堪探。**《一統志》:「上溪在興化府城西。」

感舊贈蕭明府並敘○名應聘，洛陽人。明舉人，歷官曹，至河東副使。

余年三十有一，以己卯七月奉命封延津、孟津兩王於禹州，按：延津端惠王載埴、孟津昭順王載堃，皆徽王見沛曾孫，嘉靖中分封。載埴孫常湌，萬曆四十三年襲爵。載堃子翊鍰，萬曆三十四年襲爵。《明史．表》俱失其薨年及嗣王之名。太〔註36〕約崇禎中薨，而其子紹封也。又，徽王本封鈞州，明改鈞州曰禹州。**過汴梁，登梁孝王臺，適學使者會課屬郡知名士於臺上，因與其人諮訪古蹟，徘徊久之而後行。逾三十三年，**當為辛亥。**雒陽蕭公涵三從道臣左官來治吾州，拭目驚視，云曾識余，則蕭公乃臺上諸生中一人也。感舊太息，為賦此詩。**

三十張旌過大梁，繁臺憑眺遇蕭郎。黃河有恨歸遺老，朱邸何人問故王。授簡肯忘群彥會，棄繻誰識少年裝。長卿駟馬高車夢，臥疾相逢話草堂。

同孫浣心郁靜巖家純祜過福城觀華嚴會《州乘備採》:「福城菴在州小西門內，與曇陽館相去數十步。國朝初，邑人為佛會所。」

不求身世不求年，二六時中小有天。今日雲門纔喫棒，多生山谷少安禪。茶鐺藥臼隨時供，蒲笠蕉團到處眠。撒手懸厓無一事，經聲燈火覺王前。

〔註35〕「帷」，底本作「帳」，據眉批「褰帷」改。
〔註36〕「太」，疑為「大」之誤。

題郁靜巖齋前壘石靜巖名滋，字至臣，崇明籍。諸生，甲申年貢。

就石補奇雲，潭幽亂石文。貞堅應有性，高下亦唯君。鳥雀因人亂，松杉我獨聞。苔堦含古色，落落自同群。

附集外詩三首長洲朱隗撰《明詩平論》，刻於崇禎甲申，載梅村詩三首，皆本集所遺，今補附集後。按：朱隗，字雲子。

山水間想

石脈有時隱，越吾溪上村。溪水亦無底，石當深處行。伏流過千里，乃或驚而鳴。彼與尋丈瀑，亦共分古今。始知變化力，隱見有苦心。舉世亂魚鳥，何能恃煙雲。吾於萬物間，而不藏其真。山水其愛我，山水仍畏人。

雜詩

東海麋竺家，西蜀王孫室。窖米流出門，阿縞被牆壁。吾聞秦皇帝，築臺女懷清。丈夫守緘縢，留為女子名。所以牧羊兒，輸帛為公卿。

輔嗣好自然，處默能多通。叔寶自神清，在德非為客。天性固蹈道，何必資談功。士龍有笑疾，嗣宗悲途窮。哀樂既異理，所以尊虛空。

吳梅村詩箋卷十二終

吳梅村詩箋附錄

鶴市迓亭程穆衡　輯

曩余敘《施注蘇詩》，以為蘇詩當始於嘉祐時，《南行集》不當始於鳳翔，是為無首。舊本集後有《東坡詞》一卷，今芟去之，使無所附，是為無尾。因欲補其前後，以為完書。茲余箋梅村詩既竣矣，而梅村詞亦藝林所最稱引，謂其婉靡雄放，兼有周、柳、蘇、辛之長，本朝詞家推為冠冕。使論詩而弗及焉，其能免無尾之誚乎？爰詮次之，俾綴於集，有當詮釋者，亦稍加箋語云。

附錄詞目

詩餘小令四十七首

望江南十八首　如夢令四首

生查子三首　點絳脣

浣溪沙二首　菩薩鬘

減字木蘭花　醜奴兒令三首

清平樂　浪淘沙三首

柳梢青　西江月三首

南柯子二首　鵲橋仙

南鄉子三首

詩餘中調十首

臨江仙二首　醉春風二首

江成子　千歲秋

風入松　紅林檎近

金人捧露盤　柳初新

詩餘小令

望江南

江南好，聚石更穿池。水檻玲瓏簾幕隱，杉齋精麗繚垣低。木榻紙窗西。

又

江南好，翠翰木蘭舟。窄袖衩衣持檝女，短籥急鼓採菱謳。逆槳打潮頭。

又

江南好，博古舊家風。宣廟乳鑪三代上，元人手卷四家中。厰盒鬪雞鐘。

又

江南好，蘭蕙伏盆芽。茉莉縷藏新茗椀，木瓜香透小紗窗。換水膽瓶花。

又

江南好，五色錦鱗肥。反舌巧偷紅嘴慧，盡著羞傍白頭棲。翡翠逐金衣。

又

江南好，蒱博擅縱橫。紅鶴八番金葉子，玄盧五木玉楸枰。擲採坐人傾。

又

江南好，茶館客分棚。走馬布簾開瓦肆，博羊餳鼓賣山亭。傀儡弄參軍。

又

江南好，皓月石場歌。一曲輕圓同伴少，十反纚細聽人多。絃索應雲鑼。

又

江南好，黃雀紫車螯。螯雞下豉澆苦酒，魚羹加芼搗丹椒。小喫砌宣窯。

又

江南好，櫻筍薦春羞。梅豆漸黃探鶴頂，芡盤初軟剝鷄頭。橘柚洞庭秋。

又

江南好，機杼奪天工。孔翠裝花雲錦爛，冰蠶吐鳳霧綃空。新樣小團龍。

又

江南好，獅子法王宮。白足禪僧爭坐位，黑衣宰相話遭逢。拂子塞虛空。

又

江南好，鬧掃鬪新粧。鴉色三盤安鈿翠，雲鬟一尺壓蛾黃。花讓牡丹王。

又

江南好，豔飾綺羅仙。百襇細裙金線柳，半裝高屧玉臺蓮。故故立風前。

又

江南好，繡帥出針神。霧髩湘君波窈窕，雲幢大士月空明。刻畫類天成。

又

江南好，巧技棘為猴。髹漆湘筠香墊幾，戧金螺甸酒承舟。鈒鏤匠心搜。

又

江南好，狎客阿儂喬。趙鬼揶揄工調笑，郭尖儇巧善詼嘲。幡綽小兒曹。

又

江南好，舊曲話湘蘭。薛素彈丸豪士戲，王徽書卷道人看。〔註 1〕一樹柳摧殘。

如夢令

鎮日鶯愁燕嬾，遍地落紅誰管。睡起爇沉香，小飲碧螺春盌。簾捲，簾捲，一任柳絲風軟。

又

誤信鵲聲枝上，幾度樓頭西望。薄倖不歸來，愁殺石城風浪。無樣，無樣，牢記別時模樣。

〔註 1〕眉批：馬守貞又名月嬌，字湘蘭，南京舊曲中人。風流絕代。工詩書，善蘭竹，與王百穀善，名擅一時。薛素，字素卿，蘇州人，廌南京。字習黃庭小楷，工蘭竹，善音律，又喜馳馬挾彈。所著名《南遊草》。王徽自號草衣道人，工書畫，居蘇州盤門內。

又

小閣焚香閒坐，撼撼紙窗風破。女伴有誰來，管領春愁一箇。無奈，無奈，斜壓翠衾還臥。

又

煙鎖畫橋人病，燕子玉關歸信。報導負情儂，屈指還家春盡。休聽，休聽，又是海棠開近。

生查子

青瑣隔紅牆，撳下韓嫣彈。花底玉驄嘶，立在垂楊岸。　　纖指弄東〔註2〕風，飛出銀箏雁。寄語畫樓人，留得春光半。

又

香煖合歡襦，花落雙紋枕。嬌鳥出房櫳，人在梧桐井。　　小院賭紅牙，輸卻蒲桃錦。學寫貝多經，自屑泥金粉。

又旅思

一尺過江山，萬點長淮樹。石上水潺潺，流入清溪去。　　六月北風寒，落葉無朝暮。度樾與穿雲，林黑行人顧。

點絳脣蕉團

細骨珊珊，指尖拂處嬌絃語。著水撩人，點點飛來雨，撲罷流。　　帳底輕風舉。眠無主，誤黏玉體，印得紅絲縷。

浣沙溪

斷頰微紅眠半醒，背人驀地下堦行。摘花高處賭身輕。　　細撥薰鑪香繚繞，嫩塗吟紙墨歌欹。慣猜閒事為聰明。

又

一斛明珠孔雀羅，湘裙寧地錦文韡。紅兒進酒雪兒歌。　　石黛有情新月皎，玉簪無力暖雲拖。見人先唱定風波。

〔註 2〕「東」，底本作「春」，據眉批「東誤寫春」改。

菩薩蠻

江天漠漠寒雲白，長橋客醉閒吹笛。沙嘴荻花秋，垂蘿拂釣舟。危峰欹半倚，灰徑蒼苔屐。欲上最高亭，遠山無數橫。

減字木蘭花題畫

藤谿竹路，鳥道無人雲獨過。鹿柵猿棲，布襪青鞋客杖藜。　　江頭尺鯉，展罷生綃天欲雨。記得曾遊，古木包山五月秋。

醜奴兒令

落紅已拂雕闌近，入手枝低。莫肯高飛，費盡東風著力吹。　　分明燕子啣來到，因甚差池。墜在污泥，惹動游絲不自知。

又

溪橋雨過看新漲，高柳鳴蜂。荷葉田田，指點兒童放鴨船。　　前村濁酒沽來醉，今夜涼天。明月初圓，一枕西窗自在眠。

又

低頭一霎風光變，多大心腸。沒處參詳，做過生疎故試郎。　　何須抵死推儂去，後約何妨。卻費商量，難得今宵是乍涼。

清平樂題雪景

江山一派，換出瓊瑤界。凍合灘舟因訪戴，沽酒南村誰賣。　　草堂風雪雙扉，畫圖此景依稀。再補吾廬佳處，露橋一笠僧歸。

浪淘沙題畫蘭

枉自苦凝眸，腸斷歸舟。依然明月舊南樓，報導孫郎消息好，楊柳風流。　　花意落銀鉤，一寸輕柔。生綃不剪少年愁，看取幽蘭啼露眼，心上眉頭。

又端午

纏臂綵絲繩，妙手心靈。真珠嵌就一星星，五色疊成方勝小，巧樣丹青。　　刻玉與裁冰，眼見何曾。葫蘆如豆虎如蠅，旁繫纍絲銀扇子，半黍金鈴。

又枇杷

上苑落金丸，黃鳥綿蠻。曉窗清露濕雕盤，恰似戒珠三百顆，琥珀沉檀。　　纖手摘來看，香色堪餐。羅衣將褪玉漿寒，怕共脆圓同薦酒，學得此酸。

柳梢青

紅粉牆高，風吹嫩柳，露濕夭桃。扇薄身輕，香多夢弱，腸斷吹簫。
誰能一見相拋，動人處，詩成彩毫。帳底星眸，窗前皓腕，又是明朝。

西江月靈巖聽法

昔日君王舞榭，而今般若經臺。千年霸業總成灰，只有白雲無礙。
看取庭前栢樹，那此石上青苔。殘山廢塔講堂開，明月松間長在。

又詠別

烏鵲橋頭夜話，櫻桃花下春愁。廉纖細雨綠楊舟，畫閣玉人垂手。
紅袖盈盈粉淚，青山剪剪明眸。今宵好夢倩誰收，一枕別時殘酒。

又詠雪塑僧伽像

透出光明眼耳，忍來冰雪心腸。坐時兩手且收藏，捏弄兒童無狀。
著體生成冷袈，開門自在齋糧。大千世界盡銀裝，到得來朝一樣。

南柯子詠涼枕

頰印紅多暈，釵橫響易尋。美人一覺在花陰，怕是耳珠鉤住髻雲侵。
有分投湘簟，無緣伴歸衾。眼多即溜為知音，受盡兩頭牽繫像人心。

又詠竹夫人

玉骨香無汗，從教換兩頭。受人顛倒被人鉤，只是更無腸肚便風流。
嬌小通身滑，玲瓏滿眼愁。有此情性欠溫柔，怕的一時拋擲在深秋。

鵲橋仙

園林晚霽，池塘新漲，明月窺人縹緲。萬木陰森穿影過，驚噪起，一群山鳥。　　纖雲暗度，銀河斜轉，露濕桂花香悄。少年此夜不須眠，把鐵笛，橫吹到曉。

南鄉子新浴

皓腕約金鐶，艷質生香浸玉盤。曲曲屏山燈近遠，偷看一樹梨花露未乾。　　扶起骨珊珊，裙衩風來怯是單。背立梧桐貪避影，更闌月轉廻廊半臂寒。

又春衣

玉尺剪裁工，鬪色衣衫巧樣縫。深淺配來纖手綻，重重蒲紫蒲青雅澹中。　　斜領叩金蟲，透肉生香寶襪鬆。茜裨半垂鴉襪淺，從容百折羅裠細細風。

又詠牡丹頭

高聳翠雲寒，時世新粧喚牡丹。豈是玉樓春宴罷，金盤頭上花枝鬪合歡。　　著意畫煙鬟，用盡玄都墨幾丸。不信洛陽千萬種，爭看魏紫姚黃總一般。

詩餘中調

臨江仙逢舊

落拓江湖常載酒，十年重見雲英。依然綽約掌中輕。燈前纔一笑，偷解砑羅裠。　　薄倖蕭郎憔悴甚，此生終負卿卿。姑蘇城外月黃昏。綠窗人去住，紅粉〔註3〕淚縱橫。

又過嘉定感懷侯研德。〇侯研德，名泓。父岐曾，字豫瞻，以陳給事子龍亡命，株連被害。侯氏昆季共六人。豫瞻子演字幾道，潔字雲俱，先偕其父，城陷不屈死。遺幼子瀞，字掌亭，豫瞻之子涵挾以逃，得免。涵字智含，仲弟某前夭，季弟即侯研德是也。

苦竹編籬茅覆瓦，海田久廢重耕。相逢還說廿年兵。寒潮衝戰骨，野火起空城。　　門戶凋殘賓客在，淒涼詩酒侯生。西風又起不勝情。一篇思舊賦，故國與浮名。

〔註3〕「粉」，底本誤作「紛」，據楊學沆本改。

醉春風春思

門外青驄騎，山外斜陽樹。蕭郎何事苦思歸，去。去。去。燕子無情，落花多恨，一天憔悴。　　私語牽衣淚，醉眼偎人覷。今宵微雨怯春愁，住。住。住。笑整鸞衾，重添香獸，別離還未。

又

眼底桃花媚，羅襪勾人處。四肢紅玉軟無言，醉。醉。醉。小閣回廊，玉壺茶暖，水沉香細。　　重整蘭膏膩，偷解羅襦繫。心知心侍女下簾鉤，睡。睡。睡。皓腕頻移，雲鬟低擁，羞眸斜睇。

江城子詠風鳶

柳花風急賽清明，小兒擎，走傾城。一紙身軀，便欲上天行。千丈游絲收不住，纔跌地，倏無聲。　　憑誰牽弄再飛鳴，御風輕，幾人驚。江南二月聽呼鷹〔註4〕。趙琴秦箏天外響，彈不盡，海東青。

千秋歲題袁重其侍母弄孫圖。〇袁重其，見前。重其之壽其母吳太君也，有《霜哺園》，有《寒香勁節圖》，故徵詩至六千餘首之多，此則其小照也。

吳中佳士，獨有袁絲耳。營筆墨，供甘旨。但期慈母笑，敢告吾勞矣。願只願，年年進酒春風裏。　　少婦晨粧起，抱得佳兒侍。珠一顆，駒千里。石麟天上送，蠟鳳階前戲。回首道，待看兒長還如此。

風入松題和州守楊仲延所寄鷹阿山人戴君畫。〇楊仲延，見前《續圖繪寶鑑》。戴大有，字書年。善山水人物花鳥仕女，得豐肥之態，花卉擅雅淡之婆，畫蘭竹尤佳。

長松落落蔭南岡，亂山橫砌銀塘。梅花消息經年夢，慢支頤，老屋繩床。棐几風吹散帙，紙窗雨洗疎篁。　　丹青點染出微茫，妙手過倪黃。寒雲流水閒憑弔，誰能認，當利橫江。翰墨幽人小戴，文章太守歐陽。

紅林擒近春思

龜甲屏還掩，博山香未焦。鸚鵡暖猶睡，曉鶯上花梢。醒來擡身半

〔註4〕按：《吳詩集覽》引張如哉曰：「後段「江南」上少二字，與蘓子瞻、謝無逸諸詞不合，疑漏刻『草長』二字也。『江南草長，羣鶯亂飛』，丘希範語，見《送李退菴侍御》注。」

晌，細雨濕夢無聊。女伴戲問春宵，笑頰暈紅潮。　　黛眉新月偃，羅韈小蓮拗。更衣攏髩背，人自折櫻桃。怨玉郎起早，日長倦繡，小樓花落吹洞簫。

金人捧露盤觀演《秣陵春》○《秣陵春》，公所著樂府傳奇也。錄標目《沁園春》，志其概：「次樂徐生，四海無家，客遊洛陽。喜展娘小姐，玉杯照影；買來金鏡，卻是紅粧。後主昭儀，兼公外戚，倩女離魂出洞房。招佳婿，仙官贊禮，王母傳觴。　　東都折散鸞皇，賜及第春風夢一場。待狀元辭職，貂璫獻婢；婣煙相見，話出行藏。給假完婚，重脩遺廟，舊事風流說李唐。淒涼恨，霓裳一曲，萬古傳芳耳。」

記當年，曾供奉，舊霓裳。歎茂陵、遺事淒涼。酒旗戲鼓，買花簪帽一春狂。綠楊池館，逢高會、身在他鄉。　　喜新調，初填就，無限恨，斷人腸。為知音、仔細思量。偷聲減字，盡堂高燭弄絲簧。夜深風月，催檀板，顧曲周郎。

柳初新閨思

畫欄深鎖，鴛鴦暖照，素影花枝軟。綠雲斜軃，寶釵欲墜，倦起日高猶嬾。嗔道是，風簾捲，半擡身，慵開嬌眼。　　閣外青山點點，問平疇，綠蕪誰糝。玉驄嘶去，欲窺還避，肩倚侍鬟微掩。凝望處，雙眉斂，似不禁，燕拘鶯管。

詩餘長調

意難忘山家

村塢雲遮，有蒼藤老幹，翠竹明沙。溪堂連石穩，苔逕逐籬斜。文木幾，小窗紗。是好事人家，啟北扉，移床待客，百樹梅花。　　衰翁健飯堪誇。把癭尊茗盌，高話桑麻。穿池還種柳，汲水自澆瓜。霜後橘，雨前茶，這風味清佳。去年山田大熟，爛熳生涯。

滿江紅題畫壽龔憲長芝麓

楚尾吳頭，僅斗大、孤城山縣。正遇著，青絲白馬，〔註 5〕西風傳箭。歸去秦淮花月好，召登省閣江山換。更風波，黨籍總尋常，思量遍。

〔註 5〕眉批：梁時諺：青絲白馬壽陽來。侯景因乘白馬以應之。

文史富，才名擅。交與盛，聲華健。正三公開府，張燈高宴。綠髩功名杯在手，青山景物圖中見。待他年、揀取碧雲峰，歸來羨。

又白門感舊

松栝淩寒，掛鐘阜、玉龍千尺。記那日，永嘉南渡，蔣陵蕭瑟。群帝翺翔騎白鳳，江山縞素舭稜碧。躧麻鞋，血淚灑冰天，新亭客。　雲霧鎖，臺城戟。風雨送，昭丘柏。把梁園宋寢，燒殘赤壁。破衲重遊山寺冷，天邊萬點神鴉黑。羨漁翁，沽酒一簑歸，扁舟笛。

又過虎丘申文定公祠《明史》本傳：「申時行，字汝默，長洲人。萬曆五年，由禮部右侍郎改吏部。以文字受知張居正，蘊藉不立崖異，居正安之，遂以東閣大學士兼文淵閣。居正卒，務為寬大，以次收召老成。然是時內閣，權積重，六卿大抵徇閣臣指，樂其寬，多相與厚善。而言路為居正所遏，至是方發抒。時行外示博大，能容人心，故弗善也。諸大臣又皆右時行拄言者口，言者益憤，時行此以損物望。」

相國祠堂，看古樹、蒼崕千尺。聽斷碙，轆轤聲緊，闌干吹笛。士女嬉遊燈火亂，君臣際會松杉直。任年年，急雨打荒碑，兒童識。　今古恨，興亡蹟。白社飲，青門客。歎三公舊事，吾徒籥瑟。歌舞好隨時世改，溪山到處還堪憶。盡浮生，風月倒金尊，千人石。

又讀史

顧盼雄姿，數馬矟，當今誰比。論富貴，刀頭取辨，只應如此。十載詩書何所用，如吾老死溝中耳。願君侯，誓志掃秦關，如江水。　烽火靜，淮淝壘。甲第起，長安里。尚輕他絳灌，何知程李。揮麈休談邊塞事，封侯拂袖歸田里。待公卿、置酒上東門，功成矣。

又感舊

滿目山川，那一帶，石城東冶。記舊日，新亭高會，人人王謝。復社盛時，為金陵大會。風靜旌旗瓜步壘，月明鼓吹秦淮夜。算北軍，天塹隔長江，飛來也。　暮雨急，寒潮打。蒼鼠竄，宮門瓦。看雞鳴埭下，射雕盤馬。庾信哀時唯涕淚，登高卻向西風灑。問開皇，將相復何人，亡陳者。

又

詩酒溪山，足笑傲，終焉而已。回首處，亂雲殘葉，幾篇青史。昔日兒童俱老大，同時賓客今亡矣。看道旁，爭羡錦衣郎，曾如此。　遭際盛，聲名起。跨燕許，追蘇李。苟不知一事，吾之深恥。年少即今何所得，孝廉間一當知幾。論功名，消得許多才，偶然耳。

又贈南中余澹心〇余澹心，名懷，江寧人。崇禎末遊舊曲中，多志金陵故事。

綠草郊原，此少俊，風流如畫。盡行樂，溪山佳處，舞亭歌榭。石子岡頭聞奏伎，瓦官閣外看盤馬。《據梧齋塵談》:「東晉哀帝時，移陶冶所於秦淮水北，而以南岸地施僧慧力造寺，因名瓦官。今驍騎倉是其遺址。寺故有閣，可盡江山之勝，太白所謂『白浪高於瓦官閣』者也。後人以集慶菴改名，而指南唐石刻天王象陰有昇元二字為證。蓋瓦官於南唐時以紀年，昇元易寺名，而故寺基周圍數里，或亦初地一隅云。瓦宮寺昔有顧虎頭《維摩天女與戴顒減臂脾〔註 6〕》塑像，而法汰、道林、智顗諸僧與丹陽王長史輩，名理清言，流傳於此時。」問後生，領袖復誰人，知卿者。　雞籠館，青溪社。西園飲，東堂射。捉松枝麈尾，做此聲價。賭墅好尋王武子，論書不減蕭思話。聽清談、亹亹逼人來，從天下。

又重陽感舊

把酒登高，望北固，崩濤中斷。還記得，寄奴西伐，鼓城高讌。飲至淩歊看馬射，秋風落木堪傳箭。歎黃花，依舊故宮非，江山換。　獨酌罷，微吟倦。斜照下，東籬畔。念柴桑居士，高風誰見。佳節又逢重九日，明年此會知誰健。論人生，富貴本浮雲，非吾願。

又孫本芝壽，兼得子。〇孫朝讓，字光甫。崇禎辛未進士，知泉州府知府。《初學集》:「孫氏自世節先生父子以詩文節俠起家，齋之雄長詞壇，二子競爽，恭甫兄弟名行烜赫。」

老矣君謨，曾日啖，荔枝三百。謂舊守泉州。拂袖去，笱輿芒屩，彈琴吹笛。九日登高黃菊酒，五湖放棹青山宅。論君家，住處本桃源，仙翁石。謂虞山有桃源澗。孫氏吾谷大石山房，即遇仙人慧車子處。　門第盛，芝

〔註 6〕「脾」，楊學沆本作「胛」。

蘭集。五福滿，雙珠出。看龍文驥子，鳳毛殊特。竹馬鳩車偕下繞，朱顏綠髩尊前立。問今朝，誰捧碧霞觴，同年客。辛未固公同年。

又感興

老子平生，雅自負，交遊然諾。今已矣，結茅高隱，溪雲生閣。暇日好尋鄰父飲，歸來一枕松風覺。但拖條，藤杖筍鞋輕，湖山樂。　也不赴，公卿約。也不慕，神仙學。任優游散誕，斷雲孤鶴。健飯休嗟容髩改，此翁意氣還如昨。笑風塵，勞攘少年場，安耕鑿。

又蒜山懷古

沽酒南徐，聽夜雨，江聲千尺。記當年，阿童東下，佛貍深入。白面書生成底用，蕭郎帬屐偏輕敵。笑風流，北府好談兵，參軍客。　人事改，寒雲白。舊壘廢，神鴉集。盡沙沉浪洗，斷戈殘戟。落日樓船鳴鐵鎖，西風吹盡王侯宅。任黃蘆、苦竹打荒潮，漁樵笛。

又壽金豈凡相國七十。〇金之俊，見前。

雒社耆英，高會處，門前雙戟。風景好，沙堤花柳，錦堂琴瑟。北叟南翁須健在，東封西禪何時畢。羨蒼生，濟了衮衣歸，神仙客。　法醞美，雕薪炙。燈火照，笙歌席。正朱樓雪滿，早梅消息。矍鑠青山霜鐙馬，歡娛紅粉春泥屐。願百年，父老進霞觴，升平日。

又壽顧吏部松交五十。〇顧松交，名予咸，吳郡人。見前《王維夏牽染北行》詩注。

拂袖歸來，閒管領，煙霞除目。筭得是，與人無競，高飛黃鵠。眼底羊腸逢九阪，天邊鱷浪愁千斛。脫身時，還剩辟疆園，浮生足。　尊酒在，殘書讀。拳石小，滄洲綠。有風亭月榭，醉彈絲竹。嫩籜雨抽堂下筍，蒼皮霜洗窗前木。倩丹青，寫出虎頭癡，山公屋。

又　滿庭芳孫太初太白亭落成分韻得林字。〇孫太初太白亭，見前。

鐵笛橫腰，鶴瓢在手，太白山人常吹鐵笛，推鶴瓢自隨。烏巾白袷行吟。仙蹤恍惚，埋玉舊煙林。多少唐陵漢寢，王孫夢、一樣銷沉。以其為安化王裔，故云。殘碑在，高人韻，留得到而今。　雲深。來此地，相逢五隱，白石同心。王隱，名見前。喜今朝吾輩，酹酒登臨。忽聽松風驟響，蘇門嘯，彷彿遺音。歸來晚，峰頭斜景，明日約重尋。

六么令詠桃

一枝濃豔，蘸破垂楊色。到處倚牆臨水，裝點清明陌。障補盈盈粉面，獨倚斜柯立。深紅淺白，無言忽笑，鬬盡鉛華半無力。　　年年閒步過此，柳下人家識。煙臉嫩，霧鬟斜，腸斷東風燕子。欲來還去，滿地愁狼籍。芳姿難得，韶光一片，囑付東君再三惜。

燭影搖紅山塘即事

踏翠尋芳，柳條二月春風半。泰娘家在畫橋西，有客金錢宴。道是留儂可便，細沉吟，回眸顧盼。繡簾深處，茗椀爐煙，一床絃管。　　惜別匆匆，明朝約會新亭館。扁舟載酒問嬋娟，驀地風吹散。此夜相思豈慣。孤枕宿，黃蘆斷岸。嚴城鍾鼓，凍雨殘燈，披衣長歎。

倦尋芳春雨

欺梅黯淡，弄柳迷離，一幅煙水。醉墨糢糊，澹插浮屠天際。捲湘簾，憑畫閣，白鷗點點飛還起。視吾廬，如掀翻，一葉空江深處。　　記今朝，南湖禊飲。士女嬉遊，此景佳麗。細馬輕車，不到斷橋西路。雙屐衝泥僧喚渡，一瓢沽酒柴門閉。料今宵，對殘燈，客情憔悴。

念奴嬌

東籬殘醉，過溪來，閒訪黃花消息。小院高樓門半掩，細雨闌干吹笛。側帽狂呼，搊箏緩唱，翠袖偎人立。欲前還止，此中何處佳客。　　卻是許掾王郎，風流年少，爛醉金釵側。十載揚州春夢斷，薄倖青樓贏得。遍插茱萸，山公老矣，顧影顛毛白。憑高惆悵，暮雲千里凝碧。

木蘭花慢過濟南

天清華不注，搔首望，白雲齊。想尚父夷吾，雪宮柏寢，衰草長堤。松耶柏耶在否，秖斜陽，七十二城西。石窌功名何處，鐵籠籌筭都非。

盡牛山，涕淚沾衣。極目雁行低。歎鮑叔無人，魯連未死，憔悴南歸。依然泱泱東海，看諸生，奏玉簡金泥。誰問碻磝，戰骨秋風，老樹成圍。

又話舊

西湖花月地，櫻筍熟，鱖魚肥。記粉袖銀箏，青簾畫舫，煙柳春堤。驚風一朝吹散，歎西興，兵火渡人稀。白髮龜年尚在，青山賀監重歸。

恰相逢，紫蟹黃雞。猶唱縷金衣。奈狂客愁多，慧娘老去，木落烏棲。無情斷橋流水，把年光，流盡付斜暉。世事浮生急景，道人抱膝忘機。

又壽嘉定趙侍徘舊巡滇南。〇趙洪範，字元錫。天啟壬戌進士，授麻城知縣，陞陝西道御史，巡按雲南。

仰頭看皓魄，切莫放，酒杯空。記六詔飛書，百蠻馳傳，萬里乘驄。天南碧雞金馬，把枯棊、殘局付兒童。雞黍鹿門高隱，衣冠鶴髮衰翁。

歎干戈，滿地飄蓬。落日數歸鴻。喜歇浦寒潮，練塘新霽，投老從容。菊花滿頭須插，向東籬，狂笑醉顏紅。高館青尊紅燭，故園黃葉丹楓。

又中秋詠月

冰輪誰碾就，千尺起，嘯臺東。記白傅堤邊，庾公樓上，幾度曾逢。今宵廣寒高處，問嫦娥，環珮在何峰。天上銀河珠斗，人間玉露金風。

聽江樓，鶴唳橫空。人影立梧桐。有宮錦袍緋，綸巾頭白，鐵笛仙翁。欲乘月明飛去，過嚴城，下界打霜鐘。醉臥三山絕頂，倒看萬箇長松。

又壽汲古閣主人毛子晉

尚湖高隱處，較漆簡，定遺經。正伏勝加餐，楊雄健飯，七略縱橫。爭傳殺青奇字，更五千、餘偈叩南能。夜雨蒲團佛火，春風菌閣書聲。

臥荒江，投老遺名。兵後海田耕。喜柳塢堂開，月泉詩就，貰酒行吟。高談九州風雅，問開元、以後屬何人。百歲顛毛斑白，千年翰墨丹青。

水龍吟送孫浣心之真定

無諸臺上春風，燕南魏北聲名起。浣心宰甌寧、長垣二縣，故有此起句。金戈鐵馬，神州沉陸，幅巾歸里。種柳門前，藝瓜陂下，北窗煙雨。遇天涯故舊，貽書到，一鞭行李滹沱水。　　挾瑟高堂趙女，問叢臺，幾人珠履。青史紛爭，干戈談笑，陳餘張耳。漢壘秦軍，季龍宮苑，銷沉何處。向孤城，但有寒鴉落木，暮天羈旅。

風流子為鹿城李三一壽。〇名孟函。崇禎己卯副榜貢，崑山人，選知縣，未任卒。

青山當戶牖，秋光霽，明月倒壺觴。羨金粟道人，草堂松竹；青蓮居士，藜閣文章。傳家久，朱門開累葉，晝省付諸郎。綠酒黃花，淵明高臥；紅顏白髮，樊素新粧。　　登高頻回首，江南舊恨在，鐵笛滄桑。十載故園兵火，三徑都荒。待山園再葺，讀書萬卷；湖田晚熟，縱博千場。老子婆娑不淺，盡意踈狂。

又送張編修督學河南。〇名天植，秀水人，進士。由河南按察僉事，順治十一年任河南提督學道。

中原人物盛，征驂過，花發洛陽街。羨嚴助承明，連城建節；茂先機近，好士掄才。賓徒滿，賦成誇授簡，鍾鼓遶繁臺。嵩嶽出雲，欝葱千仞；濁河天際，屈注西來。　　憑高披襟處，千觴引醽醁，意氣佳哉。回首日邊臚唱，御筆親裁。待尚書尺一，趨歸視草；門盈桃李，學士高齋。領取玉堂佳話，黃閣重開。

又掖門感舊

咸陽三月火，新宮起，傍鎖舊莓牆。見殘甓廢磚，何王遺構；荒薺衰草，一片斜陽。記當日，文華開講幄，寶地正焚香。左相按班，百官陪從；執經橫卷，奏對明光。　　至尊微含笑，尚書問大義，共退東廂。忽命紫貂重召，天語琅玕。賜龍團月片，甘瓜脆李；從容晏笑，拜謝君王。十八年來如夢，萬事淒涼。

沁園春午朝遇雨

十里紅牆，樹色陰濃，銅扉洞開。見觚稜日炫，金銀照耀；朱霞天半，避暑樓臺。忽起奇雲，琉璃萬頃，燕雀罘罳風動來。西山上，有龍迎反照，急雨驚雷。　　涼生殿閣佳哉，但瀟灑瑤階絕點埃。聽御河流水，琤琮雜珮，黃滋細柳，翠逼宮槐。玉管銀毫，冰桃雪藕，枚馬詩成應制才。承恩久，待歸鞭晚霽，步月天街。

又云間張青琱從中州南還，索詞壽母。

極目中原，慷慨平生，濁醪一杯。念高堂老母，桓釐志行；窮途游子，仲蔚蒿萊。雅負經綸，文章小技，三尺遺孤何壯哉。辭家久，到燕南趙北，赤目黃埃。　　吾徒造物安排，且布鞭青青歸去來。有蓴羹鱸鱠，能供蔬饍；魚村鮮舍，可葺茅齋。貧賤安親，詩書養志，世上機雲少棄才。成名後，把懷清築起，百歲高臺。

又觀湖

八月奔濤，千尺崔嵬，春然欲驚。似靈妃顧笑，神魚進舞；馮夷擊鼓，白馬來迎。伍相鴟夷，錢王羽箭，怒氣強於十萬兵。崢嶸甚，訝雪山中斷，銀漢西傾。　　孤舟鐵笛風清，待萬興槎問客星。歎鯨鯢未剪，戈船滿岸；蟾蜍正吐，歌管傾城。狎浪兒童，橫江士女，笑指漁翁一葉輕。誰知道，是觀潮枚叟，論水莊生。

又丁酉小春，海棠與水仙並開，王廉州為予寫秋林圖初成，因取瓶花作供，輒賦此詞。

有美人兮，宛在中央，仙乎水哉。似藐姑神女，淩波獨步；瀟湘極浦，洗盡塵埃。忽遇東鄰，彼姝者子，紅粉臙脂笑靨開。須知道，是兩家粧束，一種人材。　　東君著意安排，早羯鼓催成巧樣裁。豈陳王賦就，新添女伴；太真睡起，共倚粧臺。玉骨冰肌，豔梳濃裹，妙手黃筌未見來。霜天晚，對膽瓶雙絕，點染幽齋。

又吳興愛山臺禊飲分韻得關字

妍景銷愁，輕衫乘興，扁舟往還。遇使君倒屣，銀床枕簟；群賢傾蓋，玉珮刀鐶。下若新醅，前溪妙舞，落日樓臺雨後山。雕闌外，有名花婀娜，嬌鳥綿蠻。　　衰翁天放踈頑，況廿載重來詎等閒。歎此方嚴虎，青絲白馬；原注：孫吳時，山寇嚴白虎與呂蒙正戰於吳興之石城山。當年宋態，綠鬢紅顏。原注：唐李涉有《贈吳興妓宋態》詩，所謂「解語花枝在眼前」。春色依然，舊遊何處，剩得東風柳一灣。吾堪老，傍鷗汀雁渚，石戶松關。

賀新郎送杜將軍弢武

雙鬢愁來白。數威名、西州豪傑，玉關沙磧。家世通侯黃金印，馬稍當年第一。磨盾鼻、懸毫飛檄。雅吹投壺詩萬首，舊當陽、虎帳春秋癖。思往事，頓成昔。　　天涯寂寞青門客。念平生、鞭箠萬里，布衣之極。滿地江湖漁歌起，誰弄扁舟鐵笛。正柳色、依依南陌。日暮鄉關何處是，故人書、草沒摩厓石。漫回首，淚沾臆。

又病中有感

萬事催華髮。論龔生、天年竟夭，高名難沒。吾病難將醫藥治，耿耿胸中熱血。待灑向、西風殘月。剖卻心肝今置地，問華佗、解我腸千結。追往恨，倍悽咽。　　故人慷慨多奇節。為當年、沉吟不斷，草間偷活。艾炙看頭瓜歕鼻，今日須難訣絕。蚤患苦、重來千疊。脫屣妻孥非易事，竟一錢不值、何須說？人世事，幾完缺。

吳梅村詩箋附錄詩餘終

跋

《梅村詩牋》十二卷，我少年時興會偶至，率爾所成，雖不無掛漏，然旁無蚍蜉之助，襞積數百家，條貫脈絡，絲髮不亂，可云體大思精矣。往在京師，出前敘示同人，以為不減劉孝標，弗數徐、庾以下，皆愛我過，非妄歎耳。此本揮汗書得，往往有沾漬處，後世讀之，當不啻手澤之痛。乙丑二月，春勞復發，兩髀如醋浸，不能行立，援筆記此。

鶴市迓亭氏跋。

又　跋

《梅村詩牋》成於戊午，越六年甲子，錄一本，前跋所謂揮汗書者是也。壬午春，舟行遇盜刦，捕緝得賊，衣裝書籍多亡失，獨此編若嘿有呵護之者。念書無副本，昔人皆謂至險可虞，東坡所以碇宿海中，夜起對星河而長歎也。因取原本分散各類，依年排次，自甲申冬至乙酉春，多有俗務縈牽，乘間理翰，復書此本，益以詩餘，為十三卷。時年已六十有四，精神日衰，目愈昏，手愈顫，幾不成字。榆影風燭，能有幾時？著書滿屋，再欲清錄他種，力不能為已。開椷披牘，不勝泫然。

鶴市迓亭又跋。

附錄一：相關評論

楊學沆《吳梅村詩箋補注弁言》

逕亭程先生著《梅村祭酒詩箋》十二卷，《詩餘附箋》一卷。分散各類，年經月緯，卓哉成一家之言，誠可謂體大思精矣。顧先生博極群書，故其原序謂祭酒之詩未許剞中者得窺其崖略。茲之所編，唯貴覈今，無煩徵古。若予小子，學識譾陋，綜覽全書，時或茫其所出。暇日繙閱舊籍，輒為釋注如干條。近得黎城靳價人氏《吳詩集覽》一書，閱竟，又增補如干條。今年春，手錄一通，用惠氏《漁洋訓纂》例，總附全詩之後，藏之篋衍。雖不免為大雅所軒渠，而後之問津梅村詩者，或假之為岸筏焉。乾隆辛丑上巳日，後學恒農楊學沆識。

黎城靳價人，名榮藩，輯《吳詩集覽》，句疏字釋，誠足為後學津梁，然卷帙太繁，轉不耐觀，唯間有一二箋語，可與程氏相發明者，摘附於此。又此書悉照程氏原書，唯中間稗史數條，因成書時《明史》尚未頒行，故間一引用，今從芟削，悉依正史。又識。

傅增湘《士禮居鈔本吳梅村詩箋注跋》〔註 1〕

《梅村詩集》十二卷，舊寫本，程穆衡逕亭原箋，楊學沆匏堂補注，《詩餘》、《詩話》附後。《詩話》未注。前有穆衡自序，學沆補注弁言，次穆衡所撰《婁東耆舊傳》，次《詩箋》凡例十八則。後有穆衡《詩餘》序，又《詩箋》後跋。末有戴光曾跋一則，黃丕烈手跋一則。此書向未刊行，蕘圃蓋假戴松門

〔註 1〕傅增湘《藏園群書題記》卷十七集部七，上海古籍出版社 2022 年版，第 1009～1011 頁。

手寫本迻錄者也。每卷後有松門題識一二行，每冊書衣蕘圃咸加標識，卷中訛舛字句亦經蕘圃校改，著於闌上。首冊書衣並有同治癸丑守吾氏手跋，余別藏他書有守吾印記，蓋其人為陳姓也。

按：梅村詩舊聞有錢湘靈評本，頻年詢訪，未之見也。惟靳價人《集覽》本乃孤行於世，幾於家有其書。然梅村身閱桑海，出處情緒多可憫傷，故其詩觸事抒懷，含情隱約。若徒賞其詞采豐華，音節淒麗，而不悉其身世之源委，時事之遷流，則託興深微，莫由窺見，其於知人論世之旨，去之遠矣。靳注大率詳於證釋詞句，羅列典故，而於事實多從闕略，閱者憾焉。

此程氏箋本，余辛亥歲獲於秀水莊氏，藏之篋笥，未以示人，頃始檢出，重付裝褙。瀏覽數四，其詩分年編次，其箋詳紀事蹟，而於詞旨典實多付闕如。蓋迓亭自序固言「先生之集固未許剞中者得窺其崖略，而索解所難，正不在此也」。至匏堂補注附於詩後，專釋詞典，實為迓亭所不屑，所謂可已而不已者乎？閱者當自得之，無假余之喋喋為也。辛未九月二十四日，藏園居士記。

《梅村詩箋》十二卷，我少年時興會偶至，率爾所成，雖不無掛漏，然旁無蚍蜉之助，襞數百家，條貫脈絡，絲髮不亂，可云體大思精矣。往在京師，出前序示同人，以為不減劉孝標，弗數徐、庾以下，豈愛我過，非妄歎耳。此本揮汗書得，往往有沾漬處，後世讀之，當不啻手澤之痛。乙丑二月春，勞發，兩髀如醋浸，不能行立，援筆記此。

鶴市迓亭氏又跋：

《梅村詩箋》成於戊午，越六年甲子錄一本，前跋所謂揮汗書者是也。壬午春，舟行遇盜刦，捕緝得賊，衣裝書籍多亡失，獨此編若默有呵護之者。念書無副本，昔人皆謂至險可虞，東坡所以碇宿海中，夜起對星河而長歎也。因取原本分散各類，依年編次，自甲申冬至乙酉春，多有俗務縈牽，乘間理翰，復書此本，益以《詩餘》，為十三卷。時年已六十有四，精神日衰，目愈昏，手愈顫，幾不成字。榆影風燭，能有幾時？著書滿屋，再欲清錄他種，力不能為已！開椷披讀，不勝泫然。

右吳祭酒《詩話》一卷，乙未歲餘讀書胥江之感德庵，祭酒元孫翔洽時僑寓廣陵甥館，過從頗密，見其篋中攜此帙，蓋先生手書稿本，中多改竄，有塗乙不可辨者，余譯而讀之，不無帝虎之訛。抄《詩箋》竟，用以附諸集後焉。小鐵山人楊學沆跋。

讀梅村詩，非箋不易解，箋非眼極明、學極博、具知人論世之識無當也。余愛讀梅村先生詩，曩於鮑丈廷博處得某氏批本，又閱靳氏所刊《吳詩集覽》，採錄之，間附鄙見，並注於原集上。客遊東蜀，存於家。同遊鄭子師愈於汴省錄得此本，為婁東程氏箋，誠善本也。原集分體，此則編年，一善也。靳氏注應詳者多略，此則詳簡得宜，二善也。靳氏書晚出，且竊取他人語附會之，此箋成於康熙戊午，去梅村時未遠，又同里，見聞多確，三善也。亟手錄副本，越半載始竟。他日歸，出前手注本，校其異同得失而折衷之，有力則刊以傳，庶不沒箋者苦心，而讀者亦得其要矣。嘉慶丙寅春三月十又八日，檇李戴光曾記於興化客樓。

歲辛未閏三月三日，有事至嘉興，因訪戴君松門於吳涇橋。松門素愛好古，圖書滿家，余造訪之夕，挑燈茶話，秘笈徧搜。松門以此書相示，余愛之甚，遂乞歸，展讀一過，知實勝於靳箋，為其注時事多所發明也。錄此為副，書中寫誤及原有脫落，未盡改正，願以異日。鈔畢粗對一次，時中秋前三日，黃丕烈識於求古居。

潘景鄭《著硯樓書跋》〔註 2〕

吳梅村詩集程箋稿本

梅村韻文典麗，允推一代詞宗。遺集初刊為詩文四十卷；又有家藏稿五十八卷，經武進董氏精寫刊行，較初刊本為善，涵芬樓即據以景印入《四部叢刊》者。各家箋注本之傳世者：有錢陸燦之《箋注》；靳榮藩之《集覽》；吳翌鳳之《箋注》；錢注久佚不傳，靳、吳二本，流播為廣。同時太倉程穆衡窮數十年之精力，成《詩箋》十二卷，《詩餘附箋》一卷，稿成未得刊傳；後經楊學沆為之補注，重行寫定，亦未付梓。嘉慶中，檇李戴光曾於閩中錄得一本，攜歸吾吳，黃氏士禮居復從戴本錄副，自是藏家互相傳寫，咸以戴本為鼻祖。近年太倉俞慶恩彙校各家鈔本，刊入所輯《太崑先哲遺書》中，推源不出戴本藩籬也。吾友黃君永年，閱肆得此程箋全稿，繕寫精整。審其筆墨，猶是乾隆間寫本，卷中「顒」字塗粉，是其明證。取校俞本，開卷已多異文。偶檢卷三《鴛湖曲》，前人校簽云：「末句『輸與鴛湖釣叟』，知『鴛』字別本作『江』，『鴛』義較長。」今俞本亦作「江」，足證斯本之善。諸如此類，不勝枚舉。此本板心中縫「梅村詩集」四字，下方鐫「保蘊樓」三字，竊意此本當必楊氏寫定清

〔註 2〕潘景鄭《著硯樓書跋》古典文學出版社 1957 年版，第 284 頁。

稿，而保蘊樓疑即其齋名耳。是稿寫成在戴本以前，自較精善。又俞本跋稱太倉圖書館藏有程氏手寫初稿，無楊氏補注，而箋亦較異，當是未定初稿。據是則此本經楊氏一再勘正，始得寫成，其為程箋最善之本，可無疑義。安得取此與俞本重勘一過，錄為校記，俾讀此書者得一裨助，豈非大快事哉！黃君英年多聞，明辨典籍源流，鄭重見示斯稿，屬系數語，聊以報命。深慚見聞寡陋，筆札荒傖，點污卷冊，知不免夫貽笑大雅也。一九五五年四月十五日。

黃永年《影印清保蘊樓鈔本〈吳梅村詩集箋注〉前言》〔註 3〕

明清之際，詩壇作者輩出，吳偉業實一大家。吳氏字駿公，晚號梅村，江蘇太倉人，明萬曆三十七年（1609）生，清康熙十年（1671）卒，事蹟略具並時顧湄撰行狀、陳廷敬撰墓表及道光時顧師軾撰年譜，《清史稿》為立傳入文苑首卷，所撰《梅村集》著錄於《四庫全書》，為清人別集之冠。《提要》論其歌詩，謂「少作大抵才華豔發，吐納風流，有藻思綺合、清麗芊眠之致。及乎遭逢喪亂，閱歷興亡，激楚蒼涼，風骨彌為遒上。暮年蕭瑟，論者以庾信方之。其中歌行一體，尤所擅長，格律本乎四傑，而情韻為深；敘述類乎香山，而風華為勝，韻協宮商，感均頑豔，一時尤稱絕調」。信非虛美。《四庫》本《梅村集》用康熙七年（1668）吳氏原刻，凡詩十八卷、詩餘二卷、文二十卷，悉分體編次。清季琉璃廠書肆出舊鈔《梅村家藏稿》十二冊，為董康所得，寫定為詩前集八卷、後集並詩餘十四卷、文集三十五卷、詩話一卷，詩文雖仍分體而多有溢出康熙原刻之外者，董氏復益以顧撰年譜，於宣統三年（1911）刊版行世，較原刻差為完善。

惟吳詩好用舊典，非淺學所能遽解。又多詠吟時事，感慨身世，不特膾炙人口如《鴛湖曲》、《圓圓曲》諸歌行皆有所指名，即律詩中《雜感》、《揚州》、《即事》、《長安雜詠》、《讀史偶述》、《讀史有感》之屬，亦無不別具本事可尋。至乾隆時遂有就康熙原本詩及詩餘作箋注者，其事蓋始於吳氏里人程穆衡。程字惟淳，號迓亭，康熙四十一年（1702）生，乾隆五十九年（1794）卒，事蹟略見《鎮洋縣志》、《鶴市志略》諸方志人物傳。其撰《梅村詩箋》，「惟箋詩旨，不及詩辭」，「惟貴核今，無煩徵古」。初稿成於乾隆三年（1738），至乾隆三十年（1765）復取原本「分散各類，依年排次」為十二卷，「益以詩餘為十三卷」（今題乾隆三年所撰凡例中已謂「分散各類，悉依年月」者，蓋三十年重定時

〔註 3〕黃永年《黃永年文史論文集》第 5 冊，中華書局 2015 年版，第 53～56 頁。

所追改）。稍後靳榮藩輯《吳詩集覽》二十卷，於乾隆三十年創稿，四十年（1775）刊版，則就康熙原刻卷第疏注詩詞所用舊典出處，雖凡例謂嘗就正於程氏，然不敢多效程氏之箋釋本事，間引程箋，刊版後復頗削除。同時吳翌鳳亦就原刻卷第撰《梅村詩集箋注》十八卷，注詩舍詞，於嘉慶十九年（1814）刊版，舊典而外益弗及時事。斯皆怵於其時文字獄之淫威，不欲以箋詩賈禍，而程箋亦遂無為之刊版者。惟乾隆四十六年（1782）楊學沆嘗捃摭吳詩用典出處，為程箋補注，且自吳氏玄孫處借鈔《梅村詩話》附麗卷尾，然於程箋之引用稗史處悉從芟削，別易以官修《明史》，其畏懼惶恐仍可想見。此程箋楊補本後來稍稍傳鈔，顧師軾撰集年譜時所採程箋當即出於此等傳鈔之本，董康刊刻《家藏稿》時則並此等傳鈔本亦未寓目，致誤以為《梅村詩話》僅見於《家藏稿》而自詡。至民國十八年（1929）俞慶恩編集《太昆先哲遺書》，始借得嘉慶十六年（1811）黃丕烈傳鈔程箋楊補本，用鉛字排印而為《遺書》之第一種。黃鈔本建國後入北京圖書館，其時則藏傅增湘處，傅氏《藏園群書題記》及《遺書》本均錄有黃丕烈、戴光曾題識，知黃本出於戴鈔，戴則據鄭師愈自汴省錄得之本於嘉慶十一年（1806）傳寫者。俞氏印書綴有跋語，謂「吳興劉君翰怡、湘潭袁君巽初均藏有舊鈔本，讎對無異，知傳世各本，殆皆從黃氏傳錄」，又謂「念孤本傳鈔，往往以訛傳訛，爰請無錫尤師惜陰校讎一過」，「更從太倉圖書館主任吳君養涵借得迓亭手寫初稿本託常熟何君芸孫互勘箋注，以舊藏靳（榮藩）、吳（翌鳳）諸本對閱正文，發見訛字不鮮，逐一更正」。可見《遺書》所據輾轉傳鈔之黃本及源出黃本之劉、袁諸家藏本實不得曰精善，而校印時用程箋初稿並靳、吳諸本讎改，復轉有竄亂程箋楊補定本之失（如程箋定本凡例謂「舊刻校讎不精，訛字累累，此本余所手錄，悉已更正」，知程氏本不以康熙原刻《梅村集》為善而在文字上有所改易，《遺書》乃用照錄原刻《梅村集》之靳、吳本正文點竄程本，寧非無識）。然即此《遺書》本亦印刷無多，購求至艱。世行吳詩注本，仍盡是靳、吳兩家而已！

上海古籍出版社有鑒於斯，亟欲別覓程箋楊補善本重印，徵及下走。因出示篋藏舊鈔，是三十年前獲諸滬上修文堂書肆，而潘景鄭先生為之題識，其後收入先生《著硯樓書跋》者。鈔用太史連紙印黑格板，版心鐫「梅村詩集」、「保蘊樓」字樣，作軟體寫刻，審非嘉道以降風氣。闕筆之字亦止於乾隆帝名諱，嘉慶帝名諱「顒」字初不闕筆，後來始用粉塗，則鈔寫之尚在乾隆時可知。雖不必遽定為楊氏補注成書時所寫清本，其較接近楊補原本而勝於嘉慶時輾轉傳鈔之黃丕烈本及用黃本改竄排印之《遺書》本則殆無疑義。如卷一《早起》五律「南樓」句程箋，此本作「在州城西南隅」，而《遺書》本作「在州城西隅」，脫一「南」字，便與「南樓」云者不復相應。卷五《晚眺》排律此本「雁低迷雨色」之「迷」字，《遺書》本及靳、吳、《家藏稿》諸本均作「連」，與上「江山連楚蜀」之「連「重出，且「連雨色」亦不若「迷雨色」文義優長。卷六《讀史偶述》七絕此本「訝道年來新政好，近前一卷是《尚書》」之「新政」，《遺書》本及靳、吳、《家藏稿》諸本均作「親政」，不若「新政」之為妥切。卷七《題蘇門高士圖贈孫徵君鍾元》七古此本「太行秀色何盤紆，樘楠榛栗松杉櫧。風從中來十萬株，嘯臺遺址煙霞俱」之「櫧」字，《遺書》本及新、吳、《家藏稿》諸本均作「儲」，案「沙棠櫟櫧」見《上林賦》，諸本殆緣其字之希有而誤「儲」。同卷《壽總憲龔公芝麓》七古此本「當時海內苦風塵，解褐才名便絕倫」之「當時」，《遺書》本作「當此」，靳、吳、《家藏稿》諸本作「當初」，「當此」固大誤，「當初」自亦不若「當時」。卷八《題崔青蚓洗象圖》七古此本「嗚呼顧陸不可作，世間景物多蕭索」之「多」字，《遺書》本及靳、吳、《家藏稿》諸本均作「都」，《廣韻・上平・十一模》:「都，猶總也。」用「都」太死，不若作「多」字靈活。諸凡此類佳勝之字，蓋皆程箋定本之所更正，不有此鈔，殆將堙沒。於是與出版社商定，影印存真，以廣流傳。原鈔間有筆誤及小小脫略，亦姑仍其舊，讀者自可參對通行諸本，不敢效俞印《遺書》之逐一點食而轉失原鈔真面目也。

至於程氏原箋及編年之未能盡臻美善，孟森先生昔年已有所指謫（別詳所撰《世祖出家事考實》，收入《清初三大疑案考實》，北京大學印本）。楊氏補注舊典之不逮靳、吳，亦久有定說。擷取靳、吳兩注之精英，於程箋及編年之未盡美善處更事補苴，兼及《家藏稿》中溢出篇章，勒成箋注新本，則是今日治吳詩者之責。

一九八三年四月

（原載《吳梅村詩集箋注》，上海古籍出版社，1983 年）

黃永年《跋清保蘊樓鈔本〈吳梅村詩集箋注〉》〔註 4〕

此程箋楊補《梅村詩集》，乾隆時保蘊樓寫本，昔年得之孫實君肆，初無

〔註 4〕黃永年《黃永年文史論文集》第 5 冊，中華書局 2015 年版，第 98 頁。

圖記題跋，然審其精善，實出戴、黃傳寫本上，因乞葵傾師及潘景鄭先生題詠以張之。景鄭長跋，考論精詳，已輯入所撰《著硯樓書跋》中，自此黃本當不得專美於世矣。此數箋為當時得書題識及所錄戴、黃舊跋。自《藏園群書題記》錄出。字跡拙惡，存資參考耳。又卷中多有夾籤，出前人手，亦可珍貴，讀者宜珍護之。間有年手加籤語，則不足博通人一哂耳。葵傾師來示借閱，因匆匆翻檢一過，略記數語如右。黃永年。

中國學術名著提要編委會編《中國學術名著提要》〔註5〕

吳梅村詩集箋注　程穆衡等

《吳梅村詩集箋注》，十三卷。程穆衡原箋，楊學沆補注。有清乾隆間保蘊樓鈔本、嘉慶二年（1797）退軒鈔本、嘉慶十六年黃丕烈士禮居鈔本、民國十八年（1929）俞慶恩編刊的《太昆先哲遺書》所收排印本。目前的通行本，是上海古籍出版社1983年出版的影印本，該本以乾隆間保蘊樓鈔本為底本。程穆衡（1702～1794），字惟淳，號迓亭。祖籍安徽休寧，父輩起徙居江蘇太倉。清乾隆二年（1737）進士及第，授山西榆社知縣，以忤上罷歸。博聞多識，著述頗富，編撰有《婁東耆舊傳》、《據梧齋塵談》、《復社年表》、《鳥吟集》等多種著作。楊學沆字溪伯，號小鐵山人，亦太倉人，生卒年與生平不詳。

《吳梅村詩集箋注》是一部專為明末清初著名詩人吳偉業（1609～1672，號梅村）的詩歌作編年箋注的著作。據本書前後程、楊二氏所撰序跋及凡例，其編纂的起因與經過，是由於程穆衡早年即喜讀吳梅村詩，雍正四年（1726）在友人穆坤的倡說下，開始了「有契於心，即箋其下」的初步工作。乾隆二年他考取進士入京後，箋稿略有散落。適其時梅村後人聽說他正在箋吳詩，故向他徵稿。於是程氏便將存稿稍加排纂，在乾隆三年（1738）完成本書初稿。這個初稿所用的吳氏詩集，是當時通行的分體之本。所以到乾隆二十九、三十年間，程氏又取原箋本「分散各類，依年排次」，完成了本書的定稿。但程箋的特徵是「惟箋詩旨，不及詩辭」，「惟貴核今，無煩徵古」，即專釋本事與詩旨，而不注出典的，這對一般讀者閱讀大量用典的梅村詩而言，尚有不方便處，於是程氏的同鄉楊學沆便拾遺補缺，措摭吳詩用典出處，在乾隆四十六年完成了為程箋作補注的工作；由於楊注完成前，靳榮藩所撰的另一種梅村詩集注《吳

〔註5〕中國學術名著提要編委會編《中國學術名著提要》（合訂本）第五卷清代編，復旦大學出版社2019年版，第658～661頁。

詩集覽》已經刊行，故補注中也採納了靳書中有助於理解吳詩的若干文字；同時或許是出於對當時文字獄的恐懼，而將程箋原作中引用的稗史概加刪削，改用官修《明史》之文。是即流傳至今的程箋楊注本《吳梅村詩集》。

程、楊二氏箋注的這部梅村詩集，全書正文共十二卷，後附「詩餘」一卷，亦有箋注；卷首有程穆衡原序（未署年月）、《婁東耆舊傳》所收吳偉業傳、「吳梅村詩箋凡例」十九條（乾隆三年程氏撰），以及楊學沆乾隆四十六年所撰「吳梅村詩箋補注弁言」；卷末有乾隆十年（1745）、乾隆三十年程穆衡二跋，跋後另有楊學沆所錄《梅村詩話》一卷，亦有楊氏跋。書內正文十二卷，依年月編次，各卷首頁均題「古今體詩幾首」，下小字注時間起訖，如卷一題「古今體詩七十五首」，下注「起崇正（禎）初至乙酉五月止」，卷十二題「古今體詩七十八首」，下注「起丙午訖未年作」之類。程穆衡所撰箋，詩題之下及詩句間、詩末皆有；凡原詩有原注者，則先引「原注」，再列程箋，以「⊙」為間隔標誌。題下箋多釋詩題中涉及的人事及詩本事、題旨，句間箋有釋段落大意的，也有單釋本句微旨的，詩末箋則時點明詩人撰詩微旨及本詩的藝術特點。楊學沆補注，形式上仿惠棟《漁洋山人精華錄訓纂》之例，皆置於原詩之後，另起行低格排，大字列所注典故名，下雙行小字為注文，注文一般無楊氏本人解說，但求原典出處，並稍引及原典文字。十二卷後所附詩餘箋注一卷，於梅村詞並未編年，而將相同詞牌之作聚於一處，同調第二首及以下皆以「又」為題；其程箋楊注亦較詩部分要簡略。

本書雖是程、楊二人前後努力的結晶，而從學術的角度看，其最有價值的部分，乃是程穆衡所作的詩歌繫年及詩語箋釋。楊學沆的補注雖對一般讀者閱讀梅村詩不無益處，但學術上的成績並不十分突出。

程氏所作的吳詩編年，第一次將梅村詩按照大致的時間順序加以排次，一方面比較完整地展現了吳偉業一生的詩歌創作歷程，同時與箋證相配合，也從一個側面生動地反映了明末清初所發生的天翻地覆的歷史巨變，給予生活於此際的文人士大夫內心以強烈的刺激，以及當時巨變過程中的諸多活生生的場景。如卷一系《五月尋山夜寒話雨》於吳氏早年，箋云：「公少作已工煉如此。《鎮洋縣志》採陋人語，謂公少不能詩，誣妄實甚。」便為後人探索梅村早期的詩歌創作經歷提供了材料。又如卷三中所收之作，其創作時間「起丁亥遊越，盡庚寅」，也就是吳偉業順治四年丁亥（1647）至七年庚寅（1650）間寫的詩，其中包括著名的歌行體長詩《鴛湖曲》、《聽女道士卞玉京彈琴歌》、

《汲古閣歌》，也包括了七律《鴛湖感舊》、《登數峰閣禮浙中死事六君子》、《題西泠閨詠》、七絕《觀棋》（題下原注：「和錢宗伯。」）等可與諸歌行體名作相參證的作品。依照梅村詩集分體本，這些詩作皆按詩體分置幾處，無法看出其中的聯繫。程箋本則將其按年月排次於一卷之中，於是在浙西剛被清兵攻下後不久吳氏的這次出遊杭、嘉諸地，其所見所聞與所感，便以十分觸目驚心的面貌，呈現在讀者面前。而這樣的編年，對於深入地理解梅村詩中蘊涵的強烈的情感，無疑是大有益處的。

編年之外，本書的另一個也是更顯著的業績，是為梅村詩作了頗為精彩的箋釋。程氏箋釋的特點，可歸納為以下三個方面。

其一，不斤斤於片言隻字的出典，而首先努力探尋詩作的真正本事與隱秘旨意。由於吳偉業詩創作於明清易代之際那樣一個特殊的歷史時期，吳氏又是一位才情學識兼長的人物，因此吳詩常以一種具有豐富的歷史底蘊的形式，曲折地抒寫身世之慨與家國之痛。這就對詮釋吳詩者提出了很高的要求，借用當代著名學者陳寅恪的說法，即要能夠透過詩裏所用的「古典」，抉發詩實際表述的「今典」。在這方面，程穆衡能從大處著眼，所箋頗有創見。如卷四《仿唐人本事詩》四首，題箋定其「為定南王孔有德女賦」，並引《八旗通志》詳述有德女四貞出處大節及其夫孫延齡與吳三桂之關係，而後指出四詩中除「第一首無可考」外，「二三四首於四貞為合」，便是有關本詩本事的最早考釋文字，獲得了後來學者的廣泛贊同。又如卷五《讀史雜詩》四首，由原文看均為題詠歷史人物，似不及現實。程箋則於詩末一一抉出其實際所指，如第一首「東漢昔雲季，黃門擅權勢」，箋即指出其真正用意是「歎賊奄之多後福也」，並引《明史》為證，如此則吳詩借古諷今之意，昭然若揭。再如卷十《中秋看月有感》詩末之箋，引《三藩紀事本末》所載順治十六年（1659）鄭成功反攻不成，而為清兵夾擊，終至大敗，不得不還師事，指出吳詩作時「殆已聞『捷音』故有『暫息干戈』等語，如此則一首表面看來很平常的五律，其深切的題旨也就得到了較充分的展露。

其二，程氏認為「讀古人書，貴尋條理」，所以他的這部箋稿，對於吳詩「段落」「指畫極清」（見本書卷首「凡例」）；也就是說，箋釋的又一個重要特點，是注重對詩篇邏輯構成及這種構成產生效果的具體解說。如卷五《海蜘》詩，題下箋云：「此寓言也。我因結語而繹之，殆將出山而自歎歟？」然後對這首五古的起承轉合，作了諸如「冒起」、「其慎守也既如此」、「其際遇也乃如彼」、「為此之故」、「竟誤其生而虧體矣」、「點明本意」等詮解，並於詩末特地說明「此篇於六義為『比』」，儘管原詩內旨是否如程氏所言為「寓言」尚可討論，而其對於本詩結構所作的這類箋釋，對於讀者全面理解本詩，則不無助益。又如卷二《琵琶行》，雖於整首的段落未加明確的劃分，但在「瞿唐千尺響鳴灘」一句下箋云：「自『初撥鵾弦』起至此，狀音之高卑哩疾，皆與明亡事相映比，所謂十七年來事也。」這樣的箋釋，則不僅扼要地勾勒出詩中段落大意，並且更進一步注意到有關段落內部的形式的起伏變化與詩所表現的內涵之間的深刻聯繫，從而將對詩藝的箋釋，推進到一個更新的層面。

其三，在對篇章、段落作比較深入的解說的基礎之上，程氏偶而也對個別重要的字句加以詮說，而所說多關涉梅村詩的整體藝術特徵，而很少作簡單的詞語典故注解。如卷二《壽王子彥五十》中本有「縱解樗蒲非漫戲，即看俑鑲亦風流」一聯，詩人原注曰：「善瞰。」程箋於此，則先引《世說新語》袁粲歎王景文之辭，即所謂「景文非但風流可悅，乃餔餟亦復可觀」，然後指出吳氏以此「對王子敬看門生樗蒲事」，「人徒謂工於體目子彥，不知皆用當家事精切也」，並指出：「公（吳梅村）詩用古類然，聊著其凡。」這就不單將吳詩此聯的原典勾稽了出來，更藉此指示了梅村擅長以古典寫今事、古今若合符契的出眾之才。又如卷九《石榴》詩末有「劉郎花底拜紅侯」一句，程箋曰：「按《前漢書》紅侯名富，楚元王之後，向、歆之先也。此取榴、劉同音，而榴花多紅，故假借用之。」此箋所釋雖僅為一語之用，但梅村詩選字用詞的考究，於此可見一斑。這從詩箋的角度看，均是成功之例。

此外值得一提的，是本書的箋釋部分，有時也採用了以詩證史的方法。像卷十一《白燕吟》箋由原詩中的「探卵兒郎物命殘，朱絲繫足柘弓彈。傷心早已巢君屋，猶作徘徊怪鳥看」，而推測「此似狷庵（按指本詩所述主人公單恂，號狷庵），亦株連海上之獄者」，便給研究清初鄭成功復明運動及其與江南士大夫的關係，提供了新的視點。

本書的不足，是個別詩作的繫年及箋釋有想當然排置、詮解之誤，如梅村《七夕即事》四首，程氏繫於順治十七年（1660），編於卷十一，題箋云：「順治十七年七月皇貴妃董氏薨逝，即端敬皇后也。是年貴妃先喪皇子。此詩前三章志其入宮之事，末章為帝子傷逝。」但據考證貴妃之子死於順治十五年，且詩中所用花萼樓、岐王等事典，皆與傷皇子事不合，而當為傷帝之兄弟；其詩所詠，蓋為順治十三年清世祖弟襄親王新喪，董妃冊封暫停一事（參見孟森《清初三大疑案考實》之《世祖出家事考實》文中有關段落），即其例。此外，對於吳詩中諸如《圓圓曲》那樣的重要作品，僅引有關史料述其一般本事，而不及梅村此詩的藝術成就，對讀者而言亦是一大遺憾。

從中國傳統詩歌注釋的歷史看，程、楊二氏合撰的這部《吳梅村詩集箋注》雖不無缺憾，而其在學術史上的重要地位仍是公認的。它將從宋代開始的重視抉發詩歌原旨的箋詩方法，推進到一個更具系統化，更為規範，同時也更為明晰的境界，對於近人箋注古詩重視以史證詩及以詩證史，起了相當重要的啟發功效。由於吳梅村詩在此之前尚無人加以箋注，其後出現的諸家注本又多徘徊於注解出典的舊途，因此本書又成為吳偉業詩歌的研究歷史上一部既有開山性質，又具經典意味的專著。

有關本書的研究論著，除前已述及的孟森之文，還有傅增湘《藏園群書題記》卷十七本書提要、潘景鄭《著硯樓書跋》所收本書題跋，以及黃永年為上海古籍出版社影刊保蘊樓本所撰「前言」等。（陳正宏）

魯夢宇《〈吳梅村詩集箋注〉「程箋楊補」鈔本考述》〔註 6〕

摘要：吳偉業詩歌的清人注本主要有五家，按撰寫時間可分成早、中、後三個時期。楊學沆為程穆衡《吳梅村詩箋》補注時，已進入吳詩清注本的後期，更名《吳梅村詩集箋注》，此書有三種主要鈔本流傳至今，形成了「程箋楊補」系統。其中黃丕烈士禮居鈔本從戴光曾稿本直接傳寫而來，民國時俞慶恩即據此為底本排印。後保蘊樓鈔本出，因其抄寫年代尚在乾隆時期，文本質量亦優於士禮居本，成為最接近「程箋楊補」原貌之本，漸為學界採用。北京大學圖書館藏退軒鈔本亦屬「程箋楊補」系統重要分支，經張爾田皮藏、鄧之誠題識，抄寫年代亦遠早於士禮居鈔本，是研究「程箋楊補」系統不可或缺的文獻。

陳騰《退軒抄本〈吳梅村先生詩集〉考述》〔註 7〕

摘要：程穆衡箋注《吳梅村先生詩集》成書於乾隆朝，隱涉明清鼎革時事，即便經過楊學沆刪改補注，仍只能以抄本形式流傳。學界關注的程箋楊注是黃丕烈士禮居本與黃永年藏保蘊樓本，對北京大學圖書館收藏的鄭師愈退軒本則相對陌生。退軒本為張爾田舊藏，經鄧之誠題跋。考證諸本的題跋與識語，

〔註 6〕《北京大學中國古文獻研究中心集刊》，2020 年第 1 期。
〔註 7〕《文獻》2022 年第 2 期。

進而比勘文字異同，可以理清程箋源流。退軒本傳抄自顧文曜如圃本，實為士禮居本之祖本；退軒本與保蘊樓本屬於同系分支，兩者文本差異呈現了楊注修訂前後的不同面貌。抄本實物的字體以及識語，生動反映了乾嘉時期士人抄書、閱讀、輯佚的種種細節，也有助於學界深入理解清代「學署抄書」等文化現象。